U0503283

中国古代青铜器

杨曙明 ◎ 著

文物出版社

图书在版编目（CIP）数据

国宝传奇：陕西古代青铜器/杨曙明著. 一北京：文物出版社，
2019.10

ISBN 978 - 7 - 5010 - 6136 - 5

Ⅰ.①国…　Ⅱ.①杨…　Ⅲ.①青铜器（考古）-
介绍-陕西　Ⅳ.①K876.41

中国版本图书馆 CIP 数据核字（2019）第 090208 号

国宝传奇：陕西古代青铜器

著　　者：杨曙明

封面题字：张懋镕
责任编辑：许海意
封面设计：程星涛
责任印制：张道奇

出版发行：文物出版社
社　　址：北京市东直门内北小街 2 号楼
网　　址：http://www.wenwu.com
邮　　箱：web@wenwu.com
经　　销：新华书店
印　　刷：北京京都六环印刷厂
开　　本：710×1000　1/16
印　　张：26
版　　次：2019 年 10 月第 1 版
印　　次：2019 年 10 月第 1 次印刷
书　　号：ISBN 978 - 7 - 5010 - 6136 - 5
定　　价：68.00 元

本书版权独家所有，非经授权，不得复制翻印

楊曙明先生囑書

精誠所至

金石為開

李學勤

二〇〇六年九月七日

施寶雞

陕西古代青铜器

张懋镕 书

序

　　杨曙明是一位优秀的社会科学普及工作者，在其《陕西古代青铜器》一书出版之际，嘱我在书前写一小序，深以为幸。一则对杨先生表示祝贺，感谢他为广大读者做了一件好事，传播和弘扬了陕西青铜文化；二则竭诚向广大读者推荐这部有价值的读物。

　　中国古代青铜器源远流长，具有华夏文明的特色和风格。它以其雄伟的造型、古朴的纹饰、精湛的铸造工艺和丰富多彩的铭文著称于世。它不仅是中华民族文化宝库中的艺术瑰宝，也是世界美术史上的一颗灿烂明珠，备受各国人民的喜爱，而陕西是周秦王朝的发祥地和建都之区，从这里出土的古代青铜器更为人们所瞩目。其数量之大，精品之多，铭文内容之丰富，居全国首位。自西汉神爵四年（前58年）出土尸臣鼎以来，两千多年间陕西出土的古代青铜器达15万件以上，有铭文者达2000多件，47800余字，相当于两部《尚书》。内容涉及商周时期的政治、经济、军事、文化、法律、礼仪、纪念先祖、土地交易、诸侯婚媾等社会生活的方方面面。

　　对于陕西古代青铜器的研究，历代金石学家都很重视，特别是近现代，全国著名的历史学家、古文字学家和考古学家，诸如郭沫若、于省吾、唐兰、徐仲舒、张政烺、陈梦家、李学勤、裘锡圭、邹衡、黄盛璋、林甘泉、马承源等，以及一大批中青年学者，从各个角度进行了深入的卓有成效的研究，做出了卓越的贡献。但是这些优秀成果只是停留在学术层面，广大群众并不能享受这些历史文化和最新成果。因为考古学家、古文字学家的研究文章，学术性很强，使用专业语言，文字古板，一般观众是看不懂的。这就需要一批既有专业知识，又有科普能力的作者，来将这些最新研究成果，用通俗易懂的语言传播给广大群众，丰富群众的文化生活，传承和弘扬中华优秀文化。

习近平总书记 2014 年在文艺工作座谈会上的讲话中指出："中华优秀传统文化中很多思想理念和道德规范，不论过去还是现在，都有其永不褪色的价值。我们要结合新的时代条件传承和弘扬中华优秀传统文化。"最近又强调："文物承载灿烂文明，传承历史文化，维系民族精神，是老祖宗留给我们的宝贵遗产，是加强社会主义精神文明建设的深厚滋养。"我们要植根优秀传统文化，保留住历史根脉，让祖国文化遗产光照当代，传承未来，所以宣传工作、普及工作是当前的重要任务。

杨曙明先生长期在陕西宝鸡市工作。宝鸡是炎帝故里、周秦文化发祥地、青铜器之乡，文化积淀深厚，学术氛围浓厚。由于工作关系经常接触历史文化和文物古迹，深受家乡周秦学术气氛熏陶，逐渐从一个机关工作者走上了学术研究之路，撰写了上百篇历史文化、文物古迹、区域经济等方面的论文，在《光明日报》《人民日报》《中国文物报》《秦汉研究》等报刊上发表，并出版了《雍秦文化》《凤翔史话》《秦文化解读》等多部专著，取得了很大成绩。2017 年奉调担任《陕西社会科学》副主编，先后受聘为陕西省社科院、西北大学历史学院、宝鸡文理学院、西安翻译学院等科研机构特聘教授或研究员。杨先生的著作既有深厚的专业知识和理论水平，又具有生动活泼的语言，深入浅出，通俗易懂，深得广大读者的喜好。他的作品雅俗共赏，既是社会科学普及读物，又是专业研究人员的重要参考资料。

杨先生是一位有着极强社会意识，乃至现代意识的历史文化学者。除了撰写历史文化论文之外，他还把一部分精力放在陕西古代青铜器知识的普及工作上。他说："如何让博物馆中收藏的青铜器活起来，讲好讲活青铜器故事，如何让普通大众更多地了解、认识我们陕西的青铜器，学习传承青铜文化，传播和弘扬青铜文化，增强陕西文化自信是我们陕西学人义不容辞的责任。"《陕西古代青铜器》就是践行这一诺言的一部杰作。该书既是杨先生参观博物馆的随笔心得，也是他研究青铜器的成果汇编。全书精选的 100 件陕西古代青铜器，个个是精品，件件是名品，作者从出土情况、收藏流传、时代背景、铭文内涵、装饰艺术几个方面，以史话的语言来阐述其重要意义，深入浅出地诠释了陕西古代青铜器的重大背景和重要意义。文图并茂，可读性、资料性、学术性相结合，既有每件青铜器的历史价值、艺术价值的呈现，也有自己心得体会、学习收获的刊布，还有文物背后生动感人的传奇故事，以及先辈为保护国宝免遭外敌劫掠，与之斗智斗勇的动人事迹和爱国精神。

《陕西古代青铜器》与一般科普作品和文学作品不同，注重史料考证，运用学术考究方法，对器物出土流传信息深究细考，纠正了一些网络文章传播中的谬误，并对众多学者关于器物断代、铭文辨识的考证进行了详细介绍，增强了作品的学术性。《陕西古代青铜器》也与一般的学术著作不同，没有着重介绍每个器物的文字纹饰或断代研究，而是另辟蹊径，重点挖掘青铜器的重大背景，着重介绍青铜器的重要意义，弥补了青铜器研究的一个重要缺失，也增强了作品的可读性，是一部研究古代青铜器的权威资料。此外，《陕西古代青铜器》虽然介绍的是陕西地域出土的青铜器，但从收藏单位和器物流传来看，遍布全国多个省市，涉及全球多个国家和地区。可以说，陕西出土的青铜器既是三秦地域文化的典型代表，也是中国古代文明的重要文化符号，更是世界历史文化的重要组织部分。

中华民族在几千年历史长河中，培育和形成了独特的思想理念和道德规范，积淀了深厚的优秀文化和灿烂文明。通过对陕西古代青铜器的研究和欣赏，不但能加深对中华历史文明的了解，进一步丰富人们的生活内容，增强文化自觉和文化自信，提高文化素质，继往开来，结合新的时代条件传承和弘扬华夏民族精神，让中华优秀传统文化真正"万年其永宝用"，从而在新世纪对人类做出更大的贡献。

应该说，该书既是陕西古代青铜器知识科普作品的最新成果，也是一部可读性很强的青铜器研究著作，必将为进一步丰富群众文化生活，传承和弘扬中华优秀文化起到一定促进作用。相信此书一定会受到广大读者的欢迎。

吴镇烽
2018 年国庆节于丰景佳园书斋

自 序

　　青铜器是指以青铜为基本原料加工而制成的器皿等。青铜古称金或吉金，是红铜与锡、铅、镍、磷等化学元素的合金，其铜锈呈青绿色，因而得名。

　　以工具为标志，人类社会曾经历了石器时代、青铜时代、铁器时代、机器时代、计算机时代，青铜时代是人类社会正式迈进文明时代的重要标志。青铜器与文字、城市比肩齐名，被誉为人类进入文明社会的三大标志之一，是人类社会生产发展史上的一大飞跃，意味着人类真正打开了文明的大门。

　　史学上所称的"青铜时代"是指大量使用青铜工具及青铜礼器的时期。这一时期主要从夏商周直至春秋战国，时间跨度约为 1500 年，这也是青铜器从发展、成熟乃至鼎盛的主要时期。由于青铜器以其独特的器形、精美的纹饰、典雅的铭文向人们揭示了先秦时期的铸造工艺。文化水平和历史源流，因此被史学家们称为"一部活生生的史书"。

　　西周时期，青铜铸造工艺在殷商时代的基础上得到了长足发展，出现了分铸法、失蜡法等先进工艺技术，青铜文化达到了顶峰。陕西作为西周王朝的发祥地，曾孕育了中国青铜文明的顶峰时期，在中华民族和世界古代文明史中占据着崇高的地位。陕西出土的青铜器时间之久、数量之大、范围之广、种类之全、精品之多、铭文之重要，在全国首屈一指。可以说，陕西出土的青铜器是西周文明的重要标志，是中国青铜时代的最高水平。

　　据第一次全国可移动文物普查数据显示，陕西境内国有单位收藏保管的青铜器达 149606 件，约占全国总数的 10%，位居全国前列。这还不包括大量的私人收藏和流散于国内外博物馆的收藏。陕西是西周青铜器出土的密集区，特别是宝鸡周原一带，是陕西乃至中国青铜器出土最集中的区域。汉代以来，周原一带就常有成批的青铜礼器、生产工具、兵器等出土。如西汉神爵四年（58 年），美阳

（今陕西扶风）出土尸臣鼎。东汉建初七年（82年），美阳又出土一件类似于酒尊的铜器。北宋吕大临《考古图》中，有出土地点可考者达90余器，半数以上出自陕西，其中有10器以上出自宝鸡周原一带。光绪年间，扶风任家村一窖出土克鼎等120件；1976年扶风庄白村一号铜器窖藏出土微氏家族铜器103件。中国青铜器发展史上几件有名的重器，如大盂鼎、小盂鼎、大丰簋、史墙盘、毛公鼎、散氏盘等大都出自周原一带。作为中华文明的重要发祥地，陕西不仅周畿腹地大量出土青铜器，就是在关中其他地区也都有不少铜器陆续问世，即便是远离西周京城的陕南、陕北，近年来也有不少发现。所以，陕西被誉为"天然历史博物馆"，陕西文物被誉为中华文明的"精神标识"。

陕西青铜器享有盛誉不仅以数量取胜，而且在于它的质量。西周时代正值青铜器发展的鼎盛时期，这个时期的青铜器不仅品种繁多，而且制作精湛、形制瑰异、花纹繁缛、富丽堂皇，有酒器、食器、水器、乐器、兵器、农具与工具、车马器、生活用具、玺印等，单在酒器类中又有爵、角、觯、斝、尊、壶、卣、彝、觥、罍、盉、勺、禁等多个器种，而每一器种在每个时代都呈现不同的风采，同一时代的同一器种的式样也多姿多彩。从出土器物来看，陕西出土的青铜器大多造型独特、制作精致、美观大方。特别是一些青铜礼器，是当时经济、社会和文化发展的代表之作，体现了社会生产力的最高成就，既是古代艺术品中的精品，也是文物复制和仿制的对象。如折觥主体造型采用了圆雕手法，主体花纹也以高浮雕技法而成，其花纹下既有云雷纹填地，又有阴线附身，全身动物纹饰有饕餮〔tāo tiè〕、夔〔kuí〕龙、大象、小蛇、鸣蝉、鸷鸟、神龟等数十个，四层纹饰造型，有机结合，巧夺天工，体现了现实主义与抽象艺术的完美结合。雕铸如此精美的青铜器艺术品，不仅要有高超的造型技艺，还要有深邃的艺术思维。伯各卣通体以云雷纹衬地，采用以浮雕、圆雕和平雕相结合的艺术手法，造型厚重，纹饰华丽，充满神秘色彩，充分表现了古人对鬼神的畏惧与虔敬，是西周早期不可多得的青铜艺术珍品。凤翔出土的凤鸟衔环铜熏炉，整个熏炉铸造利用了浇铸、编织、铆锻、镂空等多种工艺技术，其设计巧妙，工艺精美，造型、风格独特，纹饰瑰丽，铸造精良，是春秋时期青铜器的经典之作，就是现代工艺也很难仿造。现在，我们常见的一些青铜器礼品和青铜器宣传画，如大克鼎、何尊、伯各卣等，大多是陕西出土的，这在一定程度上也宣传和推介了陕西青铜文化。

陕西青铜器最显著特点就是很多铸有铭文，而且铭文字数较多，内容重要，影响深远。其中，毛公鼎铭文499字，居西周长铭铜器之首位。小盂鼎铭文400多字，曶鼎铭文380字，逨盘铭文372字，散氏盘铭文357字，四十三年逨鼎铭文320字，大盂鼎铭文291字，大克鼎铭文290字，墙盘铭文284字，四十二年逨鼎铭文282字，多友鼎铭文279字，牧簋铭文221字，五祀卫鼎铭文207字，禹鼎铭文207字，师𤾩鼎铭文196字。九年卫鼎、𠨘匜、卫盉、宰兽簋、𫗧簋、何尊、㝬方鼎、此簋、此鼎、盠方彝、痶钟等青铜器铭文均逾100字。这些青铜器铭文有着很高的研究价值和历史地位。如散氏盘铭文被誉为金文中首个以土地换和平的契约，𠨘匜铭文被称为我国目前发现最早的刑事判决书，函皇父鼎铭文是我国现存最早的一篇青铜物账，大盂鼎铭文是史家研究周代分封制和周王与臣属关系的重要史料，盠方彝铭文是我国最早屯田文字记录，杜虎符是现存最早的一件调兵凭证，曶鼎铭文是记载西周奴隶价格的唯一史料，何尊铭文中第一次出现了"中国"一词，利簋、逨盘、史墙盘、吴虎鼎、虎簋盖、善夫山鼎等青铜器铭文为国家夏商周断代工程和中华文明探源工程研究提供了重要依据。可以说，凡是研究中国古代史特别是西周历史的学者，都离不开陕西的青铜器，都以陕西出土的青铜器铭文为重要的研究资料。

陕西出土青铜器，不仅数量众多，而且制作造精美、铭文珍奇，有些被称为镇馆之宝，有些被称为国之重器。但在普通人眼中，如果不经专业人士介绍，这些同类别的青铜器则看起来差别不大，很难了解其文化内涵、历史意义。如何让博物馆中收藏的青铜器活起来，讲好讲活青铜器故事，如何让普通大众更多地了解、认识我们陕西的青铜器，学习和传承青铜文化、传播和弘扬青铜文化，增强陕西文化自信，促进陕西文化旅游产业的发展，是我们陕西学人义不容辞的责任，也是我撰写《陕西古代青铜器》目的所在。

《陕西古代青铜器》收录的青铜器出土地域范围以现陕西地区为主，时限上启商末周初，下至秦汉，器物以青铜礼器为主。全书共分三个部分：第一部分为总体概述，主要介绍青铜器的概况。第二部分为全书主体部分，分20个类别精选了 100 件（组）陕西出土的青铜器，以史话的语言介绍青铜器的出土、收藏、流传、保护和研究等情况；同时，以图文并茂的形式，对青铜器的器形、铭文、纹饰、时代特征、重要意义等进行介绍，力求可读性与资料性、学术性的相结合，重在挖掘青铜器的文化背景和文化内涵。第三部分为辅助资料，主要介绍青铜器的纹饰特征，分 7 个小节帮助读者比较概括地认识和了解青铜器的主要纹饰特征。

戊戌年春于卧龙寺西

目　录

陕西青铜器概况 / 1

陕西青铜器的时代特征 / 2

陕西出土青铜器的主要组合方式 / 4

青铜器的类别 / 6

陕西青铜器的典型代表 / 17

鼎 / 18

毛公鼎——铭文最长的青铜器 / 20

大盂鼎——晚清"四大国宝"和"海内三宝"之一 / 26

小盂鼎——西周早期铭文字数最多的青铜器 / 31

大克鼎——上海博物馆的镇馆之宝 / 36

禹鼎——周人与噩国的战争实录 / 42

夨方鼎——周人征伐淮戎的战争实录 / 46

旟鼎——西周土地转赐的生动实例 / 50

卫鼎——西周中期社会经济和土地制度的真实反映 / 52

逨鼎——西周诸王世系的记载 / 57

刖人守门方鼎——西周刖刑处罚的生动实例 / 63

周公东征方鼎——周公远征东方的实物佐证 / 67

师酓鼎——周人以德治国思想的典型记录 / 70

师同鼎——周人征伐鬼方的战争实录 / 74

多友鼎——周人反击猃狁的赫赫战绩 　　　　　　　　/ 77

外叔鼎——新中国成立后出土的第一件西周重器 　　　/ 80

函皇父鼎——现存最早的青铜物账 　　　　　　　　　/ 82

淳化大鼎——迄今出土最大、最重的西周青铜器 　　　/ 86

善夫山鼎——西周晚期的高纪年青铜器 　　　　　　　/ 88

吴虎鼎——国家夏商周断代工程分期断代研究的第一个支点器物 　/ 91

王作仲姜鼎——西周时代的重要王器 　　　　　　　　/ 94

颂鼎——研究西周册命礼仪的重要资料 　　　　　　　/ 96

悆鼎——对吴大澂影响最深的青铜器 　　　　　　　　/ 99

曶鼎——记载西周奴隶价格的唯一史料 　　　　　　　/ 102

尸臣鼎——历史上出土的第一件详载铭文青铜器 　　　/ 105

鬲 　　　　　　　　　　　　　　　　　　　　　　/ 107

善夫吉父鬲——青铜鬲中的传奇器物 　　　　　　　　/ 108

簋 　　　　　　　　　　　　　　　　　　　　　　/ 111

利簋——西周第一青铜器 　　　　　　　　　　　　　/ 112

大丰簋——西周最早、最有代表性的青铜器 　　　　　/ 115

㝬簋——簋中之王 　　　　　　　　　　　　　　　　/ 119

夨簋——首次详载淮戎兵器的青铜器 　　　　　　　　/ 123

孟簋——青铜器断代和历史研究的重要依据 　　　　　/ 127

询簋——涉及人物和方国较多的重要器物 　　　　　　/ 130

宰兽簋——研究西周册命制度的实物资料 　　　　　　/ 135

史痶簋——西周康王时的代表器物 　　　　　　　　　/ 139

太师虘簋——推断西周王世的重要器物 　　　　　　　/ 142

散车父簋——西周散国的代表器物 　　　　　　　　　/ 145

夨王簋盖——西周夨国的代表器物 　　　　　　　　　/ 148

虎簋盖——国家夏商周断代工程分期断代研究的一大支点 　/ 150

强伯双耳方座簋——双耳方座簋的代表器物 / 153

牛首乳钉纹四耳簋——西周青铜器中出类拔萃的艺术珍品 / 157

牧簋——铭文最多的青铜簋 / 159

尊 / 162

何尊——最早记录"中国"一词的青铜器 / 163

琱生尊——西周家族财产分配的真实记录 / 168

盠驹尊——中国最早的驹形青铜器 / 174

牺尊——形象最萌的青铜器 / 180

邓仲牺尊——传说中的"天马神驹" / 182

牛尊——西周时代难得的写实器物 / 185

象尊——西周青铜彝器中的珍品 / 188

貘尊——研究古代北方生态环境的重要实物 / 191

错金银云纹青铜犀尊——最大的古代青铜犀尊 / 193

鱼尊——西周强国的典型代表器物 / 196

三足鸟尊——古代神话传说中的三足金乌形象 / 199

卣 / 202

伯各卣——西周青铜器铸造的典范 / 203

筒形直棱纹提梁卣——西周早期的精品铜卣 / 208

丰卣——西周中期铜卣的标准器型 / 210

彝 / 213

折方彝——当时所见器形最大、纹饰最精美的西周方彝 / 214

盠方彝——我国最早屯田文字记录 / 217

户方彝——器形最大的西周方彝 / 219

鲁方彝盖——西周商业发展的珍贵史料 / 222

斝 / 225

凤柱斝——古代国宝级的青铜酒具 / 226

亚郖其斝——商末少有的铸铭青铜器 / 228

爵 / 231

父辛爵——商周青铜爵之冠 / 232

伯公父爵——西周晚期斗形爵的器形代表 / 234

壶 / 237

单五父方壶——西周青铜壶中的精品 / 238

痶壶——壶中之冠 / 240

镶嵌射宴纹壶——战国青铜镶嵌工艺的典型代表 / 244

鸟盖瓠壶——大秦帝国的祀天酒器 / 247

罍 / 250

对罍——西周青铜罍中难得精品 / 251

盉 / 254

卫盉——中国第一部土地交易地契 / 255

逨盉——龙腾虎跃凤呈祥之器 / 258

长由盉——"三礼"史料价值的重要佐证 / 261

匜 / 264

𤳊匜——最早的诉讼判决书 / 265

盘 / 269

散氏盘——金文中首个以土地换和平的契约 / 270

虢季子白盘——古代最大的青铜盘 / 274

史墙盘——青铜史书 / 282

逨盘——中国第一盘 / 283

觥 / 288

折觥——纹饰最华丽的青铜器 / 289

日己觥——西周青铜器的典范之作 / 293

盂 / 297

王盂——西周早期的重要王器 / 298

天盂——天氏家族的重要遗物 / 300

永盂——铭文最多的青铜盂 / 302

簠 / 305

伯公父簠——铭文最长的青铜簠 / 306

盨 / 309

师克盨——册命辞的完整记录 / 310

伯窥父盨——研究西周纪年的重要资料 / 312

驹父盨盖——西周王朝征伐南淮夷的实录 / 315

钟 / 318

师丞钟——国内最大的西周青铜钟 / 320

逨钟——西周单氏家族的礼制乐器 / 322

南宫乎钟——西周晚期的乐器精品 / 325

柞钟——件数较多的一组西周编钟 / 328

秦公钟——秦武公称雄关陇的实物例证 / 330

禁 / 334

西周铜禁——西周青铜器中的罕品 / 335

其他 / 341

凤鸟衔环铜熏炉——失蜡法成型工艺的代表之作 / 342

阳燧——人类最早的金属取火工具 / 344

西汉彩绘车马人物镜——最著名的彩绘铜镜 / 348

爬龙——中华青铜第一龙 / 350

鎏金铜蚕——丝绸之路的历史见证 / 353

铜舞人——古代地域文化交融的实物印证 / 356

青铜建筑构件——我国古代雕梁画栋的前身 / 359

人头銎内钺——古代王权的信物 / 361

杜虎符——现存最早的一件调兵凭证 / 363

铜车马——青铜之冠 / 366

青铜器的主要纹饰 / 373

兽面纹（饕餮纹） / 375

夔龙纹（龙纹） / 379

凤鸟纹 / 383

兽体变形纹 / 385

回纹（云雷纹） / 387

涡纹（火纹） / 389

乳钉纹 / 390

主要参考书目 / 393

后记 / 397

陕西青铜器概况

　　青铜器是由青铜合金（红铜与锡等）制成的器具，诞生于人类文明时期的青铜时代。青铜器在世界各地均有出现，是一种世界性文明的象征。最早的青铜器出现于6000年前的古巴比伦两河流域，苏美尔文明时期雕有狮子形象的大型铜刀是早期青铜器的代表。

　　中国古代青铜器，是中华民族艺术的典范，也是人类文化宝藏的重要组成部分。虽然从目前的考古资料来看，中国青铜器的出现，晚于世界上其他一些地方，但是就青铜器的使用规模、铸造工艺、造型艺术及品种而言，世界上没有其他任何一个地方的青铜器可以与中国古代青铜器相比拟。这也是中国古代青铜器在世界艺术史上占有独特地位并引起普遍重视的原因之一。在诸多著名的历史与艺术博物馆里，几乎都可以看到中国青铜器，它不仅是中国古代文明的瑰宝，也是中华民族对世界文明做出的杰出贡献。

陕西青铜器的时代特征

　　青铜器是先秦时期社会生产力达到一定水平、社会组织发展到一定程度时的产物，青铜文化代表着当时社会最高的生产技术和文化发展潮流。迄今研究表明，中国的青铜文化起源于黄河流域，始于公元前 20 世纪，止于公元前 5 世纪，大体上相当于文献记载的夏、商、周至春秋战国时期，经历了约 1500 年的历史。

　　据文献记载，黄帝铸鼎、蚩尤作铜兵，这可理解为当时人们走向青铜时代门槛的经典概括。陕西临潼姜寨仰韶文化早期遗址发现过一个铜片，甘肃东乡县林家村马家窑仰韶文化晚期遗址出土过铜刀。可见早在公元前 4000 年末或 3000 年初，我国西部的先民已开始铸造青铜器了。

　　夏代青铜制品不断增多，尤其是形制复杂的多种青铜容器，如爵、斝、盉等相继出现，逐渐形成了比较完整的青铜礼器组合，反映出夏王朝的国家制度已经成熟。青铜礼器不仅是财富的象征，更是人们等级和身份的标志，被广泛用于祭祀、征伐、宴飨、婚冠、丧葬等活动，即"器以藏礼"。这一时期的墓葬中，在墓室、随葬品等方面差别明显，一些墓中往往爵、盉礼器伴出，或以觚、爵、盉等礼器为基本组合，这正是后来商、西周早期礼器的基本组合。

　　商代早期，青铜文化全面繁荣，青铜铸造工艺相当成熟，青铜器类及其数量增多，以青铜器为核心的完备礼器组合在商王朝统治阶层的生活中广泛使用，并随着商王朝势力的向外扩张而出现于王朝周边及更远地区，从而与周边青铜文化交互影响、不断发展。商代早期墓葬有一个共同特点，即在随葬贵重的青铜礼器中，觚、爵、斝等酒器经常同出，其中觚、爵的组合成为商代墓葬随葬礼器的固定形式。商代晚期，青铜文化进入鼎盛阶段，出现了精美的青铜礼器、武器和工具等，青铜器器形丰富多样，浑厚凝重，铭文逐渐加长，花纹繁缛富丽。

　　西周是我国古代青铜器发展的鼎盛时期。青铜器胎体开始变薄，纹饰逐渐简化。《诗经》载："周虽旧邦，其命维新。"青铜器上亦可反映出周人"维新"的气象。西周早期（武、成、康、昭）青铜器的造型与纹饰多继承晚商遗风，而又递变，周文化特色（如方座簋）逐渐增多，礼制逐渐成熟，即从金文中用玉纪录的渐趋完整可窥知其转化的端倪。西周中期（穆、恭、懿、孝、夷）青铜器风格多变，新的器类、造型、纹饰纷纷出现，爵、斝、觚等酒器消失，簋、簠、盨等食器增多，似也象征着"重食"周邦的治国新使命。新式的大卷尾凤鸟纹与瓦纹蔚兴，铭文增长，其格式与书风也与早期截然不同。西周晚期（厉、共和、宣、幽）青铜器新纹饰纷纷出现，兽面纹解体而形成新的波曲、重环、垂鳞纹等；各诸侯国的铜器增多，渐开东周地域特色之先，尤以铭文记载之丰富，显示当时文字使用已高度成熟，中国传统经典中最重要的易、书、诗、礼、乐、春秋六经，就是在这浓郁醇厚的文化背景下，历经春秋战国时期的淘洗与焠炼，而逐步开花结果的。

东周以降，周室衰微，礼崩乐坏。政治方面，群雄争霸；礼制方面，僭越厚葬、等级观念陵替；生活方面，贵族竞侈、新兴器物纷陈。从"礼乐征伐自天子出"发展为"自诸侯出"，乃至"自大夫出"的同时，也蓬勃发展了极具地域特色的礼、乐、车马、兵器、玺印等。最能代表当时工艺水平的青铜器是带钩和铜镜。战国中晚期，由于铁器的兴起，青铜时代走向衰落。今天，我们回首发现，青铜时代完全可以称作是一个伟大的时代、一个厚重的时代、一个瑰丽的时代、一个神秘的时代。

从时代来看，青铜器鼎盛时期大致可分为殷商、西周两个时代，殷商青铜器在河南出土较多，西周青铜器则在陕西出土较多。西周青铜器（陕西青铜器）与殷商青铜器（河南青铜器）有四个较为明显的区别：一是从器形来看，商代青铜器以高大厚重、古朴雄伟为特点，如后母戊鼎（原名司母戊鼎）重达875千克；而西周青铜器器形较薄。二是从纹饰来看，商代流行饕餮纹、云雷纹、夔纹、龙纹、虎纹、鹿纹、牛头纹、凤纹、蝉纹、人面纹等奇异的动物纹样，各种纹样的交互组合形成了商代青铜器狞厉之美的时代风格；而西周时代的青铜器纹饰由奇诡转为典雅，花纹由具象变抽象，波曲纹、兽体变形纹逐渐成为装饰题材的主体。三是从种类看来，商代青铜器以酒器为主，而西周青铜器以食器为主。

四是从铭文来看，商代青铜器铭文少而简短，西周青铜器不仅铭文增多，而且字数也较多。青铜器中铭文最长的器物大多出自陕西，如圆鼎中铭文最长的毛公鼎499字，方鼎中铭文最长的㝬方鼎116字，铜簋中铭文最长的牧簋221字，铜盘中铭文最长的逨盘372字，铜盉中铭文最长的卫盉132字，铜觥中铭文最长的折觥40字，铜匜中铭文最长的倗匜157字，铜盂中铭文最长的永盂123字，铜钟中铭文最长的宗周钟122字，铜爵中铭文最长的伯公父爵28字，铜簠中铭文最长的伯公父簠61字。

陕西出土青铜器的主要组合方式

商周青铜礼器的组合，是当时人们在日常生活及祭祀活动中形成的完整器物制度。从出土器物来看，殷商时代青铜器是"重酒组合"，而陕西出土的西周时代青铜器是"重食组合"。其中，以觚爵、鼎簋为核心的礼器组合，应当被视作商周礼仪制度的典型代表。从近年来的考古发掘资料来看，陕西出土的青铜器主要有以下四种组合形式：

（一）爵觚组合。爵约出现于夏代晚期，在时间上略早于觚，是最早的青铜礼器。商朝早期，爵、觚开始由最初的饮酒器，转变为宗庙中的礼器，被广泛运用于宴飨、婚庆、葬礼、祭祀等传统节俗中。商代墓葬中出土的陪葬酒器，多为一觚一爵的组合，由此可见二者关系之密切；在殷墟时代，觚、爵配套使用已成定制。《仪礼·特牲馈食礼》载："篚在洗西，南顺，实二爵、二觚、四觯、一角、一散。"意思是，在祭礼开始的前一天，相关人员须在篚中朝北而尾向南的方向依次盛放酒器，直至第二天祭礼开始前才向壶中注酒。由此可见，青铜酒器当时已经开始作为国家活动中权力与等级的象征物。而"二爵二觚"的记载或许可以说明，爵和觚作为青铜酒器，在祭礼中成为配套酒器。觚和爵作为典型的配套酒器，在殷墟时代至西周早期，对当时社会产生了深远的影响，二者作为礼仪制度的象征概念，已经深入人心。即使到了近

300 年之后的东周时代，孔子作为三代礼乐制度的坚定维护者，面对春秋时期"礼崩乐坏"的局面，也曾发出"觚不觚，觚哉！觚哉！"的慨叹。

（二）列鼎组合。商周青铜器的转变，在于"神器"与"人器"的变革。如果说之前的酒器组合爵觚作为礼仪的象征，显示了一定的等级差异，那么在西周时期以鼎簋为代表的食器文化，则是将这一差异运用到了极致。西周推行"宗法制"，明确以嫡庶、亲疏定义人与人之间的关系，并在此基础上，于统治阶级内部形成天子、诸侯、士等阶层，与普通民众建立起截然不同的等级划分。依周代礼仪制度的规定，各级贵族宴饮，需要依其身份高低，享用相应的规格，据《春秋公羊传》记载，天子用"九鼎八簋"，诸侯用"七鼎六簋"，大夫用"五鼎四簋"，士用"三鼎二簋"。商周时代，鼎簋是重要的礼器。西周时期，在祭祀与宴飨时簋以偶数组合同以奇数组合的列鼎配合使用，即形成所谓的"列鼎制度"。列鼎制度萌芽于西周早期，西周中期用鼎制度趋于成熟，西周晚期至春秋中期衰落。目前所知最早的列鼎是 1974 年宝鸡市茹家庄 M1 甲出土的五件形制相同、大小依次递减的鼎，为西周昭穆之际的器物。

鼎和簋原本只是普通的食器，然而在进入阶级社会后，不仅形成了用物制度，更是演绎成阶级社会的象征。青铜礼器的发达是社会高度发达的表现，或许正是 3000 多年前，在生产力还比较落后的状态下，西周王朝得以平稳和谐运行的重要保证。

（三）是列卣组合。除了列鼎制度，有学者还提出"列卣组合"，指形制、纹饰相同，而大小不同的一对青铜卣。墓葬中发现随葬列卣组合，可以说明墓主人的级别较高，而且随葬列卣越多级别越高。从出土情况来看，使用列卣的墓主人往往是方国首领，或高级贵族。西周早期还出现了"尊卣组合"，即一尊二卣或一尊一卣两种组合方式。如 1976 年扶风县庄白村出土西周中期丰尊和丰卣为同人所铸，铭文字数内容也相同，为一组酒器；1976 年宝鸡市竹园沟出土西周早期两件筒形提梁卣，一大一小，造型装饰完全相同；1980 年宝鸡茹家庄強国 7 号墓出土的两件伯各卣，纹饰、器形、铭文相同，唯大小有别；2012 年宝鸡石鼓山 3 号墓出土的两件户卣，形制相同，大小各异。陕西发现的列卣数量众多，品质上乘，这种组合不同于商代爵觚相配的礼器组合，是周文化对商文化的一种改进提升。西周穆王之后，酒器逐渐退出历史舞台，这种列卣组合也逐渐消失。

（四）编钟组合。西周时代，礼器之中，"鼎"列首位；乐器之林，"钟"居上座。编钟是进行祭祀宴飨和军事占卜活动中的重要礼器，与列鼎制度同样重要。编钟兴起于西周，盛于春秋战国直至秦汉。早期的编钟一般是由大小 3 件组合起来的。春秋末期到战国时期，编钟数目逐渐增多，有 9 件一组的和 13 件一组的。关中一带作为西周王畿和宗庙所在地，一直都是编钟的主要出土地。20 世纪 70 年代，宝鸡市竹园沟 7 号墓葬出土的 3 件一组的西周早期编钟，被誉为目前我国发现时代最早的青铜编钟。西周晚期以后，编钟进入了大发展时期，拥有编钟的不再是中小贵族，而一跃成为王室重臣、世家大族们身份地位的象征，钟的数量也由 3 件一组增加到了 9 件或 13 件一组，流行区域也从关中地区扩展到全国各地。如微氏家族的疢钟，任家村窖藏出土的克钟、梁其钟，齐家村窖藏出土的柞钟，杨家村窖藏出土的逨钟等。其中，杨家村的逨钟属于西周晚期遗物，是目前已知资料中最早最完整的一套。

此外，从出土器物来看，陕西地区的青铜器组合还有列簋、列鬲、列壶、列尊、列罍等形式，这些器物的组合方式只是对现象的客观描述，是否与礼制有关还需要进一步的探索和研究。

青铜器的类别

青铜器种类较多，从社会功能来看，青铜器可分为礼器、重器、明器和日用器。

1. 礼器：从青铜器造型艺术角度来看，青铜礼器最为引人注目。礼器是宗庙和宫室中陈设的器物，用于祭祀、宴飨和各种典礼仪式的场合。古人认为祭祀和打仗是国家头等重要的事情，所谓"国之大事，在祀与戎"。礼器中最重要的部分是和祭祀有关的器物，目前青铜器中最多最重要的也是宗庙中使用的器物。在许多青铜器铭文中，宗庙中的许多礼器被称为"宝尊彝"，尊彝就是礼器的通称。礼器有的是不能够随意移动的，所谓"重器不出门"，就是说对家族有重大意义的器物如不能保住，就意味着一个家族的消亡。礼器用于各种礼仪活动，它和日常生活中的器皿完全不同。礼器包括酒器、食器、水器、乐器等，在使用排列上有浓重的巫术色彩。鼎是最重要的礼器，西周中期形成列鼎制度，即用形状花纹相同而大小依次递减的奇数成组鼎来代表贵族身份。在考古发现中，奇数的列鼎往往与偶数的簋配合使用，即九鼎八簋相配、七鼎六簋相配等。每一种礼器由于王朝的更替、典礼制度的变化、习俗的相互影响，乃至生产技术的进步，又会演变成很多种形式。仅酒器和食器两大类，粗略统计，就有近40种不同的名称。每种基本器形，又有许多变化繁衍的式样，这些式样大的有几百种之多，组成了一个庞大的器物体系。每种器形的发展，一般规律是从简单到复杂，在铸造技术上由不合理到合理，这是一个不断创造演变的过程。秦汉时后期，社会混乱，礼崩乐坏，礼仪文明难以为继，青铜礼器逐渐淡出历史舞台。

2. 重器：指单件铸造的大型青铜器，其上铸有铭文，专门用来记载某件大事，或颂扬先王、先祖的功德，称之为"重器"。铭文长的青铜器一般都称为重器，重器也是礼器的一种。

3. 明器：即"神明"之器。古人认为人死亡后灵魂不灭，要在另一个世界中重新生活，所以商周奴隶主贵族盛行厚葬，将生前喜爱的青铜器、玉器、陶器等均随葬入墓。青铜殉葬礼器一般由鼎、簋、豆、壶、盉等组成，等级不同的贵族用器数量有不同规定，但这种明器不同于后世专门制作的殉葬用器，仍属礼器范畴。

4. 日用器：包括熏炉、铜镜、阳燧等一些日常生活用品和斧、锛、凿、锯等生产工具。

从器形用途来看，青铜器又可分为食器、酒器、水器、乐器、兵器、工具、车马器、杂器等。

1. 青铜食器：又可分为饪食器、盛食器、挹〔yì 舀〕食器、切食器四大类。饪食器有鼎、鬲、甗，古人一般用来煮肉、煮粥、蒸食；盛食器有簋、簠、盨、敦、豆、铺、盂、盆等；挹食器有匕；切食器有俎。

鼎：为烹煮肉食、实行祭祀和宴飨的器具。最早的青铜鼎见于夏代晚期，历经各个时代一直沿用到两汉，乃至魏晋，是青铜器中行使用时间最长的器物，因而变化也很大。大致有圆鼎、方鼎、扁足鼎等形式。

鬲［lì］：盛粥器，青铜鬲最早出现在商代早期。是大口袋腹器，西周中期以后鬲很盛行，常成组出土，到战国后期逐渐消失。

甗［yǎn］：蒸饭器，全器分上下两部分，上体用以盛米，称为甑，下为鬲，用以煮水，中间的箅通汽以蒸于甑。青铜甗在商代中期已有铸造，但为数甚少，到商末周初就较多。

簋［guǐ］：盛放煮熟的黍、稷、稻、粱等饭食的器具。青铜簋最早出现在商代中期，但数量较少。商代晚期，特别是西周时代，簋是重要的礼器之一，在祭祀和宴飨场合，它和鼎配合使用。自西周早期起出现一种方座簋，就是在簋的圈足下连铸一个方座。

簠［fǔ］：盛放煮熟的黍、稷、稻、粱等饭食的器具。青铜簠最早出现于西周中期，基本形制为长方体，口外侈，腹下收，上有盖，器、盖形制相同，分置可成二器。

盨［xǔ］：盛放煮熟的黍、稷、稻、粱等饭食的器具。青铜盨最早出现在西周中期，基本形制为椭圆体，盖可仰置盛物。

敦［duì］：盛放煮熟的黍、稷、稻、粱等饭食的器具。青铜敦最早出现在春秋中期。其基本形制是上下皆圆，盖与器相合成球体，也有上下不完全对称，或完全对称的。

豆：盛放腌菜、肉酱等和调味品的器皿。青铜豆最早出现在商代晚期，但很少见，盛行于春秋战国。基本形制是上有盘，其下长柄连圈足，有的有盖。

铺：盛放肉酱的器皿。外形与豆相似，但盘边狭而盘底平，圈足甚粗而矮，多为镂空，青铜铺见于西周中期到春秋时代。

盂：大型盛饭器，也作盛水器，盛饭时与簋配合使用，簋中之饭取自盂中。青铜盂最早见于商代晚期，形制一般为侈口、深腹、附耳、圈足，形体都比较大。

俎［zǔ］：切肉、盛肉的案子，与鼎配合使用。青铜俎传世和出土都很少，或当时所用的俎多为木制，朽蚀不易保存，目前所见皆为商末、周初之俎，形制为长方形案面，中部微凹，案下两端有壁形足，也有案下附铃的。

匕：挹取食物的匙子，考古发现匕常与鼎、鬲同出。青铜匕最早见于商代晚期，传世很少。体呈桃叶形，有长柄。

2. 青铜酒器：有贮酒器、盛酒器、温酒器、饮酒器、挹酒器诸种。盛酒器主要有尊、卣、方彝、瓿等；贮酒器有壶、罍、瓶等；温酒器有斝、爵、角等；饮酒器有爵、角、觚、觯、觯（又名五爵）；挹酒器有斗等。商代贵族饮酒成风，西周初期曾严厉禁酒，西周中期以后青铜饮酒器大为减少。

爵：饮酒器，青铜爵最早出现于夏代晚期，盛行于商代晚期。爵的基本形制是前有流（倾酒的流槽），流与杯口之际有两立柱，后有尖锐状尾、中为杯，下有三足。

角：饮酒器，形制与爵相似，但无流和立注。角的出土和传世数量远远地少于爵，青铜角盛行于商末周初。

觚 [gū]：饮酒器，其形制为喇叭口、细腰、高圈足的容器。青铜觚初见于商代早期，主要盛行于商末和周初。

觯 [zhì]：饮酒器，有椭圆体和圆体两种形式，侈口，束颈、深腹、圈足，大多有器盖。青铜觯初见于商代晚期，西周早期亦甚流行。

斝 [jiǎ]：容酒器，行裸 [guàn] 礼时所用，或兼作温酒器，形制为侈口，立两柱，深腹分段，圜底下有三足，颈、腹间设一鋬可执。青铜斝初见于夏代晚期，盛行于商周初。

尊：容酒器，是一种高体的大型或中型的酒器，上口侈大，下有圈足，青铜尊初见于商代中期，盛行商末和西周时代。尊的形体可分为有肩大口尊、觚形尊和鸟兽尊等三类。

壶：容酒器，壶有圆形、方形、椭圆形、扁形等形式，一般有提梁及盖，是酒器中的大类。青铜壶最早见于商代中期，流行的时间很长，自商至战国，秦汉以后尚可见到，器形的变化相当复杂。商代和西周一般为酒器，东周时也作水器。

卣 [yǒu]：容酒器，是专用以盛秬 [jù] 鬯 [chàng] 的祭器。秬鬯是古代用黑黍和香草酿造的酒。卣有圆形、方形、椭圆形、鸟兽形等形式，并有提梁和盖，盖套在器口之外。青铜卣最早见于商代晚期，流行到西周早、中期。

彝〔yí〕：容酒器，这类器皆呈方形，有屋顶形盖，截面纵短而横长，腹部与圈足相连，圈足每一边的中央有一个缺口，分成四个规矩形的足。有的方彝两侧有耳。青铜方彝初见于商代晚期，流行于商末周初。

觥〔gōng〕：容酒器，口部一侧有流，腹部作椭圆形或长方形，下有圈足或四足，有盖，盖至流口的一侧往往饰兽头；有的觥内附有酌酒用的斗。觥的另一种形式是整器为兽形。青铜觥主要盛行于商末周初。

罍〔léi〕：容酒器，是一种高体的大型或中型有盖酒器，其基本形式有圆体和方体两类，肩部两侧有耳，正面腹部的下端亦饰一耳。青铜罍盛行于商末周初。

瓿〔bù〕：容酒器，是大型的酒器，敛口、大腹、圈足。青铜瓿流行的时间很短，仅在商代的中、晚期。

斗：挹酒器，是一个小杯连铸一条弯曲形的长柄，青铜斗最早见于商代晚期，西周时代尚有。传世和出土都很少见。

勺：挹酒器，与青铜斗的作用相似，所不同的是一个小杯连铸一条直柄。青铜勺大多是商代晚期器。

禁：承酒尊的器座，有方形和长方形的两种形式，四面有壁，并有长方孔。青铜禁传世和考古发掘都很少见，最早见于西周早期，春秋偶尔也有，流传甚少。

3. 青铜水器：也被叫作盥〔guàn〕器，大致可分为注水器、接水器和盛水器等。大型水器有鉴、盘，一般水器有匜、盂等，缶、瓿是春秋时期才出现的，数量不多。

匜〔yí〕：盥手注水之器，盘匜皆同用，一般与盘同出。匜最早出现于西周中期后段，流行于西周晚期和春秋时期。

盘：承水器，与匜配合使用，以匜之水浇于手，以盘承接弃水。青铜盘初见于商代中期。但为数不多，自商末起一直流行到战国。形制为敞口、浅腹下有圈足或三足，两侧有耳。

盂：盛水器，最早见于商代，流行于西周，春秋时已较少见。

瓿［bù］：盛水器，亦用于盛酒和盛酱。流行于商代中后期，当罍流行于西周后，此器消失。器型似尊，但较尊矮小。圆体，敛口，广肩，大腹，圈足，带盖，有带耳与不带耳两种，亦有方形瓿。

缶［fǒu］：有尊缶或浴缶之不同，尊缶已见前酒器，水器中为浴缶，亦有称为盥缶。另有行缶，亦当是盥器，皆用以盛水，流行于春秋晚期至战国。

鉴：盛水器，也可盛冰为冰鉴。形体一般很大，大口、深腹、平底，也有圈足，两侧有兽耳。青铜鉴出现于春秋中期，春秋晚期和战国时代最为流行，西汉时期仍有铸造。

4. 青铜乐器：有钟、钲、铙、鼓、錞、铃、铎、钩等。

铃：中国最早出现的青铜乐器，夏代晚期曾有出土，形体较小，器壁薄，顶部有半环形钮，是单翼铃。此外还有车铃、执铃、狗铃等。

铙［náo］：打击乐器，形体似铃而稍大，口部向上呈凹弧形，体部截面呈阔叶形，两侧角尖锐，底部置有一个中空圆管状的短柄，与体腔内相通，柄中可置木段。主要用于祭祀和宴乐，殷墟妇好墓曾出土五柄成组合的铙，这是至今发现铙组合的最高数字。

钲［zhēng］：打击乐器，形体似铙，但比铙高大和厚重。钲是春秋时代的乐器，在南方百越诸地流行。

钟：打击乐器，在祭祀或宴飨时用，成编悬挂，用木槌打击乐钟的鼓部和鼓右的鸟图案，因此能产生两个音频。青铜钟主要有钮钟和甬钟两种形式，钟的各个部位都有专门名称。编钟最早出现在西周早期，是三枚一组。

铎［duó］：打击乐器，形制似铙而小，中有舌，振舌发音。据文献记载，铎可用于军旅和田猎。

钩：又名句，打击乐器，其形制似铙而长，横截面呈椭圆形，纵向长度稍大于横向的尺度，器壁较厚，口向上，有很浅的凹弧口，底部置一柄，或作扁平，或为圆柱形。

錞［chún］：亦作錞釪、錞于，打击乐器，常与鼓配合，用于战争中指挥进退。形如圆筒，上部比下部稍大，顶上有钮。钮多作虎形，故常有"虎钮錞于"之称。初见于春秋时代，盛行于战国及西汉前期。

鼓：打击乐器，传世和出土极少，形如横置的筒形，上有一个枕形座，用以插杆饰，下为长方形圈足。目前所见的青铜鼓都是商代晚期的。

5. 青铜兵器：按用途可分两大类，一是进攻性兵器，这类兵器又分长兵器、短兵器和远射兵器。长兵器如戈、矛、戟、钺；短兵器如刀、剑；远射兵器如弩机、矢镞等。另一类是防御性兵器，如胄、甲、盾等。

刀：是指砍杀用的兵器，商周时代的小型刀一般为切割工具，人型刀与中型刀大多为砍杀的武器和近战肉搏的短兵器。

剑：古代贵族和战士随身佩带，可斩可刺用于格斗。青铜剑最初见于西周早期，但形式已经相当成熟，春秋晚期至战国最为流行。剑的每一部分都有专名，形式愈到后期，体部愈长。

匕首：是一种短剑，近身杀伤武器。青铜匕首出土甚少见，大多是战国时期器。

钺［yuè］：是砍杀的兵器，也可作为刑具。有些形制很大，而制作又精美的，可作为仪仗用具。青铜钺初见于夏代晚期，一直沿用到战国时代。

戈：是用以钩杀的兵器，完整的戈由戈头、冒和末的樽构成，目前所见仅存戈头。戈分长和短，戈的每一部分都有专名。青铜戈最早见于夏代晚期，一直沿用到战国时代。

戟［jǐ］：是用以钩杀的兵器，形体与戈相似，但在顶有矛的装置，这样在作战时多了一种杀伤功能。

矛：是古代用来刺杀敌人的进攻性武器，是战争中常用兵器。长柄，有刃，用以刺敌。青铜矛最早见于商代早期，一直沿用到战国时代。

弩［nǔ］机：是具有远射和杀伤力较强的武器。最早发现在春秋战国时期，当时弩机均无廓，仅有钩弦用的牙、作瞄准用的望山和作扳械用的悬刀，西汉以后弩机均有廓。

矢镞［zú］：是箭铤前端的锋刃，是由尖锐的锋、张开的两翼以及脊组成，各部分都有专名。青铜矢镞最早见于夏代晚期，以后大量铸造。

胄［zhòu］：又称盔，作战时用以保护头部，青铜胄最初见于商代晚期，形制呈帽形，顶端有一管，用于安插缨饰，左右及后部向下延伸，以保护耳部和颈部。

6.青铜工具：有削、刀、锯、凿、锉、钻、锥、斧、锛、耒、耜、铲、锸、锄、耨、铚、镰等。

削：古代修正简牍书写错误的"书刀"，用来削除简牍上的字，以便改正重写。写好字的简用绳子编连起来，叫作"册"。如果文章改动的地方较多，就得抽掉几片竹简，叫作"删"。"删"字从刀，也离不了"削"；把文章送给别人看，自谦的话是请予"斧正"，意即修改的地方太多，一个个地"削"太费事，可用斧子砍掉。

凿：商周的青铜凿绝大部分是有銎［qióng］凿，以方形、长方形、梯形銎口、单面刃为其通行形制。

锛［bēn］：开垦土地的农具，形状与斧比较接近，但背面微拱，偏刃，銎内置曲形横柄。青铜锛最早见于商代晚期，西周时代尚沿用。

耒［lěi］：是挖窖穴和开河渠用的原始农器，所见甚少。形制为扁方銎连接两根长齿。

耜［sì］：曲柄的起土农具，也就是手犁。青铜耜出现于商代晚期，这一时期的耜头较长，銎部很深，銎口扁方。西周时代的耜头较短，呈宽扁形，銎部略浅。春秋时代为了节省铜料，銎部口沿有一条栏，上下皆镂空。

铲：铲土、耘苗、除草和松碎表土的农具。形制为在长方形青铜片的一端，连铸着一个截口为方的或椭圆形的銎，銎内可装柄。最早见于商代晚期，一直沿用到春秋战国。

锸［chā］：开河渠和做垄的农具。锸的刃口套在木板前端，木板后部连着一条柄，属于装直柄的农具。青铜锸最早见于商代中期，西周和春秋时代一直沿用。

锄：除草、间苗及松碎表土农具。锄的曲柄曲端纳于銎中，实际是横装木柄。青铜锄最早出现于西周时代，一直沿用到战国时代。

耨［nòu］：短柄的除草农具。中间是銎部，两侧连接双翼，正面近口部有密集齿槽，所见皆为春秋时代器。

镰：收割用的农具，也是手镰，一侧可装短柄，正面近口部有密集齿槽。青

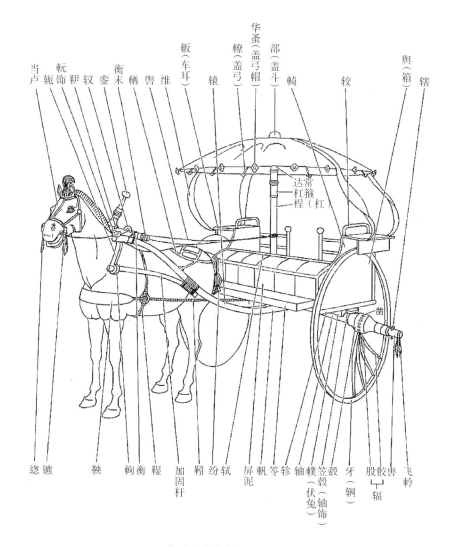

车马器各部件名称示意图

铜镰最早见于西周时代，一直沿用到春秋战国。

7. 青铜车马器：軎、辖、毂饰、轴饰、辕首饰、衡饰、銮饰、踵饰、舆饰、衔、镳、轭饰、当卢、马冠、铜泡。

軎 [wèi]：亦作"轊"，是古代套在车轮轴端外露部分上的金属套，用以固定车轴。一般为青铜制或铁制，呈圆筒形。軎上有孔，用以纳辖。

辖：是插在车轴两端孔内的车键，俗称销子。多以青铜或铁制成，呈扁长形。軎辖需配套使用，在考古发现中也是成对出现。使用时，将辖插入方孔内，穿过軎与车轴，将轴与軎连为一体，防止轮子脱落。辖上有一长方孔，再穿入皮条又防止了辖的脱落。辖是可以拔下来的，没有了辖，车就不能行驶。若辖脱则軎脱，軎脱则轴脱。今天我们所说的"管辖""辖制""辖区""直辖市"等词汇都包含有管束的意思，就是"辖"字本意的延伸。

毂［gǔ］：车轮轴部最粗大的部分，用来套接轮辐。为保护车轴，也为美观之故，西周时代的毂往往包以铜饰。

轭［è］：驾车时搁在牛马颈上的曲木，轭头系在车衡上，轭脚架在马颈上。

当卢：古代系于马头部的饰件，形式各异，放置在马的额头中央偏上部，也就是马鼻革与额革部位交接处的饰品。铜质当卢盛行于商周时期。比较多见的一种中部呈椭圆形，一端延长，一端分制出两角，背面有几个横鼻，用以穿皮带缚扎。有些西周时期的铜当卢铸有铭文。

衔：是放在马嘴里的一种杠杆，骑手利用手中的缰绳和马衔产生的压力与马进行沟通，增加与马的互动。

8. 青铜杂器：多为实用品，包括青铜家具、青铜衡器、青铜货币、凭证信物等。其中青铜家具有禁、俎、案以及铜镜、带钩、灯具、熏炉等日用具；青铜衡器有尺、量、衡、权；青铜货币有布币、刀币、圆币等春秋战国铜币；青铜凭证信物有符和玺印。

陕西青铜器的典型代表

鼎

鼎形状主要有圆鼎、方鼎和分裆鼎（也叫鬲鼎）三种。圆鼎在整个青铜时代都在使用，方鼎和分裆鼎则流行于商代到西周中期，以后逐渐消失。

鼎是中国古代青铜器中最典型的代表，没有哪一种器物像鼎那样渗透到我们的历史、文化与思维之中。中国鼎文化的起源可以一直追溯到原始社会新石器时代，早在 7000 多年前就出现了陶制的鼎。

传说夏禹曾收九牧之金铸九鼎于荆山之下，以象征九州，并在上面镌刻魑魅魍魉的图形，让人们警惕。此后，鼎就从一般的炊器而发展为传国重器，成为社稷的象征和体现身份等级的重要礼器。《左传》载："桀有昏德，鼎迁于商；商纣暴虐，鼎迁于周。"商代尊神尚鬼，事无巨细都要进行占卜，作为祭祀祖先神鬼的铜鼎造型雄奇，风格诡异，纹饰狞厉，具有一种威严、神秘感。

从商代后期开始，铜鼎铭文逐渐增多，西周更甚，内容有关于人物、战争、分封、赏赐、册命、土地制度、诉讼刑罚等。

周代使用的鼎，按其使用方式的不同，可以分为三种，即镬［huò］鼎、升鼎（正鼎）、羞鼎（陪鼎）。镬鼎一般形体巨大，多无盖，用来煮白牲肉，多放在庭外；升鼎也称正鼎，是盛放从镬鼎中取出的熟肉的器具；羞鼎则是盛放佐料的肉羹，与升鼎相配使用，所以也叫"陪鼎"。贵族在宴饮时，先将牛羊猪等牺牲在镬鼎中煮熟，然后用"匕"取出来放入升鼎。为了保温和防灰，鼎一般要加上盖子，盖有特殊的名称——"鼏［mì］"，鼏一般用茅草或竹子编织而成，也有用青铜制作的。将盛肉的鼎从庖厨移送到宴饮的场所，是用"铉"贯穿鼎的两耳抬走，即抬鼎专用的杠子。鼎不是直接食器，所以食用之前，要再次用匕将肉从鼎中取出，放在俎上，然后再陈设在食案上，鼎和俎一般配套使用，在礼器的组合中，鼎和俎的数量一般是相等的。从《周礼》《仪礼》《礼记》等文献来看，用鼎的个数基本为奇数，即所谓的"鼎俎奇，笾 [biān] 豆偶"的规则。即鼎俎一般配套使用，祭祀或宴飨时一鼎一俎。

周代实行以血缘关系为基础的宗法制和分封制，社会等级分明，为了维护这种等级关系，根据地位、等级差别规定在宴飨或祭祀活动中使用不同的器物及其组合、数量，这种不同组合和数量的器物是身份、地位的标志，称为礼器。鼎就是别尊卑、明上下的礼器之一。按照规定，天子（周王朝的最高统治者）用太牢九鼎（牛羊猪三牲，称为太牢），九鼎分别盛放牛、羊、猪、鱼（干鱼）、腊（干肉）、肠胃、肤、鲜鱼、鲜腊九种肉食。诸侯用太牢七鼎，无鲜鱼、鲜腊。大夫用少牢五鼎（三牲中无牛，称少牢），再减牛、肠胃。士在特殊场合用少牢三鼎，肉食为猪、鱼、腊；一般情况只能用一鼎，盛小猪。与盛肉的鼎相配，用于盛饭食的簋的数量也有规定，九鼎配八簋，七鼎配六簋，五鼎配四簋，三鼎配二簋。这种鼎形状相同，大小相次，故称为列鼎。

《仪礼·公食大夫礼第九》载："（公）即位。具，羹定，甸人陈鼎七，当门，南面，西上。"在诸侯即位之时，嘱咐甸人陈放食物和食器，牲肉煮熟，诸侯国君款待来聘大夫之时，大夫坐定，甸人才将七只鼎陈放在庙门外，正对着庙门，鼎面朝南，以西边为上位。从《公食大夫礼》的记载中可以看出，一方面表明了鼎在宴飨之礼中的重要地位，另一方面也可由"七鼎具陈，鼎面朝南，西为上位"的行礼方式窥知西周礼仪制度的严肃与神圣。

西周后期，周王朝势力衰落，各分封的诸侯国力量强盛，他们逐渐不遵守周王朝的制度而各行其是，西周时期建立起来的秩序被打破，出现了"礼崩乐坏""僭越"的局面，用鼎制度随之瓦解。商周时期，人们认为人死后是到了另一个世界，为了在另一个世界继续享受生前的生活方式，活着的人往往把死者生前所使用的东西一起放进墓中随葬，因此，根据墓葬中的用鼎情况可以了解当时的社会状况。

毛公鼎

——铭文最长的青铜器

毛公鼎为西周晚期所铸青铜器，清道光末年出土于陕西岐山，是我国铭文最长的青铜器，被誉为晚清"四大国宝"和"海内三宝"之一。

关于毛公鼎的制作时代，清代学者多认为是周初之器，徐同柏认为是成王时器，吴大澂[zhéng]认为是文王之子毛聃[dān]所作；现代学者多认为作于周后期，陈梦家认为系夷王时器，郭沫若定为宣王时器，唐兰定为厉王时器。现在学者多认同郭说。

毛公鼎通高53.8厘米，腹深27.2厘米，口径47.9厘米，重34.5千克，大口圆腹，整个造型浑厚而凝重，饰纹十分简洁有力、古雅朴素，标志着西周晚期的青铜器已经从浓重的神秘色彩中摆脱出来，淡化了宗教意识而增强了生活气息。鼎口沿上有厚实高大的双耳，颈部的两道凸弦纹之间饰以精美的重环纹。腹如半球形。足呈马蹄形，造型浑厚朴实。

毛公鼎

毛公鼎内壁铸铭文32行499字，是我国迄今出土的青铜器中铭文最长的一件。其内容是记载周宣王告诫及赏赐大臣毛公的册命辞。铭文共分五段：第一段为周宣王向其叔父毛公追述先王（周文王、周武王）以仁德肇国、君臣一体治天下、政治清平的盛世，继而以感伤时艰的语言，描述今则因一时丧德，局势不宁，特为国家濒危而忧心忡忡。第二段中周宣王册封毛公为冢宰，委以治理邦国王室内外事务的重任，赋予毛公具有宣示王命的专权，并特别申明凡未经毛公同意的王命，毛公可预告臣下不予奉行。这足以证实毛公的地位相当特殊。第三段中周宣王又册封了毛公土地，并告诫勉励毛公，不能壅塞民意，不要鱼肉鳏寡，不能沉湎于酒色，更不能由此堕落，要全心全意辅佐王室。第四段中，为了确立毛公的权威，周宣王颁赏厚赐毛公大量礼器、命服、车马、兵器等用于岁祭和征伐之用，因为"国之大事，在祀与戎"。第五段中，毛公为感恩戴德、宣扬周王的伟大，特铸此鼎以作纪念。

毛公鼎全铭从"王若曰"开始，是王室史官代宣王命的常用词，后面四段均以"王曰"开始，显然是出自当时史官之手。记载了宣王时西周社会的真实情况，切中时弊，充分表明了宣王委以毛公重要官职、力求革新图治的坚定决心。既讲天命又特别讲了德治的重要，体现了西周统治者的思想体系和价值观。全铭文辞精妙而完整，古奥艰深，是西周散文的代表作，为研究西周晚期社会政治、历史、典章制度等，提供了最为真实可靠的第一手资料。

毛公鼎对研究中国冶金史、文字史和西周史等均有重要价值，晚清金石学家吴大澂曾说："使当日孔子见之（指毛公鼎），必录入周书，在不删之列。"郭沫若称赞它"抵得一篇《尚书》"。著名学者陈介祺、曾熙、李瑞清、吴昌硕、王禔等都为毛公鼎拓本作跋；张光远、万家保、张光裕、刘阶平、陈继揆、宋伯良、徐伯璞、方一戈等对毛公鼎出土、收藏、流传、拓本、考释都有专门的研究文章。吴大澂《愙［kè］斋集古录》、容庚《商周彝器通考》、吴式芬《攈［jùn］古录金文》、王国维《观堂集林》、罗振玉《三代吉金文字》、徐中舒《殷周金文集录》、马承源《商周青铜器铭文选》、社科院考古所《殷商金文集成》等，都有关于毛公鼎的著录、考释方面的研究成果。

毛公鼎的主人毛公，名字叫厝［cuò］，出身名门。他的祖先第一代毛公是周文王的儿子、周武王的弟弟毛叔郑。西周晚期，毛公厝地位愈加显赫。据郭沫若的研究，周王非常信任厝，命他治理国家，并委以专权，即便周王的命令，也

毛公鼎铭拓

要经过毛公的同意，如果毛公不同意，他可以预告臣子不遵守奉行。为了明确毛公的职权，周王还赏赐他秬（黑麦）鬯（祭祀的酒）、命服、车马、兵器等。

金文中人们知道得最多的，大概就是毛公鼎了。其铭文笔画匀实劲健，结体疏密有度，美观大方，既体现出凝重的气质，又有着气韵的流通。它以其结体方整稳固的文字造型，以偏旁错落有致的巧妙变化，以圆转流畅的线条构成端庄遒劲的风采，在金文中堪称佳品。学习与欣赏金文，不研究毛公鼎，是不可能理解大篆艺术的形式特征的。《毛公鼎》通篇看来，气势流畅，浑然一体，作为金文书法中的一件精品，是后人学习的典范，与《散氏盘》一起被誉为金文书法的双子星座。晚清著名书法家李瑞清题跋鼎铭时说："毛公鼎为周庙堂文字，其文则尚书也，学书不学毛公鼎，犹儒生不读尚书也。"

毛公鼎出土后的流传富有传奇色彩。清道光年间春，岐山县董家村村民董春生在村西地里挖得毛公鼎，当时古董商人即闻讯前来看货，见鼎内有密密麻麻的一大篇古文字，知是"宝鼎"，便以白银300两购得。但古董商人把宝鼎运至村南时，被村民董治官拦下，说这宝鼎出土于他和董春生两家相交的地界上，他也有一份，不仅没有带走大鼎，还被董治官父子打了一顿。

古董商羞辱难耐，回到县上，出资贿赂县知事，董治官被抓投入监狱，罪名有两条：一是私藏国宝，二是平民百姓岂敢取名"治官"，此乃犯上作乱，当堂命他改名为"治策"。并用铁链把他吊铐起来，迫令招供藏鼎之处，然后派人从藏处取回。毛公鼎被运到县城后，古董商又拿出 50 两银子贿赂县令，才得到了大鼎。

古董商吸取这次教训，低调行事，不轻易亮宝，悄悄将大鼎运到了西安。几年后，来自北京的大古董铺永和斋苏六（名兆年）、苏七（名亿年）兄弟收购了大鼎。古董商得到重金，从此隐居乡下，不再露面。

苏氏兄弟与收藏家陈介祺较为熟悉，著名的"大丰簋"就是永和斋卖给陈介祺的。陈介祺是与潘祖荫齐名的金石学家，清吏部尚书陈官俊之子，官至翰林院编修，嗜好收藏文物，著有《簠〔fǔ〕斋传古别录》《簠斋古金录》《簠斋金文考释》等十余种图书。鲁迅曾说："论收藏，莫过于潍县的陈介祺。"郭沫若和商承祚则认为陈介祺是"前无古人，后无来者"的一代宗师。

苏氏兄弟深知陈介祺爱宝如命，并有能力收购大鼎，回京城后第二天就赶往陈介祺府上，告知新收的大鼎内壁有近五百字的铭文。谁知陈介祺听后却说，现在既不能看鼎，也不能购鼎。原来，陈介祺的父亲担心儿子藏宝过多，容易引起同僚猜忌，所以坚决反对儿子收购宝鼎。苏氏兄弟理解陈介祺爱宝心切，又无可奈何的心理，就说不急于出手，等等再说。

咸丰二年（1852 年），陈介祺父亲去世，他开始掌管家业，才花重金购得毛公鼎。为防不测，他将毛公鼎锁藏于密室，对外矢口否认收藏宝鼎。就连毛公鼎铭文拓本，也只在初得之时拓了四份。在捶拓铭文之后，陈介祺进行了深入研究，写出了毛公鼎铭文考释文章和题记。虽然由于疏忽，漏释了一行字，但毕竟是考释毛公鼎的第一篇文章，而

陈介祺像

且大多数字已经释读。

毛公鼎的释文刚一面世，就引起轰动，许多学者纷纷著文论述。浙江嘉兴名士徐同柏、清代名士许瀚等人也对毛公鼎进行了研究。徐同柏还对铭文中的疑难字句进行了解释。陈介祺在参考徐同柏、许瀚研究成果的基础上，对《周毛公鼎考释》一文，五易其稿，反复修改，可惜并未刊行。

光绪十年（1884年），陈介祺去世，所藏古物分给三个儿子，毛公鼎归次子陈厚滋。陈介祺生前给子孙立下三条规矩：一不许做官，二不许经商，三不许念佛信教，指望后辈安分守己潜心做学问。

毛公鼎落到陈家以后，始终被一个人惦记着，这个人就是时任两江总督的端方。端方嗜好收藏，一直想把毛公鼎据为己有。据说，陈介祺当年正与几个金石好友切磋收藏之时，端方路过，贸然插言，遭陈氏讽其无知。端方羞报而退，归而奋起，后成为一代金石学大家。

正在端方觊觎〔jìyú〕毛公鼎之时，端方旧友陈子久得知其子陈芙珩〔héng〕与陈厚滋次子陈孝笙来往密切，于是嘱其出面劝说孝笙，把毛公鼎卖给端方，并许价白银一万两。

陈孝笙主掌家业后，不顾陈介祺生前的规诫，先后开办了钱庄和药铺，欲以经商振兴家业。陈孝笙虽然违背祖训经商，但深知毛公鼎为传家之宝，更有家人时时劝诫，因此不为万两白银所动。陈芙珩无法，只好由其父转告端方。

端方探知陈孝笙生性爱财，只是碍于家人的劝阻及祖训才没有答应，就转告陈孝笙，如果答应卖鼎，可再多付一万两白银，并可让陈孝笙在湖北省银元局任职。陈孝笙一时为官、利所动，要端方拟一纸文书作为凭证。

宣统二年（1910年），陈孝笙不顾家人劝阻，将毛公鼎以2万两白银转给了端方。[①] 但此后久久不见委任书到手，陈孝笙急忙持端方所留凭证申辩时，才得知那凭证上的钤印不过是一枚废章。陈孝笙得知被骗后，悔恨交加，遂即一病不起。

俗话说，"尤物从来不福人"。陈孝笙被骗一病不起，而端方强买毛公鼎后

---

① 陈继揆：《毛公鼎旧事（下）》，《文物天地》1992年第1期。

不久，便被革命军所杀。1926 年，端方的后人将宝鼎抵押在天津由俄国人开的道胜银行，得押银 3 万两。此后，曾有日本、英国、美国等国人士想从银行中赎出宝鼎。因俄国人不同意按抵押款数加利息的钱款赎出，再加上端氏后人也不同意，赎事方作罢。后来，北平大陆银行总经理谈荔孙认为国宝放在外国银行不妥，向端方家人表示愿以较低利息质押毛公鼎于大陆银行，端方家人表示同意，由谈荔孙代办向天津华俄道胜银行赎出，改存大陆银行。①

不久，曾任民国交通总长的收藏家叶恭绰得知了毛公鼎的事后，与郑洪年、冯恕集资赎回了毛公鼎。1930 年，郑洪年、冯恕二人分让，毛公鼎遂归叶恭绰一人所有，但仍存于大陆银行，后来叶迁居上海，毛公鼎也一同转移。1937 年抗日战争爆发后，上海沦陷，叶恭绰匆匆避往香港，毛公鼎等收藏品未能带走。叶恭绰在上海之妾潘氏意欲侵吞叶在沪之家产，打起了官司。1940 年，叶恭绰致电在昆明西南联大任教授的侄子叶公超，让他赴上海代为主持讼事。当叶公超到上海应诉之时，潘氏已向日本宪兵队密告叶宅有国宝毛公鼎及珍贵字画，日本宪兵队当即前去搜查。日本宪兵搜出一些字画，未找到毛公鼎，将叶公超严刑拷打，但叶公超坚不吐实。② 后为脱身之计，密嘱家人铸造假鼎交出，并由其兄叶子刚以重金作保才得以释放。后来叶公超终于在 1941 年密携毛公鼎逃往香港，将国宝完好无损地奉还给叔父叶恭绰。但不久香港也被日军攻占，叶恭绰不得已又携带毛公鼎辗转返回上海，后因患病，经济困顿，万般无奈之下将毛公鼎典押银行，后为巨商陈永仁得悉，出资赎出。

1945 年抗日战争胜利后，陈永仁将毛公鼎交给上海敌伪物资管理委员会处理。上海市政府聘叶恭绰为毛公鼎保管委员会委员。但此时仍为乱世，不少人都想将宝鼎据为私有。当时在国民政府教育部主管文博工作的徐伯璞得知毛公鼎的消息后，便前往行政院找到秘书长翁文灏 [hào]，说明毛公鼎乃国之重器，必须立即拨交国家收藏，以防不测，最终获行政院 "准予拨给" 的批文。徐伯璞怀揣批文到上海与 "敌伪物资管理委员会" 的主任郭泰祺交涉，著名学者、上海市图书馆馆长

① 张光远：《西周重器毛公鼎——驳澳洲巴纳博士诬伪之说》，《故宫季刊》第 7 卷 2 期，1972 年。

② 方一戈：《叶公超与"毛公鼎"的一段生死机缘》，《文史天地》2003 年第 12 期。

徐鸿宝先生也从中周旋。经多方努力，民国 35 年（1946 年）8 月 1 日，毛公鼎由上海运至南京，由中央博物院收藏。[①] 中央博物院还专门送给徐伯璞一份毛公鼎的铭文拓本，以示纪念。同年 10 月，恰逢蒋介石 60 寿辰之际，民国政府教育部、中央研究院联合举办文物还都展览，展期为一个月，毛公鼎是其中最引人注目的展品。从此，毛公鼎正式结束了民间收藏的历史。

1948 年新中国成立前夕，蒋介石见大势已去，下令将中央博物院所藏珍贵文物迁运台湾，毛公鼎亦在其中，后由新成立的台北故宫博物院收藏，至今仍陈列在该院商周青铜器陈列室专柜中，放在商周青铜展厅最醒目的位置，为台北故宫博物院十大镇馆之宝之首，是永不更换的展品，也是台北故宫博物院的两大纪念章主图之一。

大盂鼎

——晚清"四大国宝"和"海内三宝"之一

大盂鼎又称廿三祀盂鼎，因作器者是周康王时大臣盂而得名，被誉为晚清出土的"四大国宝"和"海内三宝"之一，为中国首批禁止出国（境）展览文物。

大盂鼎出土于晚清道光年间。其出土地址有两种说法，一说出土于陕西省岐山县礼村，另一说出土于陕西省眉县礼村。由于年代久远，大盂鼎又经过了无数次的转手买卖，到底是在哪里被发现的，已经很难考证，现大多学者认为系岐山礼村出土。

大盂鼎高 102.1 厘米，口径 78.4 厘米，腹围 83 厘米，重 153 千克，在当时所发现的西周青铜器中，盂鼎是体量最大的一件，淳化大鼎出土前，一直号称西周第一重器。大盂鼎造型雄伟凝重，纹饰简朴大方，双耳立在口沿上，腹下略

---

① 徐伯璞：《毛公鼎得失记》，《钟山风雨》2001 年第 6 期。

鼓，器以云雷纹为地，颈部饰带状饕餮纹，足上部饰浮雕式饕餮纹，下部饰两周凸弦纹，是西周早期大型、中型鼎的典型式样。

大盂鼎腹内壁有铭文 19 行 291 字，其书法体势严谨，字形和布局都十分质朴平实，用笔方圆兼备，具有端严凝重的艺术效果。开《张迁碑》《龙门造像》之先河。以书法成就而言，大盂鼎在成康时代当居首位，是西周早期金文书法的代表作，也是后世碑刻书法的滥觞〔lànshāng〕。

根据鼎中铭文可知，此鼎为周康王二十三年九月册封一个叫作盂的大臣时所用之礼器。铭文内容大致可分为三段：第一部分用较多文字说明商人纵酒是周兴起和商灭亡的原因，赞扬了周代文、武二王的盛德，表示周康王（武王的孙子）自己要以文王为典范，告诫盂也要以祖父南公为榜样；第二部分主要是周康王命盂帮助他掌管军事和统治人民，并且赏赐给盂香酒、礼服、车马、仪仗和奴隶 1726 个，并叮嘱盂要恭敬理政，莫违王命；第三部分说明盂作此宝鼎以祭祀其祖父南公。大盂鼎铭文是史家研究周代分封制和周王与臣属关系的重要史料，一向为史学家所重视。

大盂鼎

大盂鼎的主人"盂"是南宫适（括）的后人。南宫适见载于《尚书·君奭》《史记·周本纪》，是周文王、周武王时的重臣，盂则是周康王时的大臣。从铭文可知盂作为荣的副手，官司军政，官职相当于小司马。[1] 从周康王赏赐给盂秬鬯、命服、车马以及大量的臣民来看，周康王对盂极为宠信。1979 年，扶

————————
① 陈梦家：《西周铜器断代（四）》，《考古学报》1956 年第 2 期。

风出土南宫乎钟，南宫乎为盂的后世。①

关于大盂鼎的制作时代，吴大澂、王国维定为周成王，郭沫若、唐兰、李学勤、马承源先生考证为周康王时器，陈梦家先生推断"此器虽接近成王而在其后，应序列于康王之世"。② 今大多学者认为大盂鼎为康王时器。

铭文中最值得注意的是周人对酒的态度，周王将酒作为最珍贵的礼物赐给大臣，证明酒在周代社会中具有重要的作用。同时，周人吸取了商朝因酒灭亡的教训，告诫大臣不要沉湎于酒。这样的记载同《尚书·酒诰》篇的记载相吻合，反映了当时真实的社会生活，是研究周代历史的重要史料。

大盂鼎铭拓

大盂鼎出土后辗转流传，曾先后历经多位收藏主人。第一个收藏并鉴定的人为当

---

① 李学勤：《大盂鼎新论》，《郑州大学学报（哲学社会科学版）》1985 年第 3 期。
② 陈梦家：《西周铜器断代（三）》，《考古学报》1956 年第 1 期。

地士绅宋兑成。宋兑成出身书香门第，也是一个金石收藏爱好者。但因大盂鼎器形巨大，十分引人瞩目，不久便被岐山县令周赓〔gēng〕盛占有，并随即转手出卖。

大盂鼎随后几经转手，辗转流落到了北京琉璃厂，此时宋兑成的儿子宋金鉴也在北京参加会考，并且高中进士，入选翰林院。宋金鉴在琉璃厂重遇大盂鼎，立即出价3000两白银将它买下来带回老家。此后大盂鼎一直被宋金鉴收藏在府中，直到他去世后家道衰落，他的后人不得已将这个至宝卖给了别人。

大盂鼎新的买主叫袁宝恒，为时任甘陕总督左宗棠的幕僚。袁宝恒深知左宗棠喜欢收藏这些宝贝，便将大盂鼎献给了左宗棠。左宗棠又将大盂鼎转赠给了酷爱金石的收藏家潘祖荫。

潘祖荫是晚清时期最著名的收藏大家，学问渊通，收藏宏富，著有《滂喜斋丛书》《攀古楼彝器款识》等书。清咸丰十年（1860年），他任职大理寺时，恰逢尚未发达的左宗棠因恃才傲物侮辱永州总兵樊燮〔xiè〕被告发，朝廷严令密查，"罪且不测"。潘祖荫久闻左宗棠的才干，以国家多难之秋，人才难得，三次上疏密保，终于使左宗棠得脱大难。奏折中"朝廷不可一日无湖南，湖南不可一日无左宗棠"一语一时传为名言，令左宗棠大名深得帝心，不久即获重用，成就了他中兴名臣的一世功业。救命之恩，无以言报，潘祖荫的恩情，左宗棠牢记在心，赠送大盂鼎，便是他投桃报李的感恩之举。

作为海内闻名的收藏大家，潘祖荫自然知道这份礼物的分量。他喜不自胜，爱若至宝，特意请当时著名的金石家、篆刻家王石经镌刻了"南公鼎斋"和"伯寅第一宝藏"印章，[1] 以为纪念，将大盂鼎视作攀古楼中最珍贵的收藏。巧合的是，若干年后，潘祖荫从收藏家柯劭忞〔mǐn〕处购得与大盂鼎齐名的大克鼎，"海内三宝"，潘家得其二，一时轰动整个京城。

潘祖荫无子，他病逝后家产由弟弟潘祖年继承。在等待潘祖年进京的那段时间里，潘家收藏的宝物陆续失窃。潘祖年决定将兄长留下来的家产带回老家苏州，为了路途安全，潘祖年对外宣称大盂鼎和大克鼎也已经失窃。从此后长达半个多世纪的时间里，潘家一直否认拥有这两件宝物。

---

① 李朝远：《大盂鼎补证二三例》，《上海文博论丛》2004年第1期。

光绪年间后期，金石大家端方任两江总督，曾一度挖空心思想据大盂鼎为己有，均为潘祖年所拒，但端方之欲始终为潘家所患。辛亥革命爆发，端方被杀，潘家和宝鼎才真正逃过端方之难。民国初年，曾有美籍人士专程来华找潘氏商谈求让宝鼎，出价达数百两黄金之巨，但终为潘家所回绝。20世纪30年代中叶，国民党当局在苏州新建一幢大楼。党国大员拟在大楼落成后以纪念为名办一展览会，邀潘家以宝鼎参展，以图占有大鼎，但潘氏婉言拒绝了参展邀约。

潘祖荫在世时虽攒下了一座博物馆、一座图书馆，可一生命中无子，这就成了潘祖荫晚年的一块心病。其弟潘祖年便将大儿子过继给了他，可不久就去世了，潘祖年又将二儿子过继给了他，岂料不久又莫名其妙地死去。风水先生说，潘家从墓中挖出来的东西太多，阴气把阳气压住了，长宝不长人。潘祖荫身后无子，所遗大批文物及字画，由其弟潘祖年装了5马车押运回苏州故里，存放于南石子街潘家古宅。

潘祖年两子去世，两女嫁人。潘家只好将族人潘世恩的孙子潘承镜过继过来，潘世恩是乾隆年间宰相，也算得上苏州大户，与他家门当户对。潘承镜成为潘祖荫、潘祖年两家孙子，兼祧两家香火。潘祖年为潘承镜娶了个媳妇丁素珍，并为其改名为潘达于，一是表示新娘子进了潘家门就是潘家人，二是希望她能好生看护两个大鼎。"达于"取名于大盂鼎之意。可是，新婚后不到一百天，潘家又上演了一出白发人送黑发人的悲剧，潘承镜因患病竟离开了人世。

1937年日军侵华时，苏州很快沦陷。国将不国，人命难保。此时，潘祖年已作古，潘家仅剩妇女和老人，无当户之人。潘达于与家人将珍玩藏入地下，举家迁往上海避乱。日军占领苏州后反复搜查潘宅，挖地三尺但均无所获。大盂鼎和大克鼎因为潘达于的先见之明免遭劫难。自此，世人才真正相信大盂鼎和大克鼎真的不在潘家。

新中国成立后，潘家后人见人民政府对文物保护极为重视，认为只有这样的政府才可托付先人的珍藏。全家商议后，由潘祖荫的孙媳潘达于执笔，于1951年7月6日写信给华东军政委员会文化部，希望将大盂鼎和大克鼎捐献给国家。7月26日，文管会派专员在潘家后人的陪同下赴苏州，大鼎得以重见天日。10月9日，上海市文物管理委员会隆重举行颁奖仪式，向潘达于颁发了文化部褒奖状。褒奖状写道："潘达于先生家藏周代盂鼎、克鼎，为祖国历史名器，60年来迭经战火，保存无恙，今举以捐献政府，公诸人民，其爱护民族文化遗产及发扬新爱国主义之精神，至堪嘉尚，特予褒扬。"同时，国家还奖励潘达于2000万元（相当于币改后的2000元），但她把这笔钱全部捐献出来，用于支援抗美援朝。

从此，这两件宝鼎成为上海博物馆的镇馆之宝。1959年，中国历史博物馆开馆，大盂鼎被征调收藏于中国历史博物馆（2003年与中国革命博物馆合并组建成为中国国家博物馆）。

小盂鼎

——西周早期铭文字数最多的青铜器

小盂鼎与大盂鼎均为西周中期周康王重臣"盂"所作，故均应笼统称为"盂鼎"。陈介祺复吴云书称"大盂鼎容八石，小盂鼎容十二石"，大盂鼎器小字大，小盂鼎"其文记献俘而字小"，因此，清代晚期学者称字大器小者为"大盂鼎"，另一件字小器大者称作"小盂鼎"。

据传小盂鼎高度在110厘米左右，重量为500余斤，铭文总计400余字，文体与《国语》及梅传本《尚书》等诸诰语法类似，为西周早期字数最多的一篇金文。

小盂鼎不但器形庞大，铸造精良，而且铭文字数多，书体秀劲，论述了诸多史实，因而具有极高的历史与艺术价值。可惜出土不久即流失湮没，幸好陈介祺藏有一张拓本，后吴式芬借摹入《攘古录金文》，为迄今所见唯一一张拓本。由于迄今所知仅有一件模糊拓本，且相关文献资料稀缺，因此小盂鼎铭文长期以来难以辨识通读，令人困惑。

关于小盂鼎铭文的辨读，吴式芬《攘古录金文》始有释文，后经郭沫若、陈梦家、唐兰、李学勤等学者的辨认和研究，大部分文字已得到正确解读。

小盂鼎铭拓

　　关于小盂鼎之具体年代，郭沫若、陈梦家、唐兰、王世民先生等考证为周康王时器。郭沫若在《两周金文辞大系》依据拓本铭末"隹王廿又五祀"，断为康王二十五年器，主要立论于铭文中有"用牲禘周王（武）王成王"，认为武王、成王之后自是康王无疑。张闻玉、陈连庆先生经细审拓本，认为铭文当是"卅又五祀"，周康王在位只有26年，小盂鼎应为其子·周昭王时器。① 陈梦家《西周铜器断代》亦载："昔日在昆明，审罗氏影印本，似应作'卅'。本铭与'卅八羊'之'卅'直立两笔距离，与此略等。"李山、李辉从铭文篇幅、书法，语词、仪注描述及赏赐，人物、战事等

---

①　张闻玉：《小盂鼎非康王器》，《人文杂志》1991年第6期。

方面提出 22 个疑点，认为大小盂鼎非康王时器，应为穆王时器。① 丁骕先生用金文资料排年历，将大、小盂鼎排入穆王时期。②

　　与大盂鼎铭文所记周康王二十三年对贵族"盂"册命、赏赐诸事不同，小盂鼎铭文记述的是西周中期周王室军队与其境北部"鬼方"所进行的一次重要战争。铭文谓"盂"率周王室军队大败"鬼方"，并将所俘虏的"鬼方"酋长 3 人，兵士 1300 多人以及许多车马牛等辎重、财物献于周王，得到周王嘉奖，周王特命审讯 3 名酋长并最终将他们处死。因此，仅就考究西周历史一系而言，"小盂鼎"似乎较"大盂鼎"更具科学价值。郭沫若先生说："此文所记，于古史古礼极其重要，惜残泐过甚，苦难属读，而器亦不知去向。"③ 20 世纪 50 年代陈梦家先生的《西周铜器断代》中第四篇专论小盂鼎，④ 不仅比过去多辨识出不少字，并且援据文献，就鼎铭所反映的史事和制度多有发挥。随后，日本学者白川静在《金文通释》中，进一步作了一些订补。⑤

　　小盂鼎铭文是具有"私人叙事"性质的记叙文，不是真正的礼典，但它记载的大献礼仪式，对于研究西周礼学具有不可多得的参考价值。小盂鼎铭证明《仪礼》等传世文献的价值不可低估。《仪礼》不是真的"周礼"，不过《仪礼》十七篇中的《乡饮酒礼》《燕礼》《公食大夫礼》和《觐礼》十分接近小盂鼎铭文时代的文化背景，他们关于献主、宾、众宾、祝、介的记载对于破解小盂鼎铭中的宾、邦宾具有启示意义。⑥

　　关于小盂鼎出土后的流传，光绪二十一年（1895 年）成书的吴式芬《攈古录金文》载："器出陕西岐山，安徽宣城李文瀚令岐山得之。"其后，王国维晚年在《小盂鼎跋》中记述："此鼎与大盂鼎同出陕西眉县礼村，宣城李文瀚宰岐山，遂携以归。赭寇之乱，器已亡佚，拓本传世亦稀，唯潍县陈氏有一本，海丰

　　① 李山、李辉：《大小盂鼎制作年代康王说质疑》，《北京师范大学学报（社会科学版）》2012 年第 2 期。
　　② 丁骕：《西周金器年谱》，《中国文字》1985 年第 1 期。
　　③ 郭沫若：《两周金文辞大系图录考释》，《郭沫若全集·考古编》，科学出版社，1982 年。
　　④ 陈梦家：《西周铜器断代（四）》，《考古学报》1956 年第 2 期。
　　⑤ 李学勤：《小盂鼎与西周制度》，《历史研究》1987 年第 5 期。
　　⑥ 丁进：《从小盂鼎铭看西周大献礼典》，《学术月刊》2014 第 10 期。

小盂鼎铭摹本

吴氏借摹入《攗古录金文》中，海内不闻有第二本。辛酉（1921年）春日，上虞罗叔言参事，借得陈氏本影照，精印百本行世，此其一也。"陈梦家且言小盂鼎"亡佚于太平天国之际，而另一说则以为项城袁氏（袁保恒）实藏此器，重埋入土，今不知所在"。

最初收藏大、小盂鼎者为宋金鉴之父宋兑成。依据宋氏家谱和宋金鉴墓志铭等资料可知，宋兑成做过陕西武功县教谕、汉中府南郑县教谕等官。宋兑成听说县境礼村早年有人在村西沟岸上挖出一件重器，即乘骡车前往，断为大盂鼎，遂以巨资购得，携回家中收藏。而张鹏一《商周铜器多出于今陕西凤翔岐山宝鸡眉县扶风各县说》一文更云："盂鼎不知何年出土，传言为岐山乡镇一染坊所有，置于门首，为洗染布之用，某大令过其肆见之，购得。"

宋兑成将大盂鼎载回家后，曾置于其书房中，朝夕观赏，秘不示人。正当他私下寻找拓工捶拓之际，听到大盂鼎出土之地又发现一件更高大的铜器。原来，当地村民见挖宝可获重金，遂至出土大盂鼎之处继续挖掘，竟又掘出一件比大盂鼎还要高大的青铜重器。宋兑成遂再次购得此器，即小盂鼎。

道光三十年（1850年），宋兑成的儿子宋金鉴在殿试入闱，授翰林院庶吉士。据传宋金鉴原名宋金玺，殿试入闱后因道光皇帝青睐而改名宋金鉴；另有一说其在京会试时获悉小盂鼎购藏消息，因改名宋金鉴。不论如何对于宋家来说，都是三喜临门。所以，宋兑成大宴宾客并赋诗庆祝。为保密稳妥，对外则以宋金玺得中进士置酒相庆为辞，绝口不提购获两件青铜重器之事。

与此同时，宋兑成还偷偷定做了两个内镶锦缎的大木盒盛放大小盂鼎，将其置于宋家书院的藏书楼上并用帷布遮盖，只有婚丧大事之时，才将两鼎移至主宅治苑堂陈放。同治二年（1863年）宋兑成去世，咸丰三年（1853年）宋金鉴改任内阁中书并选刑部郎中"久旅京师"。此时因宋家掌门人疏于管理，致使二鼎被移至马厩用以储藏牲口饲料。同治九年（1870年），左宗棠部下负责管理西征粮务的袁保恒一日偶至宋家，看见储豆料的二鼎，再三请求，遂以700两白银"重赀［zī］购之"大盂鼎。此时宋家事务由宋金鉴侄子宋允寿执掌。宋允寿学业未成，却沾染抽大烟恶习，经不住金钱诱惑，便答应了袁保恒的索求。袁遂急雇民夫50余人将大盂鼎运回项城老家。而小盂鼎因为文字斑驳而幸免流失。

关于小盂鼎的踪迹，党晴梵《华云杂记》载："小盂鼎，口径一尺五寸奇，铭文四十余字（误）。与（大）盂鼎措词同而言简，文字结体亦相类。宋氏式微，流落人间，民国初年，为陕西督军陆建章所得，陆失败时，复为王飞虎劫掠。王死后，闻鼎归其部下傅振甲，傅又死，鼎之消息莫得而知矣。"张鹏一《商周铜器多出于今陕西凤翔岐山宝鸡眉县扶风各县说》载："小盂鼎，或云亦宋金鉴家物，民国初年，陆建章为陕西督军，得之，陆去陕时，为朝邑王飞虎（即王银喜）截获于省垣东关，载归朝邑，王死后，为部下傅振甲所得，以后下落不明。"[1]虽然以上两种记载稍有出入，但均可看出民国初年小盂鼎曾为陕西督军陆建章所得。

---

① 张鹏一：《商周铜器多出于今陕西凤翔岐山宝鸡眉县扶风各县说》，《西北史地》1938第1期。

陆建章获得小盂鼎后，曾请西安古玩商苏某为之鉴赏。不料民国6年（1917年）5月7日，陆建章之子陆承武率部进驻富平征剿反对派武装时，为陕军陈树藩旅游击营长胡景翼所擒。陆建章为救儿子，在陈树藩胁迫下被迫辞去陕西都督之职，特向北洋政府推荐陈树藩接任陕西都督。陈树藩遂与陆建章订立"献城赎子协议"，由陈树藩以武力护送陆建章于5月26日离陕。但陆建章携带小盂鼎等珍宝行至西安东关时，被埋伏在这里的陕军严纪鹏、王飞虎部突然袭击，小盂鼎遂为王飞虎部所得。[1] 王飞虎死后，小盂鼎从此下落不明。

20世纪50年代，陕西大荔师范学校教师王重九，曾深入王飞虎、严纪鹏等人故里朝邑县（今大荔县）西柿子村等地进行调查，推断小盂鼎可能失落在大荔西柿子村，[2] 为追寻小盂鼎的下落提供了有益线索。

大克鼎

——上海博物馆的镇馆之宝

大克鼎又名克鼎、膳夫克鼎，为清代光绪年间扶风县任家村村民任致远在村东土壤挖土时所发现。任致远无意中发现大量青铜器后，就将其运回家里。面对意外发现，任致远开始并不知道该怎么办，可一位古董商的到来和讨价还价的交易，使他认识到了这些东西的珍贵。为了多换些银两，他打造了一部新马车，买了3匹好马，将卖剩的东西全部装在车上拉到西安准备出售。

到西安后，任致远住在旅店，想找些门路。但一个乡下人在城里是很困难的，短期内也没有任何进展，可消息却传得很广。当时陕西巡抚派人前往旅店查探。当来人看到堆放于店内的青铜器制作之精、器形之大时，非常惊讶，就赶紧回去报告

① 罗宏才：《雾满小盂鼎》，《国宝春秋·青铜篇》，江西美术出版社，2008年。
② 王重九：《周初国宝小盂鼎失落在大荔说》，《考古与文物》1988年第3期。

这些东西非常珍贵。巡抚听后便起了独吞之心，就派说客和打手前往旅店进行劝导和恫吓，说这些铜器是皇家墓葬的随葬品，私掘皇家墓葬罪名不轻，按照清朝的律法是要砍头的，并劝其赶快逃命，否则性命难保。任致远听后就被吓坏了，赶快带上家人逃命，器物和车马全部扔在了旅店。这一逃，不但没了铜器，银钱未得，还损失了车马。相传任致远回家不久，从省城来了一帮人，送来了一面书有"任百万"3个大字的横匾，从此人们便称他"任百万"。

大克鼎出土伊始，就受到了收藏家的重视，一时炙手可热。当时藏有大盂鼎的著名收藏家潘祖荫曾长期托人在陕西扶风附近寻觅古董，但却没有率先获得此宝，而是被一位天津金石名家柯劭忞捷足先登，收藏了大克鼎。就连另一金石收藏大家、官位高至直隶总督的端方也只收到一些较小的古物，与大克鼎失之交臂。

潘祖荫获悉后急与这位同僚商量，希望他能出让此鼎。由于柯劭忞与潘祖荫有袍泽之谊，又素知潘收藏宏富，并藏有西周第一重器大盂鼎，遂成人之美，将大克鼎转让给了潘祖荫。此后50年，大克鼎和大盂鼎始终珍藏在潘家。潘祖荫去世后，他的弟弟便将宝鼎与兄长的灵柩一起装上船，运回苏州老家。后来，潘家后人为防日寇抢掠，将两只宝鼎深埋在自己院中，直到新中国成立后。1951年7月26日，大克鼎与大盂鼎

潘祖荫像

同时被潘氏后人潘达于捐赠给上海博物馆，成为该馆的镇馆之宝。1959年，中国历史博物馆开馆，大盂鼎被征调收藏于中国历史博物馆（现中国国家博物馆）。

2004年2月28日，是潘达于老人100岁生日，上海博物馆联合中国国家博物馆举办了"百岁寿星潘达于大盂鼎大克鼎回顾特展"，使得这对阔别近半个世纪的宝鼎再次在上海"聚首"。由于大克鼎、大盂鼎是从青铜器之乡宝鸡出土

的，宝鸡市文物局局长任周方也应邀为潘达于贺寿。而任周方不仅是大克鼎的出土地任家村人，还是大克鼎的发现人任致远的曾孙。至此，大鼎的发现人、保护人、收藏人代表喜聚一堂，南北大鼎喜获相逢，百岁华诞增添福瑞。

潘达于还是共和国唯一的"宝属"。她九死一生护宝，精神可嘉。由于潘达于没有生活来源，上海博物馆馆长马承源四处奔走为她争取到优抚款，经市长特批她成为上博文史馆馆员，每月有千余元固定收入，还协调了三室两厅新房。上海博物馆对她予以这样的优厚照顾，更显政府一片爱心。潘达于说，给政府添了大麻烦，真是过意不去！可博物馆同志说："您为上博交了这么多宝物，亿元也难买，咱们国家有军属、烈属，都有优待政策。您是'宝属'，自然应该受到优待。"

如今，这两件国宝巨鼎与台北故宫博物院的毛公鼎遥相呼应，被誉为"海内三宝"，分居在北京、上海、台北三地，讲述着中华民族的灿烂历史。

根据文献资料来看，任致远发现的这个窖藏出土了仲义父铜器群和克组铜器群，克组铜器群有大鼎 1 件、小鼎 7 件、钟 6 件、镈 1 件、师克盨 2 件、膳夫克盨 1 件，最为著名的就是大克鼎。这些克组青铜器后来被分散卖出，一部分由苏子贞运归潘祖荫，大部分流失国外。现在中国国家博物馆、故宫博物院、上海博物馆、天津艺术博物馆、南京大学，日本书道博物馆、藤井有邻馆、黑川文化研究所，美国波士顿美术馆、芝加哥美术馆等国内外著名博物馆以及日本住友氏等私家，都收藏有膳夫克器。

潘达于

关于大克鼎出土的具体时间，学术界一度认为是清光绪十六年（1890 年）。此说源于罗振玉《贞松堂集古遗文》卷三小克鼎铭文后的一段跋语："予近以询厂估赵信臣，言此器实出岐山县（当为扶风县之误）法门寺之任村任姓家。……赵君尝为潘文勤公亲至任村购诸器，言当时出土凡百二十余器，克钟、克鼎及中义父鼎均出于同一窖中，于时则光绪十六年也。"诸多金石学著述都沿袭了这一说法。上海学者姜鸣在查阅了潘祖年为其兄潘祖荫编纂的《潘文勤公年谱》后发现，在"光绪十五年（1889年）"条下记载："时年得膳夫克鼎，大几与盂鼎。……兄嘱李仲约侍郎文田及门下士之同好者皆为释文。"2001年11月，姜鸣在北京琉璃厂一家书店遇见一幅大克鼎拓片立轴，其上有李文田题写的跋："郑太保得周克鼎，命文田读之，今以意属读而已，经义荒落，知无当也。光绪十五年五月顺德李文田识。"此跋语与潘祖年的记载恰好吻合。① 可见大克鼎的出土时间，应在光绪十五年或十五年以前，即清光绪中期为宜。

大克鼎高93.1厘米，口径75.6厘米，腹径74.9厘米，腹深43厘米，重201.5千克，无论尺寸还是铭文的字数，大克鼎都只比著名的大盂鼎仅逊一筹，而从它的造型和纹饰而言，则是更为成熟的西周中期风格，完全摆脱了早期作品残存的商代艺术影响，具有独特的宏伟简阔之风。与大盂鼎相比，大克鼎的口沿更厚，腹部更向下低垂，重心明显下移，三个鼎足也从略为收束的柱足演化为底端面积最大的蹄足，进一步扩大了受力部位，构成更为稳定的支撑结构，增加了器物的稳定性，给人以敦实沉雄的观感。仔细观察鼎的底部，并不是正圆形，而是略呈钝三角形，三足的配置与三个角隐隐相对，而两个高大的立耳则正处于三足的间隙之中，形成了优美的视觉比例和精确的力学构造，所谓"三足鼎立"，在这一器物中得到了完美的诠释。

大克鼎的花纹一共有两组，口沿下

大克鼎

① 姜鸣：《四年寻觅重考大克鼎的出土时间》，《文汇报》2001年12月4日。

是一组经过变形，看上去显得简略的兽面纹，而腹部则引人注目地饰有大面积的宽大波曲纹。它一改商代兽面纹肃穆精致的静态美，以充满动态的起伏连绵，给人以晓畅通达韵律感，是西周中期以来最为流行的独特装饰，也标志着商代青铜花纹神秘宗教气息的渐渐远离，以及西周以来"天道远、人道迩""敬天法祖"人文思想的抬头。

鼎腹内壁铸有铭文2段，共28行290字，其中合文2字，重文7字。前段14行有阳线格栏，后段格栏制范时除去。主要记录作鼎者克依凭先祖功绩，受到周王的册命和大量土地、奴隶的赏赐等内容。其铭文也是人们历来所珍视的重要文献，对于研究西周时期的职官、礼仪、土地制度等都有极为重大的意义。

大克鼎铭拓

大克鼎铭文分为两段，第一段主要内容是器主克赞美其祖父师华父的功绩，及记叙周王因此而任命克担任膳夫之职，负责传递王命的要任。从大克鼎铭文可知，克的祖父担任的是"师"的官职，而到克时，则改任为"膳夫"一职。根据《周礼·天官》的规定，膳夫"掌王之食饮膳羞，以养王及后世子"，凡天子日常饮食先行尝食后才进呈食用，而天子宴饮或祭祀献食时的各项礼仪工作也由他负责，可谓是天子的近臣。然而膳夫的爵位并不很高，只相当于"上士"，似乎与"出纳王命"的职责不相符合，与克同时拥有七个列鼎的排场也不相当。据清代孙怡让《周礼正义》载：古代职官时有分合演变，很多职官彼此关联，名称互相通用。如西周职官中负责管理官员的"治官之属"包括大宰、小宰、宰夫，三者职能各不相同，却都可以通称为"宰"。而属于宰夫治下"食官之长"的膳夫，其官名也可以和宰夫通用。按周礼记载，宰夫的职责恰恰是"掌治朝之法，以正王及三公、六卿、大夫、群吏之位，掌其禁令。叙群吏之治，以待宾客之令、诸臣之复、万民之逆"，与天子对克的出传王命、入达下情的要求正相吻合。因此，大克鼎的主人应是宰夫之职。

铭文第二段主要记载了周天子对克官职的册命和赏赐，包括土地、人民和官吏，反映了西周时代的册命礼仪和授土授民的分封情况。周武王克商以后，为了有效统治幅员辽阔的疆土，对同姓贵族和异姓功臣进行了大规模的封赐，把他们分派到帝国各个重要的地方建立诸侯国，代替天子实行统治，同时也防备周边的敌对势力，以屏藩中央。这就是著名的周初大分封，所谓"封邦建国"的过程，也是今日"封建"一词的由来。这项重大的政治活动，虽然到成王时期基本结束，但以土地分封为手段实行政治统治的方法却在各诸侯国和王畿地区长时间的流行。

关于大克鼎的制作时代，郭沫若先生认为是厉王世，[1] 唐兰先生也认为是厉王时器，[2] 王世民、陈公柔、张长寿先生认为是夷厉之世。[3] 1975 年，岐山县出土五祀卫鼎后，马承源先生研究认为其铭文中的"釐季"，在大克鼎铭文中是佑导克觐见周王的宫廷大臣，五祀卫鼎是西周恭王时器，所以大克鼎不可能是西周厉王时器，应为周孝王时器。[4]

大克鼎的铭文不仅具有重要的内容，其文字的优美，也是西周中期金文书法的代表。铭文用笔厚重坚挺，字形较方整，字与字之间有凸出的界格把它们分开，行列整齐，具有雍容典雅之美，与同时出土的小克鼎相比，文字的装饰性比较浓重。大克鼎的铭文字体较大，端正而质朴，笔画均匀遒健，形体舒展庄重，后世书家称之为"玉箸体"。铭文的前半部分划有整齐的长方界格，一字一格，行款纵横疏密有致，行气规整，格局严谨，独具庄严典丽的风貌。

在 20 世纪 50 年代末，上海博物馆研究人员曾对收藏的大克鼎、小克鼎有关

① 郭沫若：《两周金文辞大系图录考释》，《郭沫若全集·考古编》，科学出版社，1982 年。
② 唐兰：《西周铜器断代中的康宫问题》，《唐兰先生金文论集》，紫禁城出版社，1995 年。
③ 王世民、陈公柔、张长寿：《西周青铜器分期断代研究》，文物出版社，1999 年。
④ 马承源：《商周青铜器铭文选》，文物出版社，1988 年。

数据做了仔细测绘，并与大盂鼎的测绘数据汇编成册，出版了《盂鼎、克鼎》一书。① 大克鼎是西周第三大青铜器，为中国首批禁止出国（境）展览文物，为2018年2月中央电视台"国家宝藏"栏目首季评选的九大国宝之一。

禹　鼎

——周人与噩国的战争实录

任致远去世后，留下了一份比较富庶的家产，有田地50多亩，宅院有前房、后房、厢房。任致远之子任登肖，在叔伯兄弟中排行第八，人称"任八"。民国29年（1940年）二月初一，任登肖雇用本村贫农任玉、任汉勤、任世云等从土壕拉土积肥。他们挖土时，突然一件翠绿色的铜器从土崖中滚了下来。他们发现土崖中还埋有不少宝器，于是挖下大量崖土把已暴露的宝物埋了起来。挖出宝器可是大事，任玉向主家报告了有关情况。

当晚夜深人静后，任登肖通知本族和亲邻友好一共9人以及任玉、任汉勤、任世云等，前往土壕开窖取宝。这个窖藏大似窑洞，青铜宝器重重叠叠摆放在里边。任玉从窖穴的上层一件一件，一层一层往下搬取，数量在100多件，他们直到后半夜才搬完，前房内摆满了铜器。任登肖当场把一部分铜器分给了参与搬运的人作为酬谢。任玉是主要发现者，分得较多，后来变卖铜器得以娶妻成家。任登肖的堂弟任登银，排行为十，也分得了几件。由于当时没有严密组织，搬运宝器过程中，他们除了相互监督外，一有机会，便有人偷偷将宝器搬回家中，因此有些铜器当时就已散失，社会上传言任家村人人有宝。

任家村挖出宝的消息不胫而走，邻村常有人来看宝，也有形迹可疑的人来打探挖宝的详情。西安的古董商也闻风前往，先后在村里购买了鼎、鬲、簋、爵、

① 周亚：《再读大克鼎》，《上海文博论丛》2004年1期。

卣、盘等器物60多件。青铜器给村里带来钱财的同时也给村里带来了灾难。那时正值抗日战争岁月，社会很不安宁，土匪抢劫的事儿时有发生。

1940年夏天的一个深夜，土匪第一次进村，一时间村里的许多狗叫了起来，任登肖听到街道上有砸门的声音，就急忙躲了起来。土匪进屋后，逼问任登肖的妻子，任八在哪里？宝藏在哪里？任登肖妻子说不清楚。土匪在家搜了一阵子后，并没有发现任登肖和铜器。土匪接连来了多次都扑了空，没有拿到东西，因而发了狠心。1941年正月初六，天还未黑，土匪就进了村，任登肖赶快爬起来从后墙翻了出去，跑到离家有200多米的祖坟地里。土匪没有找到任登肖，就到别处去砸门，有人想把门关得更严实一点，没料想被枪杀。半年后，就在人们刚收割完麦子不久的一天夜晚，土匪再次包围了任家村，目标是捉拿那些参加过搬运过宝物的人。有人被迫无奈只得拿出宝物换命，任登银就交出了藏埋的3件器物。凡不交出宝物或逃跑者，土匪见人就开枪。有人想从房顶逃走，不料头刚从戳开的窟窿露出，就被打死了。另有五个人被追打致残，一年内任家村有四人被打死，两人被吓死，两人举家逃往山里。从此，村里就有"穷人挖宝遭祸灾，富人抢宝发横财"的民谣。

土匪抢劫的第二天，任登肖就叫来任玉让其把一部分铜器秘密转移。任玉便把相当数量宝器转移到四五公里外的岐山县贺家村贺应瑞家中密藏。这批宝器于1942年经岐山县青化镇太方村傅鸿德和益店镇北营村王有超卖掉，因此岐山县便有1942年出土铜器窖藏的误传。尽管土匪多次包围任家村抢劫，但掠去的宝物并不多，因为任玉转移了大部分，其他宝物不是埋藏就是变卖了。

根据现有资料，任家村窖藏达100多件，目前已知下落的有50多件。从有铭文的铜器看，这批青铜器主要分为两组：一组是梁其器，另一组为吉父器。禹鼎是同时出土的100多件中唯一由收藏人献给政府的。禹鼎出土后，为西安徐氏所得，于1951年捐献给陕西省人民政府，归陕西省博物馆入藏，1959年拨交中国历史博物馆，即今中国国家博物馆。

禹鼎通高54.6厘米，口径46.7厘米，重37.25千克。圆形，直耳微外侈，腹较浅，蹄足。口沿下饰窃曲纹一道，腹部饰环带纹，耳外侧施以两道凹纹，足部饰以饕餮纹。铸有铭文20行，每行9~13字，包括重文符3个、合文2字，

禹鼎

共计 207 字。记述曾向周王朝称臣的噩侯驭方联合东夷、南淮夷诸国一起反叛，并且一举攻打到西周腹地。周王命令西六师、殷八师前往征讨。作器者禹受武公之命，率兵车百乘、甲士二百、徒兵千人参加征战，终于俘获对方首领噩侯驭方，铸作这件宝鼎以记战功。

宋代薛尚功《历代钟鼎彝器款识法帖》和王俅《啸堂集古录》中著录有"穆公鼎"，铭文与禹鼎相同。宋代典籍中青铜器铭文均为摹写，容易出错，禹鼎出土后才得以勘误。当时的学者不认识"禹"字，故称"穆公鼎"。

禹即叔向父禹，名禹，字叔向父，是穆公后裔，服事周室，为武公僚属，封邑于井。《历代钟鼎彝器款识法帖》和《啸堂集古录》均误作"成"，所以也有人称此鼎为成鼎。[1] 武公是厉王时掌管军事的大臣。

"噩"同"鄂"，噩国即鄂国，甲骨文中作为地名较为常见。作器者为禹，

---

① 徐中舒：《禹鼎的年代及其相关问题》，《考古学报》1959 年第 3 期。

亦见于叔向父簋。郭沫若先生考证，"禹"即《诗经·十月之交》中"楀维师氏"的"楀"。① 禹鼎的制作时代关系到"噩"何时灭国、噩侯部族是否东迁等一系列历史问题，郭沫若、马承源、李学勤、徐中舒、刘启益先生考证为厉王时器；唐兰先生在《〈青铜器图释〉叙言》中认为是厉王时器，后在《西周青铜器铭文分代史征》中又认为系孝王时器；陈梦家、李零先生考为夷王时器；陈世辉先生断为宣王时器；张筱衡先生定为幽王时器。

噩国历史悠久，《史记·殷本纪》记载商纣时以西伯昌、九侯、噩侯为三公，至少在商代，噩国就已经十分强大。西周时，噩国为西周所封之南国中之大国。因其地处汉水以北、淮水以西，是中原与江淮之间的交通要道，因而成为西周南疆之屏障，周王室倚以经营南方以及控制南淮夷及东夷，常给予丰厚赏赐并与其通婚以笼络。也正因此，一旦噩侯反叛，就会对周王室造成严重威胁。

禹鼎铭文中的"噩侯驭方"与清代陈介祺旧藏噩侯驭方鼎中的"噩侯"为同一人。传世的噩侯簋是为王姞所作，可知噩是姞姓国家，曾与周王室联姻。

从禹鼎铭文记载可知，噩侯驭方向周王室发动的这次反叛，声势较大。不仅

禹鼎铭拓

动员了本国力量，而且率领南淮夷、东夷，从东、南两个方向向周的南国、东国进攻，并一度取胜，抵达"历内"。这一行动引起了周王室朝野的恐慌，因而铭文出

---

① 郭沫若：《两周金文辞大系图录考释》，《郭沫若全集·考古编》，科学出版社，1982年。

鼎

现了"呜呼哀哉！用天降大丧于下国"的惊叹。周王不得不动用精锐部队西六师与殷八师前往征讨。这场战争打得相当艰苦，周人虽然派大军迎敌，却未能很快获胜，故后来又命令武公派遣禹率百乘之师前往督军助战。禹鼎铭文中两次强调了周王关于"扑伐噩侯驭方，勿遗寿幼"的命令，足见周王对噩侯驭方与南淮夷、东夷发动的这次叛乱是决意要予以讨平的。这次战争最终以俘获噩侯驭方而结束。因周王下令"勿遗寿幼"，噩国可能从此灭亡。

2012 年，河南南阳新店乡夏响铺村附近的南水北调工程线路上发现一个西周晚期至春秋早期的墓葬群，多座墓出土铭有"噩侯""噩侯夫人""噩"的青铜器。[①]可知西周王朝在灭噩侯驭方后，又在今南阳市区东北方向的白河（古称淯水）岸边重封"噩侯"，另立新邦。禹鼎铭文记噩侯驭方家族已"勿遗寿幼"，故此夏响铺之噩侯应与原噩侯家族无关，王朝可能以其他姓族的贵族就任新噩侯一职。

禹鼎铭文记载的是周王对南方各国，特别是对噩国的一次重大的战争，关系西周晚期之史实，弥补了文献记载之缺佚，对于西周史之研究，尤其是对于周代江汉地区历史之研究具有重要意义。

㽍方鼎

——周人征伐淮戎的战争实录

1975 年 3 月 15 日，扶风县法门公社庄白村白家组社员白明科和白别升一大早被队长派到村西南"西二台"深翻土地，白明科发现锛尖插入一件翠绿色铜器被折断。当时，不远处的南边有刘家队的社员在衬砌渠道，东面有白家队的妇女在打土块，白别升赶紧让大家先不声张，各干各的活，等散了工，人都回去了再说。

---

① 崔本信、王伟：《南水北调中线工程南阳夏响铺鄂国贵族墓地发掘成果——对西周晚期到春秋早期鄂国研究将是一个突破》，《中国文物报》2013 年 1 月 4 日第 8 版。

白明科和白别升在发现铜器的地方作了记号，都分头干自己活去了。吃早饭时，白别升留下看现场，白均省回去找当队长的叔叔白九明，说早上在地里挖出了"宝"。队长一听喜出望外，顾不得吃完饭就派几名社员去西二台挖宝。大家小心翼翼地把青铜器装在白明科拉来的架子车上，在上面盖了土，以免路上摇晃碰坏文物，也可避免来回路上让人发现。当他们把文物拉回村口时，队上干部早已在此等候，他们一同把文物取下来，交给生产队仓库保管员。

3月18日，考古人员闻讯后前往庄白村勘查，在出土铜器的地点捡到了贝币和蚌泡，并发现了棺椁板的朽痕、朱砂及墓葬的残壁，显然这批铜器出自一座墓葬。墓葬位于一个地势较高的小台地上，因为长年取土和1974年开沟修渠，墓葬上部已经被全部挖掉，只有墓室还保留在地下，村民在耕地时，犁铧被铜器碰坏，群众据此挖出了文物。后经清理，该墓共出铜器14件，其中最具代表性的就是被称作青铜国宝的㝬［dōng］方鼎和㝬簋。

㝬方鼎共有两件，系同一人所做器物，器主都是㝬，为了便于区别，分别称作"㝬方鼎甲"和"㝬方鼎乙"，这对鼎现藏扶风县博物馆。

㝬方鼎甲及其铭拓

两件鼎造型相似，㝬方鼎甲稍大，有盖，通高27.5厘米，口26厘米×17厘米，腹深15厘米，重6.5千克，圆角长方形，两立耳，四柱足，平盖。鼎腹口小底大，垂腹，底近平。鼎盖两端各有一长方形孔，恰与两立耳相套接，不使鼎盖错动。盖中央有一环钮，以便揭提。盖顶的四隅各有一个矩形立扉，倒置成足，可使鼎盖变成俎案。这对鼎设计独具匠心，特别是夨方鼎甲的鼎盖做法为商周青铜器所罕见，弥足珍贵。鼎、盖分铸。鼎耳、足、腹合范浑铸。鼎腹四壁分四范合成，在四角可见合范痕迹。底、足连范，由四范合成，在每一鼎足的内侧可见明显的范痕。全器内外分布着均匀的浅绿色铜锈，唯底部外侧鲜见绿锈，呈黑漆古状，十分光素。

全器仅在颈部饰有带状纹饰，其下界以弦纹。纹饰分四面组成，每一面由两个呈对称的顾首夔龙纹构成独立的纹饰单元，四面由四对、八条夔龙互相衔接构成一周纹饰带。夔纹呈横置 S 形，垂冠，回首，翼及下卷尾呈刀形，无腹足，又称为"变形夔纹""回首夔纹""顾龙纹"等。这种体呈倒 S 形的变形夔龙，在西周早期青铜器纹饰中是没有的，周穆王、周恭王（亦作周共王、周龚王）时期特别盛行，其后又趋消失。这些具有鲜明时代特征的纹饰，为西周青铜器断代提供了可资参照的证据。

内壁和盖内均铸铭文 8 行 65 字，内容相同。铭文记述征伐淮戎取得胜利回驻堂师，周穆王妻姐姜派内史友员赏赐夨一件朱红色刺绣衣领、衣襟的黑袍，为感谢王后的恩惠，夨特铸此鼎以享祀祖父乙公和祖母日戊。赏赐者称"某姜"而冠之以"王"，当是王后。

夨方鼎乙稍小，鼎盖缺失，纹饰和造型特征与"夨方鼎甲"相同。鼎通高22.5 厘米，口 21.2 厘米×16 厘米，腹深 13.5 厘米，重 3.9 千克。鼎体亦呈椭方形，直口方唇，下腹向外倾垂，柱足较矮，且上粗下细，但其两耳却改成附耳，没有鼎盖。颈下仍以垂冠回首，体无腹足，尾下卷作刀形的夔龙纹带为装饰。

鼎内壁铸有 11 行 116 字铭文，大意是说，周王还想念着为王室出过力的夨的父亲甲公，任用夨率虎臣征伐淮戎。夨认为这是亡父亡母在冥冥中辅佑赐福，常常舒畅自己的胸怀，照护自己的身体，受到周王重用，永远臣事周王，不受损害。夨拜谢周王，铸造了祭祀亡母日庚的尊鼎，用以日夜享祀，祈求福祉。这篇铭文对于研究西周社会史和周王朝与周边方国部族关系有着重要意义。

戎方鼎乙及其铭拓

　　这座墓葬的主人为伯戎。《三代吉金文存》《小校经阁金文》载有录戎卣、录戎尊、录篹（3 件）、录伯戎篹和伯戎篹等八件伯戎铜器，这两批器物有相同的人名，记述的事件都与伐淮夷有关，两批器物的伯戎应是一人。不同之处是此墓伯戎称其父为文考甲公或烈考甲公，录戎卣称其父为文考乙公；此墓伯戎称其祖父为文祖乙公，录篹称其祖父为文祖辛公。从传世铜器铭文研究可知，戎是录国的国君（非姬姓诸侯国），穆王之世仕于周王室，曾与伯雍父参与征伐淮夷。戎墓在周原发现，说明戎在畿内有采邑。①

　　这对鼎的形制为西周中期的典型风格。商末周初的方鼎一般都是口大底小，四壁略外斜，立耳，柱足，平底，四角方正，四角及壁面中央多带扉棱；至西周中期变为口小底大，附耳或立耳，下腹倾垂，底圈平，四角圆钝的圆角式方鼎。下腹倾垂是明显的时代特征。圆角方鼎是西周早中期前后出现并流行的鼎式，往往成双出现，西周中期以后方鼎少见。因此，以这两件戎方鼎为代表的垂腹式圆角方鼎是方鼎演变的最后形式。唐兰先生和考古发掘者均认为伯戎诸器为穆王世器，王世民、陈公柔、张长寿《西周青铜器分期断代研究》定为西周中期穆王前后器。

①　吴镇烽、罗西章、尚志儒：《陕西省扶风出土西周伯戎诸器》，《文物》1976 年第 6 期。

两件敔方鼎和敔簋铭文在时间、内容上相互关联，分别记载战斗前周王授命敔率兵征伐淮戎和战斗后三个月周王对敔的奖赏。将它们结合起来，对于研究西周历史、地理、淮戎分布等都有十分重要的作用。

旗 鼎

——西周土地转赐的生动实例

　　1972 年 5 月 28 日，眉县眉站公社杨家村大队第一生产队的社员王双海领着王东才和王五儿等给村西北约 300 米处的地里压肥。年轻力壮的王双海担茅厕粪，年龄大的王东才、王五儿在村北土崖下挖土。王东才挖着时嫌此处土太硬，就挪了个地方到一边挖去了。王五儿仍在那里挖，突然镢头碰到个硬东西，他就继续深刨下去。不久，渐渐显露出一个三足状大圆锅，他见挖出古物了，不胜欣喜，但因为自己的身份是"漏化地主"，在当时属于"四类分子"（地主、富农、反革命分子、坏分子），是"只许规规矩矩，不许乱说乱动"的专政对象，于是就停下来等候贫农出身的王双海看如何处理。

　　王双海担粪回来一看挖出宝了，当即叮咛王五儿保护好现场，自己急步到大队部向支部书记杨拴录报告。村支书闻知挖出个大铜鼎，即赶赴现场，组织人员完整地挖出铜鼎后，抬到王双海家后院存放，并及时向上级报告。县文化馆闻讯后即上报省文管会。为保管好这一文物，王双海不但要日夜操心文物的安全，还要接待上面来人以及闻讯来看"宝"的乡亲们。后来将大鼎抬到村新建的大戏台上保管，大队支书派了十几个民兵 24 小时持枪看守。6 月 1 日，省文管会两位专家来到杨家村了解情况。王双海出面带领到现场勘察，并讲述了大鼎出土于一坑里，距地表约一米，铜鼎斜卧于坑内，当时除大鼎外，未见其他器物。经观察此处与前出土盠[lí] 器的李家村不远，系一大型周代遗址。

　　据考古人员清理研究，这件大鼎制作人名为旗[yú]，被命名为旗鼎。鼎高

77 厘米，口径 56.5 厘米，最大腹围 187 厘米，重 78.5 千克。平沿宽唇、敛口、鼓腹、直耳、柱足。旟鼎承袭商代圆鼎风格，纹饰十分精美，口沿下饰饕餮纹，以云雷纹衬底，足上部饰兽面纹，耳的两侧有两条相对的夔龙。鼎内底与足对应处有三个直径 11.5 厘米、深约 4 厘米的圆窝。圆窝周围有明显的足与腹合铸时留下的一圈范缝。腹外壁及足部淤结厚厚的黑色烟灰，可以看出此鼎曾长期使用。① 该鼎器体宏伟，造型凝重，是西周少有的重器。

旟鼎及其铭拓

　　该鼎口沿内壁有铭文 4 行 28 字，大意是：某年八月初，王姜将原赐给师栌 [lú] 的三田土地收回，又将三田土地连同待收的庄稼转赐给旟，旟特铸此鼎纪念。作器人旟与穿鼎、员卣铭文中的史旟当为一人，是周康王大臣潇公的部下，曾奉命征伐过东夷。王姜在周初的青铜器铭文中常见，且常从事军旅。郭沫若先生曾认为王姜是成王的后妃，但在考证旟鼎后，认为王姜是武王的后妃邑姜，太

---

① 史言：《眉县杨家村大鼎》，《文物》1972 年第 7 期

公望之女。① 唐兰先生最初认为王姜是昭王之后，1962 年改为康王之后，1978 年又改为昭王之后。② 刘启益先生认为王姜应为康王之后。③

旗鼎形制浑厚，铭文古朴，与大盂鼎十分相似，具有周初青铜器的特征。旗鼎铭文证实了周代前期特别是武、成、康时代曾进行过大规模的封邦建国，"以蕃屏周"，也说明了周王是全国土地的最高所有者，"普天之下，莫非王土；率土之滨，莫非王臣"。国王和王后有权把土地和土地上的劳动力赐给自己的臣下，所谓"授民授疆土"。他们又有权把所赐的土地收回，转赐他人，反映了西周奴隶主土地所有制的特征。其臣属对王赐的土地，只有使用权而没有所有权。

旗鼎铭文事关西周土地制度，器物一出，即引起学术界高度重视。当时，学术界正在为西周中期土地所有制是奴隶制还是封建制而争论不休。郭沫若认为西周中期土地仍为周王所有，而范文澜先生认为这时的土地已可以交换。时任中国科学院院长的郭沫若将旗鼎铭文拓片调去研究，很快写出研究文章。旗鼎铭文的释读，澄清了事实，支持了西周中期土地仍为周王所有的观点，从而为两位学者的学术之争画上了句号。

卫　鼎

——西周中期社会经济和土地制度的真实反映

1975 年 2 月 2 日，岐山县京当公社董家村村民在平整土地时无意间挖到了一个窖穴，透过洞口往窖穴里看可以隐约看到里面横七竖八地摆放着很多青铜器，村民们保护好现场，由生产队副队长董宏哲报告给陕西省文物管理委员会岐扶考

　　① 郭沫若：《关于眉县大鼎铭辞考释》，《文物》1972 年第 7 期。
　　② 唐兰：《略论西周微史家族窖藏铜器群的重要意义》，《文物》1978 年 3 期。
　　③ 刘启益：《西周金文中所见的周王后妃》，《考古与文物》，1980 年第 4 期。

古工作站。闻讯赶到的考古工作者及时对窖藏进行了清理发掘，这个窖藏略呈椭方形，挖筑比较草率，四壁没有经过修整，窖穴口小底大，共出土青铜器 37 件。考古工作者将其命名为岐山董家村窖藏，这批青铜器中最为著名的是"裘卫四器"，包括 1 簋、1 盉、2 鼎。四件铜器的主人裘卫生活在周穆王、周恭王时期，在恭王时担任周王室的司裘。根据《周礼》的记载，司裘的职责是供给王室皮裘及其他有关用皮。裘卫分别于不同年份做了上述四件青铜器，并铸铭文记事，学界称之为"裘卫四器"。

卫鼎是裘卫四器中的两件青铜鼎的总称。其中一件是裘卫在周恭王五年所作，所以命名为"五年卫鼎"；另一件为裘卫在周恭王九年所作，所以命名为"九年卫鼎"。两件卫鼎，同坑出土，形制、纹饰、大小基本相同，但铭文内容不同。

五年卫鼎

五年卫鼎亦称为五祀卫鼎，通高 36.5 厘米，口径 34.3 厘米，腹深 19.5 厘米，重 11.5 千克。柱足，折口沿，立耳，腹部下垂而外侈，器腹较浅。口沿下

五年卫鼎铭拓

装饰一周雷纹填地的窃曲纹。外壁和底部有一层烟炱［tái］，说明这是一件实用器。

五年卫鼎腹内铸铭文 19 行 207 字，铭文中"余执恭王恤功"的"恭王"是周恭王在世之称，加之铭文所记年、月、月相、日干支俱全，结合铭末纪年，《夏商周断代工程 1996～2000 年阶段成果报告·简本》断此为周恭王五年所铸，被学界认为是西周青铜器断代的标准器。

五年卫鼎腹内壁所铸的铭文是一篇田地出卖后重新勘界的记录。大意是讲周恭王五年正月，一个叫裘卫的人为了在昭王的太室东北营治二川（泾水和渭水），与邻人邦君厉之间发生了土地纠纷。他把这件事情报告给邢伯、伯邑父、定伯、𤼈伯、伯俗父等大臣，这些执政大臣向厉讯问，在邦君厉同意偿付并有誓言的情况下，经三有司（司徒、司马、司空）和内史实地勘察、划定地界，裘卫以自己的土地五田（五百亩）与厉的土地四田（四百亩）作了交换，而了结了官司。这篇铭文和裘卫四器中的另外一件器物卫盉铭文一样，是研究西周中期社会经济和土地制度的宝贵资料，对史学界和法学界都具有极高的价值。

九年卫鼎形制和纹饰和五年卫鼎相同，有铭文 19 行 195 字。鼎高 37.2 厘米，口径 34.5 厘米，腹深 20 厘米，重 12.25 千克。腹内铭文为一篇林地交换的契约，比田地交换的契约简单些，但封边定界还是一样的。周恭王九年正月，王在驹宫将举行盛大的接待礼，接见眉敖的使者肤。矩伯为参加这次礼典，向裘卫商要了一辆好车、车的配套设备和若干车马饰具，裘卫还给了矩伯的夫人姜六卷帛。矩伯把自己的一片林地给了裘卫作为代价。但林地里有一片是矩伯的下属颜家族的，裘卫又送给颜家主人陈两匹大马，陈的夫人姒青黑色服装一件，管家寿商貉皮袍和罩巾。矩和濂命令寿商和意踏勘移交林地，确定四周范围，堆土垄为界，裘卫还给其他参与此事的人员若干礼物。[①]

铭文中的器主裘卫的"裘"本意是皮衣，在这里是一种官名，类似《周礼》中的司裘。据《周礼》载，司裘的职务是"掌为大裘，以共（供）王祀天之服。中秋献良裘，王乃行羽物。季秋献功裘，以待颁赐，……凡邦之皮事掌之。"司裘的属官有掌皮，掌皮的职务是："掌秋敛皮，冬敛革，春献之，遂以式法颁皮革于百工；共（供）其毳毛（鸟兽的细毛）为毡，以待邦事。"由此可知，裘卫是西周王朝一名掌管裘皮生产的小官，类似《西游记》中的"弼马温"。虽然裘卫只是养殖马匹、加工皮革铠甲之类的小官，但

九年卫鼎

作用却不容小视。因为马是冷兵器时代的军事力量战略投送的重要保障，而皮革铠甲则是重要的战略物资。

从裘卫诸器看，裘卫掌有大量皮货，与矩伯的两次交易都出现了大量的皮

① 唐兰：《陕西省岐山县董家村新出西周重要铜器铭辞的释文和注释》，《文物》1976 年第 5 期。

九年卫鼎铭拓

货，送给颜氏之妻及其下属的礼物也都是皮货，因而我们可以认为裘卫是西周王朝中一名主管皮裘生产和贮藏的官吏，但他又绝不只是司裘那样的一个小官，这也许只是他执掌的职责之一。从这几篇铭文可以看出，他能够和其他贵族用皮毛、车马等进行交易，因此裘卫不只是个一般的贵族，还是以经营皮毛业的工商业者，同时他还可能兼做营造工程，如"营二川"。矩伯虽是周王室的贵族，却穷得向裘卫家借贷。裘卫虽然身份卑贱，却成了富甲一方的人物。裘卫作为贵族又是工商业者，因而就离不开剥削，当没落的贵族不得不以牺牲土地向他求援的时候，他以价值较低的东西换得矩伯的田地和林地。这样，裘卫很可能又把自己变为土地贵族，同时兼营工商业，这种贵族的出现也一定程度地反映了西周中叶工商业经济的发展。

西周早期，周天子是全国土地和人民的最高所有者。周王把土地和农奴分封、颁赐给诸侯，即"授民授疆土"。诸侯再把封区内的土地分赐给自己的卿大夫以至于士。受封的各级贵族成为封地的实际占有者或使用者。因此，井田制具有国家土地所有制的性质，土地不能随意转让、买卖，即"田里不鬻"。西周中期以后，由于新兴贵族的崛起，土地所有制开始发生变化，"田里不鬻"的格局被打破。从两件卫鼎铭文来看，西周中期土地不仅可以在奴隶主贵族之间进行转让，还可以用来抵偿债务，以物易物；王权和礼制受到很大冲击，土地私有的现象已经出现，但名义上仍是天子所有，因而在形式上必须得到王室的同意，土地转让交易还须得到王室执政大臣和有司官吏的参与，这说明奴隶制时代的土地所有制向封建的土地私有制转变，生产关系已开始发生变化，孕育着封建制度的萌芽，而王室执政大臣及三有司官吏的具体参与操作，实际上体现的就是那个时代的民事法律制度。

五年卫鼎和九年卫鼎的铭文内容涉及了西周奴隶社会政治、经济、法律、土地制度和阶级关系等各方面的变化，提供了研究西周社会史极其珍贵的第一手资料，有利于从侧面窥见西周中后期经济社会发展变化情况。

逨 鼎

——西周诸王世系的记载

2003 年 1 月 19 日中午，眉县常兴镇杨家村王宁贤、张勤辉、王明锁、王拉乾、王勤宁 5 位村民一起在村外的崖坡上取土，为五组一户村民垫庄基。王宁贤叮嘱大家，取土要绕开正前方，因为不远处有自家的祖坟。当手持镐头的王拉乾向下挖了七八十厘米时，镐头下发出敲鼓似的一声空响，接着眼前露出一眼碗口粗的洞眼。王拉乾一惊，以为挖出了棺材。王明锁连忙过来观看："发青光，肯定是宝，多得能拉一拖拉机！"王宁贤仔细端详后说，"这东西和电视上宣传的青铜器一样，都是文物。"五位农民商议不敢再挖了，也不能声张。他们快速用土块封堵洞口，由王明锁、王拉乾两人守护现场，王宁贤快速回家，用自家小商店的公用电话向上级部门报告。

当晚，眉县一位副县长和文物局局长率先来到现场。随后，宝鸡市文物局工作人员也连夜赶了过来。文物发掘在当晚 8 时开始。王勤宁、张勤辉的拖拉机现场发电，为发掘文物清理提供照明。洞口扩大后，大家看到椭圆形的窖洞内满满一洞青铜器，其中几只大鼎叠放在一起，一只小的放在鼎下三足中央。所有器物上覆盖着一层像麦秸秆似的东西，只是手指一碰，才发现全部早已风化成了灰土。

每搬运出一件文物，电视台的摄像机都会拍摄整个过程直到装车。拍照测量记录后再往下传递。从晚上 8 时开始，到 10 时半结束，复检统计后分别为铜鼎 12 件，铜鬲 9 件，铜壶 2 件，匜、盘、盂、盉各一件，总共 27 件文物。

3 月 9 日，27 件青铜瑰宝由它的发现者——王宁贤等五位农民剪彩亮相北京中华世纪坛，给正在召开的全国"两会"献上了来自"青铜器之乡"的厚礼。3 月 9 日晚，国家文物局局长单霁翔等在文化部宴请了王宁贤等五位护宝功臣，并在王宁贤的残疾证上写下了"国家珍贵文物保护功臣"。王宁贤等 5 名村民还荣获当年中国首届年度"杰出文化人物"称号。国家文物局授予 5 人"文物保护特别奖"，省市县文物部门也对 5 人进行了表彰奖励。这一重大考古发现先后被评为陕西省 2003 年十大新闻、2003 年度全国十大考古新发现。2004 年 7 月 2 日，国家主席江泽民参观了眉县杨家村青铜器后，为宝鸡欣然题词"青铜器之乡"。2004 年年底，陕西省文物局还安排 5 位护宝农民远赴欧洲进行了为期 10 天的参观考察。

通过释读青铜器铭文，考古专家发现，这批青铜器主要记载的是一个"单"氏家族的历史，铜器的所有者是一个叫"逨"的人，他和他的祖辈都是西周王朝的重臣。有关器物名称，一般据物主人或以作器人或器上所铸徽号纹饰等而命名，除去盂以外的 26 件器物均属同一人所作器。逨、单叔、叔五父实为同一人，"单"为族氏，"逨"为其名，"叔五父"为此人的字。

这批器物造型精美，纹饰繁缛，铭文字体遒劲古朴，有着很高的艺术价值。27 篇铭文共计 3000 余字，尤其是其中的逨盘和四十二年逨鼎、四十三年逨鼎的长篇铭文，为我们清晰地勾勒出西周历史。铭文中年月日和月相的记载，有助于校验万众瞩目的"夏商周断代工程"的阶段性成果，对于构建中华民族文明史有着极为重要的作用。而且，这批文物创下了 8 项中国考古之最：

1. 第一次发现西周青铜器的洞式窖藏；

2. 第一次发现一个家族 27 个青铜器出土于一个窖藏，件件有铭文和华丽的纹饰；

3. 第一次出土系统介绍一个家族 8 代世系事迹的青铜器；

4. 一次出土青铜器铭文最多的考古发现，一个家族史铭文总长达 4048 字；

5. 第一次从出土文物证明了《史记》所载西周诸王世系的正确性；

6. 是纪录周王最多的一次发现，出土完整记录周王朝从文王到厉王以及宣王的名称、位次和有关事件的青铜器；

7. 第一次发现"考（孝）"于青铜器铭文之中；

8. 出土铭文最长的铜盘——逨盘，达 372 字，内容极其重要，该盘被誉为"中国第一盘"。

杨家村窖藏共出土青铜鼎 12 件，可分为两组，分别命名为四十二年逨鼎和四十三年逨鼎。四十二年逨鼎和四十三年逨鼎除了内部铭文不同之外，耳部的纹饰也有所不同，四十二年逨鼎的耳部纹饰以双重纹为主，四十三年逨鼎耳部纹饰以环耳纹为主。

四十二年逨鼎有两件：一件高 51 厘米，口径 43.5 厘米，腹深 22.7 厘米，重 35.5 千克；另一件高 57.8 厘米，口径 48.6 厘米，腹深 24.4 厘米，重 46 千克。两件青铜鼎铭文内容完全相同，唯大小有别，均立耳，口沿平且外折，圜底，蹄足，口沿下饰变体龙纹，腹部饰环带纹，耳外侧饰凹弦纹。器身铸扉棱 6 个，足根部外侧面饰饕餮纹。内壁铸有铭文，共计 25 行 282 字，含重文符 4 个，内容记述逨及其父亲因伐戎有功，受到周王室册封、奖励之事。

四十三年逨鼎有 10 件，按其大小排列，高度分别为 58 厘米、53.6 厘米、49 厘米、45.6 厘米、36 厘米、32.6 厘米、27.4 厘米、27 厘米、24.4 厘米、22.6 厘米；口径分别为 49.7 厘米、46 厘米、43.8 厘米、39.5 厘米、31.6 厘米、30.5 厘米、26.5 厘米、26.5 厘米、21.5 厘米、21.5 厘米，重量分别为 44.5 千克、33.5 千克、29.5 千克、22 千克、12 千克、10 千克、7.3 千克、6.5 千克、4.3 千克、3.9 千克。该组器形、纹饰与四十二逨鼎相同。因第九、第十号两件器形较小，不能通篇记铸，而将全文分为两部分，分铸于两件器物内壁，其余 8 件内壁均通篇铸录全文，共 31 行 316 字，记述逨担任虞林，供应王室山泽物产有功，周王室册封其为官司历人，训导其如何施政，及受到奖赏的情况。其书写

四十二年逨鼎及其铭拓

格式严格按照西周金文中册封命辞的要求，可以说是当时一份完整的册封档案。

四十二年逨鼎和四十三年逨鼎属于高纪年铭文，打破了以往所知善夫山鼎

四十三年逨鼎及其铭拓

"唯三十又七年"的最长纪录。铭文中具体记录的册封时间包括年、月、月相、干支，这种"年、月、日"完整的记录对研究西周历法极为重要，所以这篇铭文也成为当今学术界校验"夏商周断代工程"中对西周历谱推定是否准确的一个极其重要的依据。关于逨鼎的时代，大多学者认为是宣王时器。

10件四十三年逨鼎属于"列鼎"。按照文献记载，我国古代对统治阶层中各级贵族在各种礼仪场合中使用青铜器的种类和数量都有着严格的规定，所谓"名位不同，礼亦异数"指的就是这种制度，它通过这种等级制度维持统治阶层的内部秩序。青铜鼎的使用是"天子九鼎、诸侯七鼎、大夫五鼎、士三鼎"，也就是所谓按奇数使用。但这次杨家村窖藏中出土了10件套的四十三年逨鼎，给学术界传统上对列鼎制度的认识带来了较大的冲击。按照逨的官职他最多可使用五件一套的列鼎，但这次出土的却是 10 件一套的列鼎。王世明、李伯谦先生认为这 10 件鼎可能是两套列鼎，马承源、徐天进先生则认为可能还有空缺。

四十三年逨鼎 10 件列鼎

四十二年逨鼎铭文中有"王在周康穆宫""格大室"，四十三年逨鼎铭文中有"王在周康宫穆宫""格周庙"。与此相同有𬭚盘和克盨，铭文中都说"王在周康穆宫"（前者也有"格大室"，后者未及）；另有大克鼎"王在宗周""格穆庙"，伊簋"王在周康宫""格穆大室"，与此基本一致。[①] 康宫是西周时期的重要宗庙名，为周康王的宗庙，后发展成为西周都城成周城的宫城大殿。从西周金文来看，康宫是周天子进行册命以及祭祀先王的地方。[②] "康宫"和"京宫"是西周金文中常见的两大周王宗庙系统，"京宫"祭周太王以

---

① 马承源：《陕西眉县出土窖藏青铜器笔谈》，《文物》2003 年第 6 期。

② 唐兰：《西周铜器断代中的"康宫"问题》，《考古学报》1962 年第 1 期。

来康王以前各王，"康宫"祭康王以下各王。① 此外，"康宫原则"也是唐兰先生倡导的西周铜器断代的一把尺子，即凡是铭文中出现"康宫"字样的定是康王以后器物。②

1955年，在距逨鼎出土的这个窖藏约200米处，曾出土盠驹尊、盠方尊、盠方彝，盠可能就是逨世系中的惠仲盠父。1985年8月，在距逨鼎出土窖藏几十米处，曾发现另一青铜器窖藏，出土逨钟、逨镈18件。李学勤先生认为，此组器物制作时代当在逨盘之前、逨鼎之后。清代《西清续鉴甲编》中载有"叔五父盘"，与逨鼎当为同一人所作。澳大利亚墨尔本维多利亚博物馆藏有"叔方鼎"，作器者为逨世系中的公叔。③ 马承源先生认为上海博物馆的单伯昊生钟可能也出自这一区域。

刖人守门方鼎
——西周刖刑处罚的生动实例

1976年12月5日，扶风县法门镇庄白村村民在村南100米的坡地上平整土地时发现了一处青铜器窖藏。同时，周原考古队对这座窖藏进行了清理，出土青铜器103件，有铭文的达74件。其中最著名的就是史墙盘和西周刖人守门方鼎。

古代的鼎多为圆鼎，方鼎较少。刖人守门方鼎的设计独具匠心，是我国青铜器中极其罕见的鼎形。鼎通高17.7厘米，口横11.9厘米，口纵9.2厘米，腹深6.2厘米，重1.6千克。整个器物为方体，双附耳，分上下两层。上层四角上各铸有一个立体卷尾龙，鼎口外沿下部装饰有云雷纹衬地的窃曲纹。

① 贾洪波：《论令彝铭文的年代与人物纠葛——兼略申唐兰先生西周金文"康宫说"》，《中国史研究》2003年第1期。
② 张懋镕：《西周青铜器断代两系说刍议》，《考古学报》2005年第1期。
③ 李学勤：《眉县杨家村新出青铜器研究》，《文物》2003年第6期。

扶风刖人守门方鼎

最引人注目的是鼎的下部，为盛炭火的炉膛，膛正面铸能开闭的两扇门，左扇是插扣关口，饰有兽钮，右扇则有一刖刑奴隶，裸体束发仅剩右足，侧身屈膝跪坐在门边作守门状，与史书记载刖者守门相符。鼎两侧铸方孔窗户，炉底镂有5个小方孔，可以从左、右、背后、下4个方向出烟。背面是镂空窃曲纹，可以通风助燃。炉内可烧木炭，使鼎内的食物保持温度。四个鼎足为四兽足，下部四角饰脸庞似猴、钩喙似鸳、曲角似羊、颈体似鹿的单足怪兽。

刖人守门方鼎是一种温食之器，上层用以盛放食物，下层两侧设窗，正面开门。鼎底部的小孔和背面镂空的窃曲纹用以出烟助燃，炉盘可以盛放炭火加热鼎内食物，很像现在的火锅。

刖人守门方鼎的价值所在正是其上受到刖刑的奴隶形象，此鼎装饰以立体雕塑为主，造型奇巧别致，颇具匠心，既是一件实用器，也是一件难得的艺术品。

扶风刖人守门方鼎线图

1988 年 11 月 7 日，在宝鸡市南郊茹家庄也出土了一件刖人奴隶守门方鼎。这件鼎呈长方体，带盖，盖出土时已残破。通高 18.7 厘米，口纵 22 厘米，口横 14 厘米，重 4.3 千克。器分上下两部分，上部分为器身，下部为炉身。方直口，平沿，沿上置盖，器盖连体，盖中开，可开闭，盖面上饰窃曲纹，盖之四角端各有一小鸟，小鸟可作 360 度转动，造型十分优美。器两侧有附耳。器腹前后中部口沿下各有一蹲兽，兽两侧饰双层窃曲纹。器身四角各有一龙，龙作向器顶部攀登回首顾盼状，神态生动。器中部有平隔。下部炉身素面，炉前中部有双扇门扉，门前饰阴刻直条纹，左门关闭，右门敞开，门外靠门站立一缺左足、断右臂，即受过刖刑的男性奴隶。炉身后壁有一呈"田"字形镂孔，用以通气；"田"字形的"十"字中央有一蹲兽。炉底有 24 个长方形孔，用于盛火。炉身底部四角有四个长方扁条形足，足上端各饰有一长颈鹿角式龙首，龙突目，耳部呈凹陷形。四足上饰浮雕式的双线"S"形纹，正面两足的"S"纹细部略有不同，背部两足亦如此。这件方鼎出土时，其平隔中置一獠牙做成的半圆形器。

这两件刖人守门方鼎都是西周遗物，其中庄白村一号窖藏出土的刖人守门方鼎可溯至西周中期，茹家庄这件时代较晚。类似刖刑题材的器物见著录的现有六件，其中一件流落美国，被哈佛大学福格博物馆收藏。它不但与庄白村出土的造型酷似，时代相同，更为重要的是这件器上自铭"季贞作尊鬲金"，所以人们就把这种鼎划为鬲类。实际上，这应当是一种异形鼎。这种鼎与一般鼎的最大区别在于，它是上下两层，上层是器身，下部为鬲炉。这种鼎的下部改形是因设置

茹家庄刖守门方鼎

炭火盆引起的，与圆鼎加设托盘引起足部变化是同一道理。鬲也是古代炊具，《汉书·郊祀志上》载："鼎，空足曰鬲。"这就是说，鬲和鼎同属一类。这种鬲当是鼎的一种，古代铸铭鼎鬲形似，往往混用，所以称其为鬲或是鼎都不为错。如宝鸡茹家庄西周墓出土的一件鬲上，铭文却是"弽伯作鼎"。另外三件分别是内蒙古赤峰市宁城县小黑石沟出土的刖刑奴隶守门青铜方鼎、北京故宫博物院藏刖人守门鬲式鼎、山西闻喜上郭村西周晚期墓出土的刖人守囿铜车。

刖刑是我国古代的一种酷刑，为古代五刑之一。刖刑在夏朝称膑，周朝称刖，秦朝称斩趾。刖刑即断足，指砍去受罚者左脚、右脚或双脚，亦指削去受罚者膝盖骨（髌骨）。刖人守门方鼎可与文献印证，正是奴隶制社会阶级压迫的现实生活的反映，是研究西周奴隶制度的实物资料。在我国历史上，自夏朝始就有刖刑。到了周朝刖刑的施用更加普遍，尤其是西周，已经出现了比较完备的关于犯罪和刑罚的文书。当时的刑罚非常严苛，文献中多有记载，西周穆王时的《尚书·吕刑》就记录有五种刑罚：墨刑、劓刑、刖刑、宫刑、大辟。在古代社会，刖刑是仅次于死刑的一种刑罚，一直延续到春秋战国。直到汉文帝时，才把应断右脚的改为死刑，应断左脚的改为鞭刑。战国时著名的军事家孙膑受的就是刖刑。

在奴隶社会，青铜鼎不仅仅是体现礼仪的饪食器，它除了可以"明尊卑，别上下"，即体现统治阶级等级制度的权力标志之外，还作为西周统治者维护其统治、昭明其刑法的工具。《周礼·秋官司寇第五》载："墨者使守门，劓者使守关，宫者使守内，刖者使守囿，髡者使守积。"从刖人守门方鼎造型我们还可以看出，西周社会的人性化管理，在残酷的刑罚之外，对受刖刑的罪犯，仍然给予他们生活的出路。

周公东征方鼎

——周公远征东方的实物佐证

周公东征方鼎为西周早期凤鸟纹方鼎，为西周早期比较罕见的一件青铜器，通高 26.8 厘米，器高 21.4 厘米，口 21.1 厘米×16 厘米。长方形，立耳，直口，方唇，腹壁较直，平底，柱足较高。

1927 年，周公东征方鼎被党玉琨（又名党毓坤，绰号党拐子）从宝鸡戴家湾盗掘出土后不久便流入美国，现藏美国旧金山亚洲艺术馆。党玉琨 1927 年在宝鸡戴家湾盗掘古墓时，日遣民工千余人，持续时间半年之久，其规模空前，对文物的破坏影响深远。他与当时军界的盗宝枭雄靳云鹗、孙殿英齐名，被当作"三大盗宝枭雄"之一。

周公东征方鼎最早著录于吴其昌《金文历朔疏证》，书中记作"凤翔秦文公墓出土"。柯昌济《金文分域编》又以为宝鸡出土。因器主名释读不了，以※号代替记为※方鼎。因铭文内容有伐"丰白"字样，故又名丰白鼎，还有读为塱鼎、稥鼎、塱方鼎、周公鼎、周公东征鼎、丰伯塱鼎。20 世纪 40 年代，陈梦家在美国见到了这件周公东征方鼎，按照铭文内容将其命名"周公东征方鼎"，并在《西周铜器断代》一文中记作党玉琨在凤翔西 40 里之灵山盗掘出土，后学者引述时多依陈梦家此法命名此鼎。

根据陈梦家先生的笔记，宝鸡学者高次若、刘明科、王光永又作了深入调查，根据当时参加盗掘并担任记录的马午樵和杨紫梁的记录本，周公东征方鼎出自第十五号坑（墓）。这座墓不仅有墓道，还有壁画，这在周墓中实属罕见。①

周公东征方鼎及其铭拓

2007 年，陕西考古研究所王学理先生从美国传回了周公东征方鼎照片和铭文拓本图片，激发了国内诸多学者和考古爱好者的研究热情，对其铭文纷纷做了诠释和研究，其间不乏独到见解，很有参考价值。但学术界对铭文中的器主是何人，涉及的丰白、薄古等地名封国何处，器主与周公的关系，铭文中的周庙在何处等等问题，都有着一时难解之处，没有确凿的定论。

此鼎形制和花纹特异，最引人注目的是，巧妙地将纹饰与造型相结合，四壁均采用相背的大而醒目的长冠垂尾凤鸟为主题花纹，运用高浮雕手法布满壁面，相邻的两只凤鸟头部重合于四角，钩喙突出器外，形成扉棱，表现出立体效果，四足也塑造成扁体尖喙长冠凤鸟，鸟喙亦伸出器外，与器壁的扉棱呼应。通体还以细雷纹填地，华贵富丽，十分美观。

---

① 刘明科：《党玉琨盗掘斗鸡台（戴家湾）文物的调查报告》，《宝鸡考古撷萃》，三秦出版社，2006 年；王光永：《陕西宝鸡戴家湾出土商周青铜器调查报告》，《考古与文物》，1991年 1 期。

在西周早期的青铜礼器上，凤鸟纹不但数量大，种类也增多了，有长冠凤鸟、弯角凤鸟和多齿冠凤鸟等各种各样的凤鸟纹，尤其是形体庞大，构图华丽的大凤鸟占据了器物的主要部位，成为主题花纹。这种以凤鸟装饰的风气一直延续到西周中期，特别盛行于穆、恭之世，这是一个值得注意的现象。马承源先生认为它与"周之兴也，鸑鷟鸣于岐山"（《国语·周语上》）的传说有关。鸑鷟为古书上说的一种水鸟，亦即凤凰的别称。凤凰在古代人们心目中是吉祥之鸟，是传达天命的使者。周人以善于经营农业著称，把凤凰当作自己的保护神和天使加以崇拜，并绘铸在青铜礼器上当作情理中的事。张懋镕先生研究认为，宝鸡戴家湾一带很可能是这种凤鸟纹铜器的原产地。①

鼎内有铭文 5 行 35 字，铭文半在器壁，半在器底，除第 4 行末 3 字在器底外，其他各行均末 2 字在器底。铭文大意为：周公远征东方，讨伐作乱的东夷、丰白、薄古，胜利后不久，周公祈亨于周庙。在戊辰这个日子，大家畅饮秦地产的秦酒以欢庆东伐胜利和周公祈亨于周庙的喜悦，当时周公赏赐给塱贝百朋，用于制作此宝鼎。

关于周公东征方鼎的制作时代，陈梦家先生认为是成王时器，② 唐兰先生认为作于周公摄政四年，③ 王世民、陈公柔、张长寿先生定为成王时标准器。④

"䙴"字从爪，从冉，是用手举起箕畚之类编织物的会意字，本义为举。张懋镕先生认为西周早期䙴字下端的"人"部向两侧延伸很长，但到了是晚期则变得很短。䙴盨中"䙴"写法特殊，有可能是错范导致。⑤ "䙴"唐兰先生读"再"音，认为与"载"通，䙴可能是冉季载。⑥

---

① 张懋镕：《上海博物馆藏金读记》，《古文字与青铜器论集》（第二辑），科学出版社，2006年。

② 陈梦家：《西周铜器断代》，中华书局，2004 年。

③ 唐兰：《西周青铜器铭文分代史征》，中华书局，1986 年。

④ 王世民、陈公柔、张长寿：《西周青铜器分期断代研究》，文物出版社，1999 年。

⑤ 张懋镕、王勇：《遣伯盨铭考释》，《出土文献》2010 年第 1 辑。

⑥ 唐兰：《西周青铜器铭文分代史征》，中华书局，1986 年。

师訇鼎

——周人以德治国思想的典型记录

1974 年冬，扶风县黄堆公社组织社员大规模平整土地，全公社 9 个大队社员齐上阵打歼灭战。对高低不平的耕地进行平整的做法是，各生产队之间相互调换在对方地里干。到工程收尾时，只剩下云塘大队强家村沟西约有长 100 多米、宽三四米、高 1 米的土丘。这块北高南低的坡地土质比较硬，此前别的队社员挖过，尤其是有一处都因镢头挖不下，觉得碰到石头了，挖了几下就挪了地方。这块地是强家生产队的，所以最后要由他们自己来完成。

12 月 5 日，天还没亮，大家就上工了，四五十人围着土丘挖起来。年轻小伙强阳生、强正虎要挖的地方，刘存善老汉已挖了几下，觉得挖着石头了，就挪到西边挖去了。但强阳生抡起镢头接着挖，只听"哐"的一声，挖到硬物了。他蹲下用手摸了一下，然后与强正虎在它的四周挖起来。不一会儿，一个绿锈斑斑铜器的方耳显露了出来。强正虎高兴地叫了声："挖出宝了!"附近的社员们应声围过来看稀奇，七手八脚地就要继续挖。队长李富明立即制止住人们乱刨，让阳生、正虎等几个青壮劳力慢慢挖。天亮后，终于挖出个青铜大鼎，里边满是土，约有 300 多斤重。李富明当下决定停止挖土，让大家保护现场，他向离此地较近的岐山县贺家村跑去。

当时，省文管会扶岐考古工作站驻在贺家村。文物考古专家吴镇烽、雒忠如闻讯后即前往现场。经勘察这是一处铜器窖藏，出土地点没有墓葬痕迹，也无其他遗物发现，窖穴开口在周代地层，没有晚期人为扰动的迹象。

窖藏位于强家村西稍北 300 多米处，经清理出土铜器共 7 件。其中大鼎 1 件，簋 2 件，簋盖 2 件，特钟 1 件，镂空豆 1 件。窖口上距地表约 1.2 米，鼎口向上，放在窖穴中部偏北，簋、簋盖和镂空豆放在鼎内，钟放在鼎外西南侧。

这批器物先用架子车拉运放在离此地较近的董都云家。大队书记李生翻闻讯赶来，与雒忠如同志商议奖励事宜。最后议定，考古队付给强家村生产队人民币1700 元，这批青铜器完整上交给国家。

师𫫇鼎

经考古人员清理研究，这个大鼎被命名为师𫫇〔zài〕鼎。鼎高 85 厘米，口径 64.5 厘米，腹深 39.6 厘米，最大腹围 205 厘米，重 105 千克。敛口，平沿，腹稍鼓，两耳直立。鼎足似马蹄形。颈部饰两道带状雷纹，两带状雷纹之间有一突脊，中为阴弦纹，雷纹下有一阳弦纹。鼎腹内底部与鼎足相连处，铸成三个直径 10 厘米，深 3.5 厘米的圆筒形状。腹外壁和足部凝结着一层很厚的烟炱，显系经过长期使用。师𫫇鼎是 1949 年后出土的形体较大、铭文较长的西周青铜鼎之一，现藏陕西历史博物馆。

师𫫇鼎形体高大，纹饰并不华美，其价值主要体现在腹内壁 19 行 196 字的铭文上。铭文大意为：王八年正月丁卯这一天，王说："师𫫇，你竭尽心智地给我的父亲穆王做臣子，心地忠实纯正，匡扶其君。今我延续先王的恩德，赐给你绘有卷龙图案，又用勾连云雷纹织边的衣物和红色命服，以及朱衡、太师金膺、攸勒等车马器。希望你能够以先祖的美德善行为楷模，永葆先王美德圣名，并且全心全意地为我做事。"𫘤作揖叩头拜谢。师太伯竭力推荐我为之属官，得到王的准许，也才有命服官车的赏赐享用，𫘤心里非常清楚，也是感恩戴德的。天子也没有忘记公上父的美德，因而才能被获准作为太师小子，以朝夕遵循先祖功德，用作皇辟的臣下。𫘤被获准做官，还可以使伯太师留下遵循先祖传统旧章的美誉，使他的孙子发扬太师的美德，用以保卫王身。𫘤颂扬王的美德，为先父公上父制作祭器，陈放在父亲虢季的新宗庙内。

强家村窖藏出土的 7 件青铜器中，师𫘤鼎、即簋、师丞钟属于虢季家族的器物。虢季是西虢始封者虢叔一系，为周王的同姓世族，世代为周王师，家世显赫。存世的青铜器有虢季子白盘、虢季子组簋、壶等重器。师𫘤其人史料失载，从铭文来看，他是西周王室重臣，在周穆王时期就入朝为官，其品德为周王赏识。由于虢季一支史料没有记载，利用出土的青铜器重构其世系尤为重要，师𫘤鼎的价值正在于此。

此鼎铭文通读极难，人物关系错综复杂，学者研究解读众说纷纭。唐兰先生最初认为是恭王时器，后来研究发现是穆王的另一个儿子，恭王之弟孝王时器。[①] 吴镇烽、雒忠如先生认为是恭王时期的标准器。[②] 李学勤先生也认为是恭王时期最有代表性的标准器。[③]

从与师𫘤鼎关系紧密的师望鼎、即簋、师丞钟可以看出，师𫘤一家世代为"师"，师𫘤、师望、师丞都是"师"。即簋的名字前面虽未冠有"师"字，看周王赏赐他的物品和师𫘤鼎相同，他的身份肯定同样是"师"。师𫘤、师望、即、师丞是连续的四世。师𫘤自称"伯大师"的"小子"，师望也自名为"大师小子师望"。杨树达认为师望鼎铭中的"师"是"大师"的属官。[④] 师𫘤的职司相当

① 唐兰：《用青铜器铭文来研究西周史》，《文物》1976 年第 6 期。

② 吴镇烽、雒忠如：《陕西省扶风县强家村出土的西周铜器》，《文物》1975 年第 8 期。

③ 李学勤：《西周中期青铜器的重要标尺——周原庄白、强家两处青铜器窖藏的综合研究》，《中国历史博物馆馆刊》1979 年第 1 期。

④ 杨树达：《积微居金文说》卷三《师望鼎跋》，上海古籍出版社，2013 年。

《周礼》的师氏。师氏掌管小学，教育王太子、王子和其他贵族子弟。鼎铭的"伯大师"则相当于《周礼》通掌大学、小学的大司乐，在学政方面是师氏的上级。《尚书大传》载："小师取小学之贤者登之大学，大师取大学之贤者登之天子。"证明《周礼》的大司乐也称为大师。

师𩛥鼎铭拓

师𩛥鼎铭文也是西周青铜器中关于以德治国思想记载最为典型的一篇。在殷周更替之际，周人通过对殷商暴政覆亡教训的总结，建立了"德治"思想。所谓德治，是把道德教化作为主要的治国手段，追求社会道德的协调，利用道德的内在约束力来达到稳定社会的目的。其内容主要包括"以德配天""明德慎罚""敬德保民"等思想，对当时的社会管理产生了极其深远的影响，许多内容对今天社会的健康良性发展仍然有着重要意义。师𩛥鼎全篇铭文七处提到德，对德的提法有"孔德""安德""胡德""烈德""懿德""介德"等。"孔德"就是特别通达之德，"安德"是妥善的德，"胡德"是大德，"烈德"是刚正不屈之德，"懿德"即美德，"介德"指能流传后世的德。"德治"是用来维护尊卑贵贱、巩固统治的重要手段，也是实现"礼治"的重要途径。但从目前考古发现的资料看，商代铜器铭文里尚未见到有"德"字，而在殷墟卜辞中则有发现，但商代卜辞中的"德"是"顺从"之意，与西周金文中"德"内涵明显不同。

"德治"思想是西周初年的周公姬旦提出的。在他看来，"皇天无亲，惟德是辅"，即昊天上帝对谁都不偏私，只辅"佑"敬"德"之人。他谆谆告诫以成王为代表的周朝最高统治者，要时时以夏殷失德而亡为鉴，小心翼翼地操持政柄，像周文王那样，时刻抑制享受欲望，不要贪图安逸，不要大兴游观，不要无休止地田猎，更不要聚徒狂饮，而是要不断加强个人的修养，在道德上成为万民的表率。为此，必须贯彻"任人惟贤"的原则，各级执政人选坚决摈弃无德无才的"人"，选取贤德的"吉士"，从而达到"以觐文王之耿光，以扬武王之大烈"的目的。还必须保民和慎刑，关心百姓的疾苦，使之过上温饱的生活。德治将道德与政治紧密地联系在一起，使得许多道德规范同时又成为政治信条，这就在客观上将道德置于上位，使其成为维系社会稳定、实行有效统治的工具。

师同鼎

——周人征伐鬼方的战争实录

1981年12月，扶风县黄堆乡下务兹村农民王长成在村东南200米处的下漩涡沟平地时发现一处窖藏，出土青铜鼎两件，随即报告并将出土器物送交县文管所。周原博物馆随后派人赴现场进行勘查清理，窖藏口开于耕土之下，打破西周晚期的一个灰坑。窖藏正西方有方圆约200米的台地，曾暴露出几处石子铺设的散水、大量红烧土堆积、火烧地面等，为一处西周建筑基址。窖藏出土两青铜鼎，一件为师同鼎，另一件为弦纹鼎，出土时置于师同鼎腹内。

师同鼎通高35厘米，口径34厘米，腹深20.5厘米，重10.5千克。鼎为立耳，平口，深腹，圜底，蹄足，为西周晚之初的标准器形。口沿下饰一周重环纹和凸弦纹，耳外侧两道凹弦纹。腹下三足有明显的分模线，当中铸阳纹双三角形。

鼎腹内壁有铭文 7 行 54 字，铭文大意为：师同从某大臣征伐鬼方，斩杀并俘获了一批敌人，得到车马五辆、大车二十辆、羊一百只等战利品，又将缴获敌人的铜豆、鼎、铺等用以铸成祭祀用的铜鼎，子子孙孙永宝用。

关于师同鼎的时代，扶风文管所依据同簋、永盂中的铭文记载，论断师同鼎的时代应在西周中期偏晚。李学勤先生则认为同簋中所记之人非师同，而与永盂则为同一人，认为师同鼎只能放在夷王之时。[①] 王雷生则从五个方面研究了师同鼎的年代，认为师同鼎应是共宣时期器。[②]

师同鼎

由于对首句的铭文解读的不同，便成了这件鼎的最大争议。一些学者提出句首缺乏主语，起名突然，因此认为可能师同鼎是一套列鼎中的一件，有主语内容的鼎当在其他鼎中，这些鼎还尚未发现。李学勤先生也认为，鼎铭缺乏年月，和文例不合，估计可能有一半在同形的另一器上，甚至可能还有两器。王辉先生认为，铭文不起年月，并非突然，列鼎有其严格的定义，目前周墓中出土的鼎不管是否为列鼎，铭文皆相同，还未出现列鼎铭文内容前后衔接的情况；即使为列鼎，若在另一鼎上还有铭文与其衔接，因师同鼎铭文基本已完整，虽有缺少，只剩较少的字数，此非情理之事。[③] 李零先生认为铭文分铸虽有，但彝铭分铸衔接的情况极为罕见，加上战争规模不大，故下文不言册赏，从

① 李学勤：《师同鼎试探》，《文物》1983 年第 6 期。
② 王雷生：《也谈师同鼎断代及其相关问题》，《考古与文物》1990 年第 2 期。
③ 王辉：《𠟭𥂐鼎通读及其相关问题》，《考古与文物》1983 年第 6 期。

师同鼎铭拓

此考虑，师同鼎铭文是完整的，还有列鼎上有铭文衔接的情况不大可能。①

师同鼎铭文为研究西周中晚期的历史、西周王朝同北方少数民族的关系等提供了重要资料。这篇铭文记述师同在一次战事中俘获战利品青铜器120件，包括金胄、戎鼎、铺、剑等，都是北方少数民族使用的常见青铜器。以往人们多认为北方草原文化风格的青铜器多为战国时期，而师同鼎铭文则证实了当时戎人生活中青铜器已相当普遍，戎人已有较为先进的文化。

师同为器主名，官职为师氏，掌管小学，负责教育王子和贵族子弟，同时"使其属帅四夷之隶"，即统帅周朝的一支武装。师同在1969年蓝田出土的永盂中也曾出现，永盂为西周中期的器物，在永盂铭文中，师同虽已任职，但地位较

---

① 李零：《"车马"与"大车"——跋师同鼎》，《李零自选集》，广西师范大学出版社，1998年。

低，列于参与交付田地的人员之末。李学勤认为师同的任职历经懿王、孝王、夷王三个王室。

多友鼎
——周人反击玁狁的赫赫战绩

1980 年 11 月 12 日，长安县（今西安市长安区）斗门镇下泉村的几个村民在村头东北的河道旁翻土挖沙。突然，一位村民的铁锹被硬物折断了，这位村民以为是铲到了石头，便叫来其他几个同伴，准备合力将其铲除，没想到越挖越深，最后竟在深约 4 米的细沙中挖出一件青铜鼎。

铜鼎通高 51.5 厘米，耳高 10 厘米，宽 11.6 厘米，厚 3 厘米，腹径 50 厘米，深 31 厘米，口沿外折 2 厘米，重 35 千克，蹄形足高 20 厘米，径 7 厘米。鼎腹底部附着厚达 0.2 厘米的墨灰，显然是长时期炊烹留下的痕迹。青铜鼎呈半球形体，立耳，圜底，器腹较深，三只蹄形足，除造型简单之外，铜鼎表面也没有装饰精美的纹饰。

青铜器发展到西周中晚期，形制逐渐趋向定制，尤其在进入晚期以后，各类铜器都进入了整齐划一的时代。以青铜鼎为例，这一时期的青铜鼎主要只有两种形制：一种是克鼎类，主要特征是盆形体，腹宽大而呈扁体形，蹄足上部一般有兽面装饰，装饰纹样一般为环带纹和窃曲纹；另一种为毛公鼎形，主要以半球形体、蹄足为特征，装饰纹样简单，一般仅以弦纹、重环纹或窃曲纹装饰，多友鼎就属于这一类。

多友鼎腹内壁铸有 22 行铭文，铭文分两块铸成，每行字数不等，共计 279 个字。记载了西周时期反击玁狁［xiǎnyǔn］侵犯的一场战争。其铭文是重要的上古文献，对于研究匈奴史及当时社会的政治、经济、军事和民族关系有着重要的科学价值。因铭文中一共 8 次提到了"多友"，故被命名为

"多友鼎"。

多友鼎铭文大意为周王某年十月，玁狁大规模侵犯西周境内，大片土地被侵占，直接威胁着京师的安全。于是周王命令武公派遣多友率兵抵御，在双方激战的半个月内，共打了4仗，都取得了胜利，杀敌350余人，俘获23人，缴获战车127辆，将玁狁逐出周境内，并救回了被俘虏的周人。武公将多友的战绩转告给了周王，于是周王赏赐给多友包括青铜在内的若干财物，为了感谢周王，也为了纪念这次胜利，多友便把周王赏赐给他的铜器铸造成鼎，作为宴请宾朋好友的器具。

多友鼎

关于多友鼎的铸造年代，田醒农、雒忠如先生考证为宣王时器，李学勤先生考证为厉王时器，王世民、陈公柔、张长寿《西周青铜器分期断代研究》定为西周晚期偏早时器。关于"多友"，田醒农、雒忠如先生认为是周厉王少子、周宣王的异母弟郑桓公；[①]李学勤先生则认为多友是私名，不是郑桓公，其身份为武公的一名部下，地位低于禹；[②]张亚初认为多友之"多"，为殷代的"多氏"，即多为氏，友乃其名。[③]

多友鼎铭提到两位重要人物"武公"和"向父"，又一同见于禹鼎铭文，只是向父之称改为禹，此人在金文中又称"叔向父"或"叔向父禹"。叔是他的氏，禹是他的名，向父则是他的字。[④]

① 田醒农、雒忠如：《多友鼎的发现及其铭文试释》，《人文杂志》1981年第4期。
② 李学勤：《论多友鼎的时代及意义》，《人文杂志》1981年第6期。
③ 张亚初：《谈多友鼎铭文的几个问题》，《考古与文物》1982年第3期。
④ 刘翔：《多友鼎铭两议》，《人文杂志》1983年第1期。

多友鼎铭拓

提到武公和叔向父（禹）的青铜器除了禹鼎还有南宫柳鼎、敔簋、備簋、叔向父禹簋。

　　玁狁是西周时期地处今甘肃瓜州一带的少数民族，西周晚期经常向南侵袭。据史料记载，周夷王时玁狁就曾入侵距丰镐二京不远的洛河北岸；周宣王时，玁狁再次"侵镐及方，至于泾阳"，直逼丰镐二京，大臣方仲和尹吉甫率军出击。多友奉王命抵御的这次"侵犯京师"的战役，与上述两次"欲犯京师"的战役相比，虽然规模略小但却关乎周王朝的存亡危机。然而这次捍卫京师的重要战役却未见记载，多友鼎铭文内容无疑成为重要的历史见证。这篇铭文以纪实手法记述了这次战役的时间、作战的方式、战争的规模及战争的结果，对于研究西周晚期的历史、西周晚期同北方少数民族的关系及古文字研究、历史地理研究等都有重要的参考价值。

　　关于北戎方面的资料较少，多友鼎第一次为我们提供了这方面的珍贵史料。从多友鼎铭文可知，周人在与玁狁的斗争中取得一定的胜利，并非文献所载的总是失败，在一定程度上改变了从懿王以来"夷狄入侵，暴虐中国，中国被其苦"（《汉书·匈奴传》）的局面，为宣王中兴奠定了基础。

外叔鼎

——新中国成立后出土的第一件西周重器

1952 年，我国农村劳动生产实行互助组，岐山县青化乡童家村村民童兆乾、童玉乾、童怀义、童铨和童生民等 5 户邻居为一组。童兆乾、童玉乾是堂兄弟。这年 11 月的一天，大家仍像往常一样在瓦家壕童兆乾、童玉乾家的地方挖土。土壕崖面有四、五米高。年龄 31 的童兆乾、童生民和 24 岁童玉乾挖土装车，童铨赶车拉土，年仅 16 岁的童怀义跟车卸土。他们在半崖上挖着挖着，童兆乾的镢头碰到了硬东西，于是就轻轻刨，发现是方形铜器。于是就顺着器物往下挖，越挖越大。此时天快黑了，他们就借着月光在四周挖土，器物渐渐松动并顺着土坡滑了下来。他们见是古物，不远处人多，此时已近天黑，就用土埋住了器物。

晚上，他们 5 个人来到土壕处挖出器物，一起抬放在童铨家的楼棚上。后来因童铨家人时常听到楼棚有响声，怕压断楼棚，就又抬到童兆乾家，放在炕仓并用泥砌起一道墙，保护了起来。

1958 年，全国大炼钢铁，宣传队敲锣打鼓号召群众交献废铁烂铜，加之当时岐山县进行文物普查，经常有人来调查询问，宣传文物知识，讲解保护文物保护政策。这时，童怀义、童玉乾是青年积极分子，认识到他们挖出的东西是文物，应当主动交献给国家。于是 5 人商议同意交出去，报告给队长童生玉后，他们把那件铜器从炕仓里拉出来，交给了生产队。

童家村出了个大铜器，消息很快传到县上。县文化馆馆长庞怀靖听说后立即冒雨赶到童家村。庞怀靖来到村上后见生产大队队部前人山人海，围观场院中间的那件大鼎，他上前仔细察看了大鼎。后经请示县上领导，铜鼎收归县文化馆收藏。国庆节前夕，县文化馆为童兆乾等 5 人颁发了奖状，每人 1 条毛巾、1 个搪瓷缸，瓷缸上写着"保护文物有功"的红字。

当年，铜鼎被县文化馆收藏后，为了便于参观，特地制作了一个玻璃柜，将大铜鼎在陈列室展出。后来，省上一位领导来岐山检查工作，到县文化馆参观文物陈列室时看到外叔鼎时很惊讶，说省博物馆也没有这样大的鼎，当即指示让省文管会来人察看。不久，省文管会的同志拿着省委介绍信到岐山，外叔鼎就此调拨给陕西省博物馆收藏。

2006 年 6 月 1 日，我国第一个"中国文化遗产日"前夕，陕西历史博物馆邀请当年发掘出外叔鼎的几在老人来博物馆与他们当年挖出的宝物团聚。当年的5 位农民中仅有童玉乾、童怀义在世，他俩和童兆乾的儿子、童铨的儿媳一起来到博物馆，四个满头华发的老人围着大鼎，痴情依旧，感慨颇深。

外叔鼎及其铭拓

外叔鼎是 1949 年后出土的第一件西周重器，其形体之巨大，在西周有铭青铜器中仅次于大盂鼎和大克鼎。从鼎的用途来说，外叔鼎体形庞大，是仅用来烹煮的鼎，称之为"镬鼎"，可以直接煮牲体或鱼腊等物。

外叔鼎通高89.5 厘米，口径61.3 厘米，腹围214 厘米，腹深44 厘米，足高30 厘米，重99.25 千克。直耳柱足，鼎口沿外折，上立粗大双耳，耳上端略外侈，腹部较深，底部平阔，下腹大于上腹，这是西周康、昭时期青铜鼎造型的通例。足根加粗，出短扉，并饰以兽面，其下以弦纹四道束腰，足下端略外侈作蹄形。耳外侧各饰两条相对的虎纹，口下四组饰垂冠回首的龙纹。纹饰皆高浮雕，不施底纹，显得简练而鲜明。整器造型庄严典重，装饰风格朴素而不失华美，为青铜时代鼎盛期的代表之作。鼎内壁铸铭文 2 行 6 字："外叔作宝尊彝"。外叔鼎铭文结体端庄，行气疏朗，笔势圆中带方，外柔内刚，表现出一种成熟文字的风韵，是西周早期书法艺术的杰作。

函皇父鼎

——现存最早的青铜物账

民国 22 年（1933 年）夏季的一天，雷雨过后，扶风县上康村农民康克勤父子在村东百米处的土壕内，发现一处因洪水冲刷暴露的青铜器窖藏，即函皇父和伯鲜器群，共有百余件。青铜器挖出后，古董商闻讯而至，康氏父子卖掉一批，埋藏了一批。后来土匪也闻讯而来，为抢劫这批铜器，将康克勤父子逼杀，故所埋之物至今不知所在。卖掉的这批青铜器见于著录的有函皇父鼎、簋、壶、盘等 15 件，伯鲜鼎、盨、匜、钟等 10 件。

函皇父器为函皇父家族之器，仅函皇父为琱［diāo］妘作器就有 27 件。现除陕西历史博物馆收藏 6 件以外，函皇父器早前在清代出土一批，计 1 簋 1 匜（《攈古录金文》卷 31），器盖同铭，铸 36 字，为陈介祺收藏。1933 年康克勤父子发现的这批函皇父器系第二次出土，一器与《攈古录金文》函皇父簋同铭。据郭沫若发表于《说文月刊》的跋记载："岐山王先生云：此鼎出于岐山东乡之周家桥，……除此鼎外，尚有盘一，簋二、簠一、甗一，中形鼎二，小形鼎一，簋二（一有盖有铭，一无盖无铭），同出者尚有二壶。"其中盘一、鼎二、簋一有拓片刊载。

据民国时期在西安古董市场中开设吉庆轩古玩店的李长庆回忆，民国 23 年（1934 年），扶风公秉藩①的姐夫与侄子携一青铜簋盖来西安南院门古董市场。荣茂古玩店经理张世杰见簋盖内有铭文，又系生坑出土，故十分喜欢。二人见张世杰喜欢此物，便说家中共有 7 件铜器，此次来省为携带方便，仅带簋盖为样品。张世杰意欲全部购买，但一时拿不出这么多现款，便去找吉庆轩古玩店经理李长庆，邀他入股并一起去扶风现场看货。

李长庆与张世杰随二人一起到了扶风，见 7 件铜器一字摆开放在屋子中间，没有一个破碎的，铜锈很好，有几件器物内壁还有铭文，两人都很满意。但听到需 2000 多银圆，便让其降价，最后说定现洋 1700 元整。张李二人回西安后，凑不够钱数，便邀南大街开当铺的阎瑞亭入股，商定由阎垫付 1700 元钱款，张李二人则负责购买及日后出售，售出之后由三人平分赢利。

张、李、阎三人购回这 7 件青铜器后，将其以 3200 块现洋高价全部出售给西安绥靖公署军需处处长王维之。王维之系陕西岐山人，曾在日本留学。杨虎城赴日考察时，王维之曾资助杨虎城 200 块现洋，故王维之归国后，被委任军需处处长。王维之在军需处任内常买卖古玩，买到 7 件铜器后，辗转运至上海，存放在上海保险公司地下仓库内，伺机出售。

1936 年 2 月出版的《西京金石书画集》第三集刊载了王维之所获函皇父器组 7 器拓本资料及函皇父鼎全形拓本与释文。1936 年 5 月出版的《西京金石书画集》第四集又刊载王氏藏函皇父盘全形拓本并附加《周函皇父盘》释文。王维之娶李长庆五姨的女儿为妻，李长庆在民国末年曾借王维之岳母的钱买过北魏时期平鎏金造像一尊。后王的岳母借口夺走李的鎏金造像，李与王的岳母之间从此结怨。新中国成立后，李长庆在西北历史陈列馆（陕西省博物馆前身）工作，将王的岳母夺走其鎏金造像及王购买其 7 件铜器事一并汇报给中央西北统战部部长汪峰，汪下令将这些东西全部没收充公。1952 年陕西省博物馆特派人将这批铜器从上海全部取回，入藏该馆。1991 年陕西省博物馆被分设为陕西历史博物

---

① 公秉藩（1900~1982 年），字屏轩，陕西扶风法门镇七里桥人，曾任国民革命军新编第 5 师师长、第 28 师师长、第 34 师师长。

馆和西安碑林博物馆石刻艺术馆（后称西安碑林博物馆），诸器在 20 世纪 90 年代初全部运抵新建的陕西历史博物馆收藏。①

　　1972 年，在上康村西南方向 100 米处的沟边，距地表约 1 米处发现了一件邻妘鼎。邻为妘姓国名，其地望在今河南省密县。从此器出土地点铭文内容和字体看，可能是 1933 年出土的函皇父器组中被重新埋掉的 1 件。2017 年 2 ~ 10 月，陕西省考古研究院联合宝鸡市周原博物馆对上康村东的一处西周晚期遗址进行了考古发掘，发现了大型储藏用窖穴等居址和墓葬遗存，时代与函皇父组铜器基本一致，位置紧邻函皇父组铜器窖藏。

函皇父鼎及其铭拓

　　函皇父鼎又作函皇父鼎，共有两件，较大一件通高 57 厘米，口径 49 厘米，腹围 148 厘米，立耳平缘，底近平，腹壁稍外鼓，鼎足已显示向蹄足过渡的迹象，足上部有兽面，口缘下及腹部饰窃曲纹，内铸有铭文 3 行 17 字；较小一件通高 29.5 厘米，口径 30.5 厘米，腹围 90.5 厘米，立耳，圜底，蹄形足，口下饰重环纹，内壁铸铭文 5 行 37 字。与法门寺塔下地宫内出土的物账碑有惊人的

① 罗宏才：《函皇父年世寻绎》，《书法报》2014 年 11 月 26 日。

相似之处，鼎铭明确地记载了函皇父所铸造的宝器账目，是我国现存最早的一篇青铜物账。

函皇父鼎铭文还为研究当时的礼仪制度提供了可靠的资料。从出土情况来看，青铜器都是成组配套使用的，这种形式称为组合关系。如我们常见的食器当中的鼎簋组合、酒器当中的觚爵组合、水器当中的盘匜组合等，对于组合关系的研究也是青铜器研究的一个重要方面。以往的研究主要依据墓葬或窖藏考古发掘中的出土器物而进行，函皇父鼎铭文中出现了大量的器物数量和种类，是器物组合研究的直接资料，有着重要的研究价值。

关于函皇父器组的制作时代，陈梦家先生断为孝王时器，王世民、陈公柔、张长寿《西周青铜器分期断代研究》定为西周晚期偏早时器。关于函皇父鼎铭文"函皇父作琱妘尊鼎"中的"函皇父"与"琱妘"的关系，学术界有三种解释：一是父女，这是函皇父为出嫁于琱族的女儿所作的媵〔yìng〕器；二是夫妻，这是函皇父为自己来自琱族的妘姓夫人所作的一组器物；三是母子，函皇父器组也有可能是为母亲所作器物。

李学勤先生认为函皇父又作仲皇父，其行次为仲，从《诗经·常武》可知，皇父曾任太师，所以柞钟等铭中的仲太师可能即指函皇父。[①] 刘士莪先生认为函皇父活动于幽王之世，这个家族应是姬姓。[②] 李峰先生认为琱氏是妘姓，琱生诸器中的"琱生"就是由这个琱氏宗族嫁入西周望族召氏宗族的女子所生的儿子。[③]

函皇父鼎是商周时代为数不多的作器者姓名见于史料的青铜器之一。《诗经·小雅·十月之交》是西周时代著名的政治诗篇，作者记叙了当时日食、地震等灾变，控诉周王无道、政治混乱，以致招来天谴。诗中记录了几个当时把持朝政的要员，第一个就是"皇父卿士"，即函皇父。

《十月之交》的写作年代历来有争议，早在汉代就有周厉王世和周幽王世两说，这直接影响到函皇父鼎的断代。近代以来，以郭沫若为代表的大部分学者倾

① 李学勤：《青铜器与周原遗址》，《西周微氏家族青铜器群研究》，文物出版社，1992。
② 刘士莪：《周原青铜器中所见的世宫世族》，《周秦文化研究》，陕西人民出版社1988年。
③ 李峰：《西周宗族社会下的"称名区别原则"》，《文汇报》2016年2月19日第15版。

向于将《十月之交》的写作时代定在周厉王世。也有学者从诗中记载的灾变与史籍记载对应的情况分析，并用现代科学手段推算诗中所说的日、月食的时间，认为《十月之交》作于周幽王时代。如果将来散失的函皇父器群能够有更多的器物面世，提供更多的金文材料，或可最终解决这一问题。

淳化大鼎

——迄今出土最大、最重的西周青铜器

　　1979 年 12 月 10 日，淳化县石桥公社史家塬村村民许万军在自家地坑院南侧取土挖窑时，突然挖到一根碗口粗的东西悬在窑顶之上，他以为是个树根，出于好奇，就顺着树根向下挖，最后越挖越大，发现是一只悬空的大铜鼎。许万军轻轻一碰，大鼎就滚落在了院中。大鼎底下还有两个像小花盆一样大小的小铜盆一并出土。许万军立刻让小弟许山民叫回父亲许文芳定夺。许文芳是村党支部书记，正在带领群众在咀头沟修水库。许文芳回家后见此物很是吃惊，立即让长子许万军去县文化馆报告。许万军骑着自行车到文化馆报告后，县文化馆干部姚生民和另外一名干部马上来到许家，后用车把大鼎运走。

　　经考古人员对铜鼎出土地发掘清理，发现了一个包括十余所墓葬和车马坑在内的西周墓葬群。出土淳化大鼎的古墓规模不大，之前被盗过，除大鼎之外，还有几件簋，都是西周青铜器中的精品。从形制和棺椁划分，该墓不是西周王、后陵墓，只是中型墓葬，其墓主人的等级当为诸侯或大夫，惜经盗扰，殉奴和其他随葬品已不清楚。① 因为没有铭文和族徽，淳化大鼎至今无法确认墓主人的身份，以致长期深藏在库房中不为人所知，就是在网络上也很难查到其相关资料。而且，淳化县一带不是周人活动的核心区域，并未分封什么。这些都给淳化大鼎

---

① 淳化县文化馆：《陕西淳化史家塬出土西周大鼎》，《考古与文物》1980 年第 2 期。

增添了神秘感。

淳化大鼎之所以成为国之重器，原因有三。一是体量巨大。淳化大鼎造型魁伟、深厚凝重，其造型基本保持了商代晚期胎壁宽厚、形体恢宏、凝重壮阔的风格。大鼎通高 122 厘米，口径 83 厘米，耳高 28.6 厘米，腹深 54 厘米，重 226 千克，是迄今世界上最大、最重的西周青铜器，也是迄今出土圆鼎中最大者。商代的青铜鼎普遍以厚重为主，如后母戊鼎重达 832 千克。西周的青铜鼎则以精美为主，在重量上普遍较小，如著名的大盂鼎通高 102.1 厘米、重 153.5 千克，大克鼎通高 93.1 厘米、重 201.5 千克，相比淳化大鼎都稍逊一筹。

二是器形独特。淳化大鼎因体形太大太重，除口沿上有两耳外，器身腰部亦有三耳，形如酒器中的斝。一般的鼎大多只有口沿耳，淳化大鼎腰部却有三只兽首屈舌鋬，为以往出土铜鼎所未见，故又名为兽首屈舌鋬鼎、兽面纹五耳鼎。

三是出自墓葬。传世名鼎多出于窖藏，淳化大鼎是出土于墓葬的第一件，在考古历史方面具有重要意义。

除了独特的三耳，淳化大鼎腰部龙纹和兽面纹的结合也很有特色。三面各有两只夔龙，与中间的扉棱组合在一起看，则形成了一张由扉棱为鼻的兽面，即饕餮纹；三张兽面的扉棱

淳化大鼎

下各有一只逼真的牛首浮雕，如同饕餮欲吞食牛，起威慑之用，所以也称牛首夔龙纹鼎、龙纹鼎等。

淳化大鼎的三足为柱形足，上下两端粗，中部细，鼎足上部空陷，底内形成 3 个直径约 17 厘米的圆窝。从鼎足上可看出青铜器变迁的过程，最早的商鼎，足上粗下细；西周中后期，则渐渐流行起兽蹄足，上细下粗。淳化大鼎正是处于

这两种阶段之中，承上启下。

淳化大鼎现藏于淳化县博物馆。1982 年，中国人民邮政发行 T75《西周青铜器》邮票 8 枚，淳化大鼎（牛首夔龙纹鼎）为主图之一。1996 年 6 月 5 日，淳化大鼎经全国历史文物鉴定专家组鉴定为国宝级文物。2002 年，淳化大鼎成为中国首批禁止出国（境）展览文物。

善夫山鼎

——西周晚期的高纪年青铜器

善夫山鼎为 20 世纪 60 年代乾县农民李培乾捐献给陕西省博物馆的一件青铜器，其来源据说为解放前在麟游、扶风、永寿交界处的某沟内出土，后经考古人员调查，系出土于永寿县店头乡好畤河村。

善夫山鼎通高 45 厘米，口径 42 厘米，腹围 125 厘米，腹深 21 厘米，重 28.1 千克。圆形，折沿，立耳，鼓腹，圜底，蹄足。口沿下饰重环纹，腹部有弦纹一道。

善夫山鼎内壁铸铭文 12 行 121 字，含重文符 2 个，为一篇册命铭文。铭文对西周册命仪式、册命内容及赏赐物品进行了较为完整的记录。首先是册命仪式，王三十七年正月庚戌这一天，周王在周的一座宫室册命善夫山，由南宫乎引领善夫山进门，善夫山面北立于中廷，周王令史奉宣读命辞。其次是册命内容，命善夫山为"饮献人"，并且赏赐善夫山玄衣黹屯、赤市朱黄、銮旗等物。最后是善夫山稽首谢恩，祈福子孙的内容。

按照西周礼仪，这些王命最初是书写在简书上，当庭进行宣读，最后才被铸刻在铜器上以资纪念。由于时间久远，当时的简书已经无法保留到现在，但其内容却以铜器铭文的形式保存了下来，因此这些册命文字实际具有王室档案的性质。青铜器册命铭文真实记录了当时的册命制度和礼仪，并且实录着当时的王命。册命铭文发现最多的时期是西周中晚期，但这并不表明西周早期没有册命制度，只是当时还没有在青铜器上铸刻册命铭文的习惯。

"善夫"为西周时的一种职官，现已发现记录有"善夫"内容的铜器20余件。郭沫若、杨树达及日本学者白川静等皆认为"善夫"就是《周礼·天官》中的"膳夫"。膳夫为王的近臣，不仅专门管理王、王后和世子的日常饮食，还兼管祭祀、宴飨等一切礼节上所需的食品。

善夫山鼎铭文中的"惟三十又七年正月初吉庚戌"，是已知西周金文中纪年较高的一例。据文献记载，西周晚期在位达三十七年的周王只有厉王和宣王。善夫山鼎铭辞开首年、月、月相、日期干支等四要素齐全，因此这件器物在铜器断代的研究中被广泛使用。

关于善夫山鼎的时代，陈梦家、日本学者白川静将善夫山鼎和毛公鼎对比，认为其属于夷王时器；李学勤将善夫山鼎和西周

善夫山鼎

厉宣年间的毛公鼎、无鼎、南宫乎钟、颂鼎等相关方面进行比较分析，认为善夫山鼎年代应置于厉王时期。[1] 李伯谦先生在研究眉县出土的青铜器后认为是周宣王时器。[2] 王世民、陈公柔、张长寿《西周青铜器分期断代研究》定为周宣王时器。朱捷元、黑光、刘启益、王宏等也断为周宣王时器。《夏商周断代工程1996～2000年阶段成果报告·简本》在表七"西周时期四要素俱全的青铜器分期断代表"中定为宣王前后器，但在介绍推定西周王年的七个支点第二个支点

①　李学勤：《大盂鼎新论》，《郑州大学学报（哲学社会科学学报）》1985 年第 3 期。
②　李伯谦：《陕西眉县出土窖藏青铜器笔谈》《文物》2003 年第 6 期。

善夫山鼎铭拓

"晋侯苏钟与厉王三十二年"时，则认为"鼎的历日不合于宣王，考虑到其形制、纹饰接近于厉末至宣初的颂鼎等器，其时代应属厉王"。同时认为，善夫山鼎铭还证明了《史记·周本纪》中记载的厉王三十七年奔彘说是可信的。在后面的表八"西周金文历谱"中，则直接将善夫山鼎的时代列为厉王三十七年。

李学勤先生和刘启益先生通过对善夫山鼎、仲偁父鼎和叔硕父鼎的研究，发现了一个金文人物关系链：周夷王应至少有两个儿子，一个是周厉王，其子继位为周宣王；另一个儿子叫监伯，为南申国大宰，其有一子就是仲偁父，一女监姬。监姬之夫为叔硕父，两人的儿子叫善夫山，也是周夷王的曾外孙，仲偁父与周宣王是伯叔兄弟。李学勤先生则以监伯名字中既有"伯"，则可能为夷王之长子，因早丧未承王位，则其女可能生活在厉王前期，判断善夫山应在厉王后期活动可能性较大。①

善夫器传世较多，有善夫克鼎、善夫克盨、善夫吉父鬲、善夫吉父簠、善夫

---

① 李学勤：《膳夫山鼎与周厉王在位年数》，《中华文史论丛》2011 年总第 4 期。

梁其簋等。此外，还有附见于其他器铭中的善夫若干事。

吴虎鼎

——国家夏商周断代工程分期断代研究的
第一个支点器物

1992 年，长安县（今西安市长安区）黑河引水工地出土一件铜鼎。县文管会闻讯后，立即派人追回了铜鼎。据考古人员现场勘察，鼎出土于县城南约 2 公里的申店乡徐家寨村南，由于在工地被推土机施工时推出，破坏严重。

鼎为立耳，小平沿，半球形深腹，蹄足。口沿下饰窃曲纹带，窃曲纹为变形夔凤纹，中间有目，下衬一道弦纹。腹底三足间有三组弦纹，每组两道。鼎通高 41 厘米，口径 40 厘米，耳高 7.9 厘米，耳宽 9.5 厘米，足高 18 厘米，足径 4 厘米，壁厚 0.5 厘米，总重 15.4 千克。鼎一足脱裂，后经焊补。口沿下有一处断裂，长度共计 24 厘米。鼎底有较厚的烟炱，字口及纹饰也有烟炱痕迹，说明鼎为实用器。[1]

1997 年，长安县博物馆清查库房文物，在剔除器物土锈时，发现鼎腹内壁有铭文，共计 16 行 165 字，其中重文符 2 个。由于一足脱裂，造成了几个字残缺不全。铭文主要记述了周王授予吴虎土地的事实，作器者吴虎接受了周王所授之地，并记录了疆界四至。

从形制、纹饰看，吴虎鼎具有明显的西周晚期特征。据李学勤先生考释，铭文中的"吴虎"非吴氏，"吴"当读为虞衡之虞，是官名。铭文中"周康宫夷宫"当为夷王之庙，而铭文中的"剌王"当为厉王，认为铭中"有夷王之庙，又有厉王之名，所以鼎作于宣王时全无疑义"。[2]《夏商周断代工程1996～2000

---

① 穆晓军：《陕西长安县出土西周吴虎鼎》，《考古与文物》1998 年第 3 期。
② 李学勤：《吴虎鼎考释——夏商周断代工程考古学笔记》，《考古与文物》1998 年第 3 期。

年阶段成果报告·简本》定为宣王十八年（前810年），认为是西周晚期年代的一个重要支点。① 王世民、陈公柔、张长寿《西周青铜器分期断代研究》定为宣王时标准器。张闻玉先生则认为，器铭历日不等于铸器时日，吴虎鼎历日

陕西古代青铜器

SHAAN XI ANCIENT BRONZE VCESSELS

是叙史，与周厉王十八年天象吻合。② 今大多学者认为吴虎鼎系宣王时器。

吴虎鼎的最大价值在于为历史断代研究提供了支点，国家夏商周断代工程确定的西周王年7个支点中青铜器只有5件，而吴虎鼎则是其一，也是第一个支点。这7个支点所依据的材料分别是：

1. 吴虎鼎与宣王十八年

2. 晋侯苏钟与厉王三十三年

吴虎鼎

3. 古本《竹书纪年》"天再旦"与懿王元年

4. 虎簋盖与穆王三十年

5. 鲜簋与穆王三十四年

6. 静方鼎与古本《竹书纪年》昭王元年

7. 《尚书·召诰》《毕命》历日与成王、康王元年

这7个支点既是构成金文历谱的重要元素，也可以用来检验金文历谱是否合理。学术界现一般认为宣王时已有确切纪年，宣王十八年即公元前810年。由于

① 夏商周断代工程专家组：《夏商周断代工程1996～2000年阶段成果报告·简本》，世界图书出版公司北京分公司，2000年。

② 张闻玉：《吴虎鼎与厉王纪年》，《六盘水师范高等专科学校学报》1999年第1期。

吴虎鼎铭拓

有了宣王纪年的准确定点，将吴虎鼎铭文中记载的日历作为西周晚期年代的一个支点，恰好验证《史记》中的纪年是可信的。

吴虎鼎的另一大价值就是反映了西周晚期的土地制度。从鼎铭中可知，周王授予吴虎土地之事，是由厉王决定的，但却没来得及实行。时王（即宣王）即位后，重申了厉王的命令。可见在西周晚期，土地授予须由王下达命令，且程序较为严格。在王廷下达命令后，膳夫丰生和司工雍毅踏勘田地边界，内司徒寺糅丈量道路，尹友守史记录疆界勘察等事，最后吴虎答谢膳夫丰生等人。①

此外，吴虎鼎铭文中还有关于十三月（闰月）的记载。西周青铜器铭文中提及十三月的还有匐尊、婴尊、婴卣、小臣静簋、牧簋等，但六件"十三月"青铜器中匐尊、婴尊、婴卣、小臣静簋均无王年，极难断代和考证，铭文中王年、月份、月相、日干支齐全的只有牧簋和吴虎鼎。吴虎鼎铭文："隹十有八年，十又三

---

① 张懋镕：《吴虎鼎铭座谈纪要》，《考古与文物》1998 年第 3 期。

月既生霸丙戌……"若按吴虎鼎是周宣王十六年十三月铸造的，这一年推算正好是闰年。经过夏商周断代工程组推排，西周共和元年也正好是公元前841年。

王作仲姜鼎

——西周时代的重要王器

1981年3月20日下午，眉县青化乡油坊堡村薛彦勇等十多位村民在村南挖土时，发现一座西周青铜器窖藏，出土两件青铜鼎，他们小心翼翼将器物挖出后拉回家里。恰逢该村在县橡胶厂工作的一位工人回家休假，看到器物后也主张报告国家。薛彦勇当即委托此人回县城向有关部门报告此事。

3月22日下午，正在眉县开展工作的宝鸡市文物普查队与眉县相关部门闻讯前往油坊堡村查看，经辨识，大鼎的腹内铭文为"王作仲姜宝鼎"六字，证实大鼎为西周时期的青铜鼎。由于当时文物征集的基本原则是依据重量予以奖励，就让薛彦勇找来一杆大秤，经秤后，大鼎重33千克，小鼎重12千克。

3月24日上午，宝鸡市文化局文物科长尹盛平专程赶到眉县观看器物，肯定器物年代为西周中期，属于西周王器，实属少见。同时要求天晴后尽快到现场提取资料，县文化馆也尽快组织人力宣传报道薛彦勇等村民自觉保护文物的

王作仲姜鼎

精神，以及奖励经费的申报等事宜。

经考古人员初步调查，窖藏位于第四生产队村南250米处，这里是渭河一级台地，北距渭河1000米左右，南边紧靠渭河二级台地的北缘。窖穴周围有西周遗址和墓葬。群众在此平整土地时，曾挖出不少人骨和西周陶片。遗址中西周文化层厚约40～60厘米，包含物有西周陶片、骨片。可以识辨的器形有鬲、罐、盂、瓮等。鬲多矮足，低裆；罐多侈口，平缘外折，曲颈，斜肩。时代均为西周晚期。

窖藏出土的两件青铜鼎一大一小，大鼎立放坑内，陶罐放在大鼎腹内，小鼎倒扣在陶罐之上。

大鼎为王作仲姜鼎，敛口，平沿外折，方唇，立耳，下腹向外倾垂，底部微弧，柱足，足根带棱脊。通高54.3厘米，腹深21.1厘米，口径41厘米，腹径48厘米，壁厚0.4厘米，重33千克。口下饰一周窃曲纹，分为五组，以细雷纹填底，足根部饰细雷纹填底的饕餮纹。耳侧作二道凹槽。鼎的下腹有数处铸补痕，底部有厚厚的烟炱。内壁铸铭文两行六字："王乍（作）中（仲）姜宝鼎。"

小鼎为窃曲纹鼎，形制、花纹均与王作仲姜鼎相同。通高39厘米，口径29厘米，腹径33厘米，腹深20.5厘米，重12千克。由于长期使用，器底亦留有铸补的痕迹和厚厚的烟炱。

王作仲姜鼎和窃曲纹鼎的形制、纹饰完全相同，大小相次，应是一套列鼎中的两件。窃曲纹鼎中的铭可能系脱铸。王作仲姜鼎先后藏于眉县文化馆、宝鸡市博物馆，后调拨到陕西历史博物馆。

这两件鼎的造型介于大盂鼎和散伯车父鼎

王作仲姜鼎铭拓

之间，比大盂鼎的腹浅、足矮，又较散伯车父鼎的腹深，且向外倾垂，足亦不像散伯车父鼎那种向蹄形足过渡的式样；花纹不是饕餮纹，亦和散伯车父鼎的窃曲纹有别。表现了由饕餮纹向窃曲纹演变的中间类型，还留有饕餮的眉、目、鼻的遗痕，而嘴及躯体的形状已失。大盂鼎是西周康王时期的标准器，而散伯车父鼎是西周中期晚段的器物，故王作仲姜鼎应是西周中期前段之物，即周穆王、周恭王二世时。

王作仲姜鼎铭文中的"王"是指周天子还是异姓诸侯王，尚无定论。若仲姜为王妃，则不应该只拥有两件铜鼎，最少应该有五件以上，推测可能是在漫长的使用过程损坏或者遗失。

此前与眉县毗邻的周至县曾多次出土与姜姓有关的铜器，1972年4月，周至县竹峪公社出土的太师簋，铭文是"太师作孟姜全簋"；1974年1月，周至县城关附近出土一件王簋，铭文为"王作姜氏尊簋"，这些都是为姜姓女子作器。《诗经·大雅·崧嵩》载："我遣申伯，路车乘马。我图尔居，莫如王土。赐介尔圭，以作尔宝。往矣王舅，南土是保。申伯信迈，王饯于郿。"汉代郑玄笺云："郿，地名，属扶风，今为县。"汉代郿县故址在今陕西眉县渭河北岸。《崧嵩》是周宣王时的诗，申伯为周宣王的舅舅，申国为姜姓，故周厉王的妻子称申姜。这些为姜姓女子所作的青铜器，可能都与申国的故地在眉县一带有关。①

颂　鼎

——研究西周册命礼仪的重要资料

颂鼎共有3器：上海博物馆、北京故宫博物院、台北故宫博物院各藏1件。

颂鼎为西周晚期周王室的一位姓龚名颂的史官铸造的一组青铜礼器之一。颂器群中，除了颂鼎，还有颂簋、颂壶。颂簋器、盖俱全的有6组，曾分别被刘喜

---

① 刘怀君、任周方：《眉县出土"王作仲姜"宝鼎》，《考古与文物》1982年第2期。

海、刘鹗、吴式芬、端方等人收藏，此外，尚见两个单独的簋盖。其中，山东博物馆藏的"颂簋"为刘喜海的旧藏，刘鹗、吴式芬旧藏的颂簋现分别收藏在北京故宫博物院、上海博物馆，端方旧藏的现藏美国堪萨斯市纳尔逊美术陈列馆，陈介祺收藏的1件颂簋盖后归上海博物馆，日本兵库县黑川古文化研究所也藏有1盖。"颂壶"有2件：中国国家博物馆藏1件，但器盖丢失；台北故宫博物院藏1件。

　　颂鼎、颂簋、颂壶为西周著名的"三颂"铜器，传清代中叶出土于陕西，是夏商周断代工程纪年、纪月、纪日，编序号为56的全名器。

　　三件颂鼎形制相似，大小有别。
均体呈半球形，深腹，直口圈底，二立耳，窄折沿，三蹄足，口下饰二道弦纹，器壁铸铭文152字。北京故宫博物院的颂鼎通高38.4厘米，口径30.3厘米，重7.24千克，内壁有铭文14行152字；上海博物馆的颂鼎通高31.4厘米，口径32.9厘米，重9.82千克，内壁有铭文15行152字；台北故宫博物院的颂鼎通高25厘米，腹深13厘米，口径25.7厘米，重4.935千克，内壁有铭文22行152字。颂鼎、颂簋、颂

颂鼎

壶基本同铭，颂壶与颂鼎铭文仅有一字不同，颂簋与颂鼎铭文有个别字的出入。

　　关于颂鼎的年代，学者研究说法不一。郭沫若《两周金文辞大系图录考释》定为恭王时器；陈梦家《西周铜器断代》和唐兰《西周青铜器铭文分代史征》定为懿王时器；日本白川静《金文通释》定为孝王时器；马承源《商周青铜器铭文选》、彭裕商《西周青铜器年代综合研究》定为宣王时器；刘启益《西周纪年》定为厉王时器；《夏商周断代工程1996~2000年阶段研究成果报告·简本》和王世民、陈公柔、张长寿《西周青铜器分期断代研究》定为厉王前后器；李学勤、张

鼎

故宫博物院藏颂鼎铭拓

懋镕认为是幽王时器。

　　颂鼎铭文共有六段,大意为:周王三年五月甲戌之晨,周王在周地康王庙里的昭王庙即位;受命者颂在宰的引导下入门立于中廷,尹氏将周王的册命书授于史官虢生宣读,内容为命令颂掌管成周有 20 家胥隶的仓库,监管新造的宫内用品仓库;赏赐给颂命服、旗子和马具等;颂拜稽首受命,带着有王命的简册退出中廷,然后又重新返回向周王献纳瑾璋;颂为答谢和宣扬天子的厚德美意,因而做了祭奠其死去的伟大父亲龚叔、母亲龚姒的宝鼎,以对先人行孝道,祈求康福、长命,永远臣事天子。第一段记述册命的时间、地点,第二段记述册命仪式,第三段记述册命授职,第四段记述赐命赐物,第五段记述仪式的完成,第六段是祝愿辞。

　　从史学角度来看,这篇铭文记载西周王朝中册命典礼的时间、地点、王位、受命者等,是研究上古政治史的重要资料:1. 周王即位;2. 佑者带被册命者入庙门立于庭中;3. 尹氏出示命书;4. 史官宣读命书;5. 命书分两部分,一是任命职司,二是赏赐物清单;6. 受命书,佩带而出;7. 返回,献纳用于觐见的玉璋。这里的 7 项仪注，是我们认识当时礼制的珍贵资料。① 铭文通过记述颂被周宣王册封的经过，客观而具体地介绍了西周册封、奖赐诸侯等公卿的具体仪式和礼仪，同时也介绍了贵族被册封后铸鼎纪念、光耀祖宗、福荫子孙的习俗与说辞。这样完整记录册命礼仪的文体在西周青铜器铭文中是不多见的，对研究西周时期的册命制度具有重要价值。

从文字学角度看，颂鼎铭文是最为成熟的大篆文字之一，字形规范整饬，端正匀称，大小相近，完全可以称为大篆字体的具有代表性的规范字。而且，它还和秦石鼓文一样被誉为汉字演变历史上的里程碑，形象而真实地展示了汉字从甲骨文到秦篆演变的轨迹。

从书法角度来看，颂鼎铭文为西周晚期金文大篆中最为成熟的书法作品之一，被后人誉为临习金文的最佳范本之一。颂鼎铭文通篇布局有序，行列整齐；笔画粗细匀称，规范整饬而有变化。既蕴含着书写者的个性，又不失西周晚期形成的统一章法，为金文书法中个性化与理性化的典范。

𫗧 鼎

——对吴大澂影响最深的青铜器

𫗧鼎又称眉鼎、眉能王鼎、师眉鼎、微子鼎，通高 23.2 厘米，口径 19.9 厘米，腹深 12.8 厘米，重 2.9 千克，下腹向外垂，双立耳，因器有铭文"王为周𫗧〔kè〕赐贝五朋"，故名"𫗧鼎"。𫗧古通恪，吴大澂考证"𫗧（恪）"为"客"字的异文。𫗧鼎有铭文 28 字："祝人师眉嬴，王为周𫗧赐贝五朋，用为宝，器鼎二，簋二，其用享于厥帝考。"传清代同治、光绪间出土于凤翔一带，为凤翔著名儒商周氏家族所藏。

---

① 丁孟：《颂鼎》，故宫博物院官网。

愙鼎及其铭拓

光绪二年（1876年）吴大澂督学陕西，在长安见到凤翔周氏所藏西周古鼎，十分喜爱，后在三原易得。初吴大澂定名为"微子鼎"，后著《愙斋集古录》时更名"愙鼎"。顾廷龙《吴愙斋先生年谱》载："光绪二年丙子三月，吴大澂在西安获一鼎，该鼎铭文中有一字，吴氏释为愙并称其为鼎。"近代党晴梵所著《华云杂记》上卷《周愙鼎》云："清光绪二年，凤翔周氏以所藏鼎一，携之长安，装潢座、盖、木匣，将备陈设之具。鼎高五寸，口径五寸五，口花一道，底花为雷纹，外有夔龙四，足高二寸五，圆锥形，耳高一寸五，青铜质。时吴县吴清卿先生督学陕西，见之，以为寰宝，周即以鼎赠。"吴大澂在自藏愙鼎全形拓本题跋中说："光绪丙子三月，获是鼎于长安。……是鼎为凤翔周氏所藏，其友人携至三原，余以百金购之。"

吴大澂为清代同治年间进士，历任陕甘学政和广东、湖南巡抚等，又是著名金石学家。吴大澂36岁时入李鸿章幕府，并得到朝中巨子·潘祖荫、翁同龢等人交口称贤，仕途顺遂，屡屡升迁。38岁左右开始倾心古彝器收藏与研究，由于他擅长书法和绘画，能准确描摹复制所藏古器物的器形和文字，使珍贵资料和精湛的研究成果得以较好流传。吴大澂虽终生致力于金石书画之收藏研究，过眼珍品不下万余件，然对其影响最深并促使其长期以一件青铜器作为斋名者，则为西周中期重器"愙鼎"。为了表达自己对愙鼎的珍视，他将自己书斋命名为"愙斋"，并有"愙斋""愙斋所得金石""愙斋所见金石""愙鼎斋古金文"等斋号印数种，晚年更自称"愙斋先生"而为人熟知。吴大澂自己在其后的著述中多用愙斋题名，如《愙斋藏器目》《愙斋藏石目》《愙斋所藏封泥目》《愙斋公手书金石书画草目》《愙斋藏书画目》（吴湖帆抄本）等，虽然吴大澂也有其他斋号，但"愙斋"是他一以贯之的固定名号，并以"吴愙斋"的固定称号行于世，于此足见愙鼎在他心目中至高的位置。

吴大澂还考证出此鼎为宋微子之鼎，并作《愙鼎歌》抒怀，并很快将此事写信遍告潘祖荫、陈介祺、王懿荣等金石界好友，寄赠愙鼎拓片共同欣赏。传说后来吴大澂生病，"愙鼎"被家奴趁乱盗出，贱售于端方，端方获宝大喜，著录于《陶斋吉金录》。其后，端氏后人贫困之时想出售愙鼎，罗振玉听到后及时转告王君九（又名王季烈），王氏又转告吴大澂嗣孙吴湖帆。鸥夷《为愙鼎访吴湖帆记》中曾记吴湖帆告知愙鼎重金购回的情形："民国七年冬，王君九先生闻雪堂言，端氏后人为度岁谋，将以鼎求沽，转告湖帆，迨复书驰抵君九，已为历城柯燕舲捷足先得。柯氏与南皮张为姻娅，而吴氏与张氏亦至戚，故柯氏知鼎为吴氏家宝，藉张氏答允归赵意，顾索巨值，经年议不洽，自后不相闻问者二十余年。迄民国三十年春，集宝斋主人孙仲渊获见是鼎于故都鉴古斋，询知为柯氏物，及电告湖帆，湖帆乃不复因循，复仲渊，委以重值，委以全权，于故物复归旧主，相失已四十四年矣。"在吴湖帆的努力下，愙鼎最终回归吴家，列入"梅景四宝"。为了庆祝这一件喜事，吴湖帆邀约诸友作金石雅集，制作愙鼎全形拓本 100 份，并广征题咏，绘图纪事。1949 年，吴湖帆将愙鼎捐献给了苏南文物管理委员会，后入藏南京博物院。①

上海博物馆收藏有一件愙簋（也作师眉簋），铭文与愙鼎相近。按照愙鼎铭文，愙鼎和愙簋应各有两器，另一件愙鼎和愙簋目前尚未面世。

关于愙鼎的出土地点，现已无法考证。1960 年扶风县召陈村西周窖藏出散伯车父诸器，1973 年岐山县贺家村 3 号周墓出有伯车父盨两件。有学者认为愙就是散，散伯车父可能就是愙伯车父。《说文》散字作㪔，另有㪔字。段玉裁认

---

① 孙迎庆：《吴大澂与愙鼎》，《姑苏晚报》2011 年 3 月 20 日。

为惬以窓为声，今惬行而窓废，但这只是根据小篆分析，没有金文的根据。在现有铜器铭文中，还看不出散与窓的联系。

曶 鼎

——记载西周奴隶价格的唯一史料

曶［hū］鼎，器物早已遗失，仅存铭文拓本。清阮元《积古斋钟鼎彝器款识》、郭沫若《两周金文大系图录考释》、日本白川静《金文通释》、中国科学院考古研究所《商周金文集成》等都有著录；清嘉庆二年（1797 年）《山左金石志》载有摹本。最早著录的是阮元《积古斋钟鼎彝器款识》卷四。据称，曶鼎原为晚清学者毕沅在西安所得，鼎高 2 尺，围 4 尺，深 9 寸，款足作牛首形。今学者大多认为出土地点当在今陕西扶风一带，但确切地不得而知。上海博物馆1987 年征购了一件仿曶鼎，之所以征集这件仿品，主要是因为曶鼎无任何器形存世，这件仿品铸铭极佳。①

制鼎人"曶"一说作"舀"或"昌"。郭沫若先生早年释为"舀"，晚年在重版《奴隶制时代》时改用"曶"。"曶"字较为生僻，但在西周时常用作人名，古代典籍中常写作"忽"。1978 年，湖北随县擂鼓墩 1 号墓出土的漆器上有"曶"字，证明释为"曶"是正确的。

嘉庆二年（1797 年）毕沅逝世后，曶鼎就不知所往，或说沉于太湖，或云毁于兵燹。其制作时代诸多学者肯定在西周中期，但具体王世和年代却分歧很大。王国维先生定为西周中期；董作宾、唐兰先生定为恭王器；陈梦家、容庚、张闻玉、王辉先生定为懿王器，郭沫若、刘启益、吴其昌先生定为孝王器；马承源先生在《中国古代青铜器》中定为恭王时器，后在《西周金文和周历的研究》

---

① 李朝远：《曶鼎诸铭文拓片之比勘》，《上海文博论丛》2009 年第 1 期。

一文中定为懿王时器。

　　智鼎铭文有数种传世拓本，大致可以分为未剔本和已剔本两类。智鼎在出土时铭文之上多有锈掩，在未除锈的情况下所拓印的拓片即是未剔本，而除锈以后所拓的拓片则称为已剔本。智鼎铭文自发现以来即受到重视，边政曾辑印《智鼎八家真本集存》。智鼎铭文对于西周历谱、社会制度等方面的研究均具有重要的意义，自其现世以来，学者论著颇多，但因为铭文篇幅较长且缺字甚多，关于其理解一直以来聚讼不已。

　　智鼎铭文今存拓本多有缺字，铭文共 24 行，现存 380 个字。清代学者钱站将其铭文拓本并收藏，现拓片下沿已残，每行缺 1 或 2 字，全文应有 400 余字。郭沫若在《奴隶制时代》《中国史稿》中重点阐述了智鼎内容，肯定它是记载西周奴隶价格的唯一史料。谭戒甫曾撰《西周"舀"鼎铭文综合研究》作详细研究。此外，智鼎铭文隽秀端庄，笔势较为自由，是这一时期金文中的代表作。

　　智鼎铭文内容分为三个部分。第一部分讲周王元年六月的乙亥日，周王在穆王大室册命作器者智，命令他继承祖考的职司掌管周王朝的卜事；井叔还赏赐了智，智遂作鼎以为纪念。

　　第二部分铭文记载同年四月丁酉日，井叔在异这个地方审理讼事，智派家臣允代表自己到井叔那里控告效父及其家臣限。原来，智用一匹马和一束丝从效父那里赎得 5 名奴仆，然而限却背信弃约，并要另行订立交换条件，因此发生了这场诉讼。铭文中井叔是王朝大臣，其名见于免簋等青铜器铭文；智和效父是身份相近的贵族；允是智的家臣；限是效父的下属或子弟。智、允一方是诉讼的原告，效父、限一方是被告。

　　第三部分追述往昔饥荒之年，匡氏和家奴 20 余人，强抢智的禾给匡，智遂控告到东宫那里。东宫判处说让匡交出强抢禾的人，如果不交出来，匡就将被重罚。匡氏乃向智稽首，并且赔偿了损失。

　　智鼎铭文记载了"五夫"和"寇禾"两个案例，因为文字释读等原因，两个案例一直以来存在争议，学者们对案情有多种不同的理解。但从智鼎铭文中，我们可以对西周中期的社会制度有一个初步的了解。

曶鼎铭拓

曶用金钱向效父和限赎人，双方立约得到法律保证。效父一方背约，井叔即予以严厉斥责。同样，即使在饥荒的威胁下，匡氏和奴隶侵犯了曶的粮食，曶的所有权还是受到保护。曶用金钱向效父、限赎人，双方私下立约，受到法律的保护，井叔对违约方责令其按约行事，这体现了当时社会对誓约的严肃态度。

曶虽身份不高，却可以不必亲自出庭，而是派家臣代表，这与岐山出土的 㑰匜铭文中控告牧牛的官长不出席审讯的情形相同。可见，周代大夫以上的贵族可以不亲自参加诉讼。这也与《周礼·小司寇》中"凡命夫命妇，不躬坐狱讼"记载吻合。

曶以金赎人，让他们回家种田，恢复原来的自由人身份，可见那时的奴隶是可以赎免的。① 曶所出百锊便是五人的赎免代价，一锊相当于一朋半，百锊即一

---

① 谢凌：《稀世珍拓——〈曶鼎铭〉》，《四川文物》2002 年第 4 期。

百五十朋。

　　智是太卜之类的卑官，与上代的官职相同，其家道却很殷实。他有封邑、土地、奴隶、家臣，能用百锊去赎人，在荒年时尚有粮食收成。卫盉的器主卫，不过是小小的司裘，也占有不少田地和财富，可与智相比。匡季的身份也较低，然而他的家族也拥有较多土地和奴隶。这些都显示出西周中期社会贫富差距相当悬殊。①

　　1976 年，陕西周原考古短训班在周原遗址一带发掘了部分墓葬，出土了一批青铜器，其中有智尊一件，当与智鼎为同一人所作。此外，金文中以智为名的作器不下 10 件，诸器年代由西周穆王、恭王延伸至厉王时期，可见在不同时期都曾出现了同名为"智"的人物。②

尸臣鼎
——历史上出土的第一件详载铭文青铜器

　　《汉书·郊祀志第五下》载，西汉宣帝刘询神爵四年（前58年），"美阳得鼎献之"。秦孝公时设美阳县（今扶风县北），属古岐周地。西汉皇帝崇尚方术，以为青铜器的出土是一种祥瑞的征兆。一班朝臣也阿谀奉承，多数公卿大臣认为应效法武帝将此鼎供奉于宗庙，并改换年号。

　　京兆尹③张敞喜好古文字，识辨鼎铭后上奏道："臣闻周祖始乎后稷，后稷封于邰，公刘发迹于豳，太王建国于岐梁，文武兴于丰镐。由此言之，则岐梁丰镐之间乃周旧居也，固宜有宗庙坛场祭祀之藏。今鼎出于岐东，中有刻书曰：

---

　　① 李学勤：《青铜器与古代史》，台湾联经出版事业股份有限公司，2005 年。
　　② 张光裕：《新见智簋铭文对金文研究的意义》，《文物》2000 年第 6 期。
　　③ 京兆尹：中国古代官名，为三辅（治理京畿地区的三位官员，即京兆尹、左冯翊、右扶风）之一，相当于今日首都的市长。

'王命尸臣，官此栒邑，赐尔旂、鸾、黼黻［fǔ fú］、瑂戈。尸臣拜手稽首曰：敢对扬天子丕显休命。'臣愚不足以迹古文，窃以传记言之，此鼎殆周之所以褒赐大臣，大臣子孙刻铭其先功，臧之于宫庙也。昔宝鼎之出于汾脽也，河东太守以闻，诏曰：'朕巡祭后土，祈为百姓蒙丰年，今谷口兼未报，鼎焉为出哉？'博问耆老，意旧藏与，诚欲考得事实也。有司验脽上非旧臧处，鼎大八尺一寸，高三尺六寸，殊异于众鼎。今此鼎细小，又有款识，不宜荐见于宗庙。"宣帝刘询认为张敞言之有理，既然此鼎不属王器，因而不宜效法武帝故事。

虽然这件"尸臣鼎"后来下落不明，既没有留下器形摹画，也没有流传铭文摹本，但它却成为历史上出土的第一件有文献明确记载铭文的青铜器，张敞则也被推崇为中国古代青铜器研究的鼻祖。张敞根据该鼎所出之地而断定其为周器，他的断代方法和铭文释读基本是正确的，并对后世学者的研究产生重要影响，事实上已进入了金文的研究范畴。

尸臣鼎的记载虽见于《汉书·郊祀志》，但铭文并未全录，也无摹本或拓本流传。140 年后的东汉建初七年（82 年）十月，章帝刘炟［dá］车驾西巡到槐里（今陕西兴平）时，一位叫禁的右扶风（管辖京城长安以西地区的官员）献上了出土于美阳县岐山之下的一件铜尊。章帝以为吉祥宝物，为让随行人员同受享瑞气，诏令每天早餐和晚饭之时用此宝尊为百官热酒共饮。

140 年间，美阳县两次出土青铜宝器，正是因为美阳曾是周人的发祥地。汉代的美阳县县治故地在今扶风县法门镇，其辖区就是今之扶风、岐山县北部。此地即为《诗经·大雅·绵》中"周原膴膴，堇荼如饴"之"周原"旧址。周武王灭商之前，周原是武王的曾祖父太王至父亲文王时期的政治中心，是周人上层贵族聚居的都邑。虽然周文王后期都邑东迁到丰京，武王再迁镐京，但是西周近三百年间，周原一直是王室苦心经营的陪都和重要的政治中心，贵族们的采邑所在地，在这里修建豪华的宫殿，进行庄严的祭祀仪式。周朝末年，戎狄寇边，社会动荡，奴隶主贵族仓皇逃亡前，遂将不便携带的宗庙家室青铜礼器，挖坑窖掩埋，留下了大量的青铜器窖藏。

鬲

　　鬲是炊粥器，粥是人类最早熟食的食物之一。新石器时代，人们就开始用陶鬲煮或稀或干的粥，有时里面会掺一些肉或菜。青铜鬲也是从陶鬲发展而来，圆口大腹，有三个袋形足，就像三个奶牛乳房拼合而成。这种造型是为了扩大受热面积，能较快地煮熟食物。青铜鬲最早出现在商代早期，西周以后盛行，且多数青铜鬲有精美的花纹，成组的鬲也有出土，如庄白一号窖藏微伯鬲一组5件、眉县杨家村窖藏单叔鬲一组9件。春秋战国时期，鬲多以偶数组合与列鼎同墓随葬，起着陪鼎的作用。

善夫吉父鬲

——青铜鬲中的传奇器物

善夫吉父鬲，1940 年 2 月出土于扶风任家村铜器窖藏，出土后佚散，目前已发现 10 件。其中，中国文字博物馆 3 件，陕西历史博物馆 2 件，河南博物院 1 件、济南博物馆 1 件，四川博物院 1 件，美国普林斯顿大学艺术博物馆 1 件，《殷商金文集成》收录商承祚先生所藏拓本 1 件。

10 件善夫吉父鬲形制、大小、纹饰、铭文相近，器物平沿外折，方唇，短束颈，丰肩，分档，蹄足。腹部饰夔纹至足部，肩部腹部有三个凸出的月牙形扉

善夫吉父鬲

棱与三足相对。中国文字博物馆所藏三件：善夫吉父鬲甲通高 11.3 厘米、口径 16.7 厘米、腹深 6.8 厘米，善夫吉父鬲乙通高 12 厘米、口径 16.7 厘米、腹深

6.6 厘米，善夫吉父鬲丙通高 12 厘米、口径 16.8 厘米、腹深 6.8 厘米。陕西历史博物馆所藏善夫吉父鬲，一件通高 12 厘米、口径 17 厘米、腹深 7.1 厘米；另一件通高 13 厘米、口径 17.1 厘米、腹深 7 厘米。河南博物院所藏善夫吉父鬲，为 1952 年河南省农业厅王守则捐献，传出自陕西扶风，通高 12.4 厘米、口径 17 厘米、腹深 6.9 厘米。济南博物馆所藏善夫吉父鬲，通高 12 厘米、口径 16.8 厘米，重 1.734 千克。四川博物院所藏善夫吉父鬲，通高 12 厘米、口径 17.3 厘米、腹深 6.6 厘米。普林斯顿大学艺术博物馆所藏善夫吉父鬲，口径 17.2 厘米。商承祚先生所藏善夫吉父鬲，拓本口径 17 厘米。

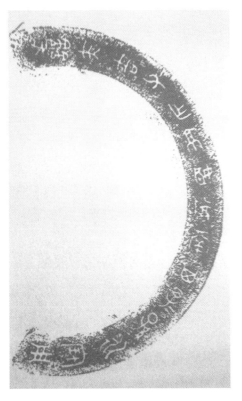

善夫吉父鬲铭拓

善夫吉父鬲口沿上有阴铸铭文 17 字："善夫吉父作京姬尊鬲，其子子孙孙永宝用。"善夫吉父即膳夫吉父，作器者字吉父，担任周王朝膳夫之职。从同坑出土的器物推知，吉父与梁其可能为同一人。名梁其，字吉父。"善夫"即"膳夫"，为官职，善（膳）夫吉父当系周王室的膳食总管（御厨）。《诗经·小雅·十月之交》载："家伯维宰，仲允膳夫。"郑玄笺："膳夫，上士也，掌王之饮食膳羞。"《周礼·天官·膳夫》载："膳夫掌王之食饮膳羞。"京姬为女子名，姬姓，京或为其族氏，可能为膳夫吉父之妻。按照周代同姓不婚的习俗，可知膳夫吉父非姬姓。

除了善夫吉父鬲，任家村窖藏出土吉父器还有伯吉父盂、伯吉父鼎、吉父鼎、善夫吉父簋、善夫吉父鼎、善夫吉父盂等。有学者研究认为，伯吉父、吉父、善夫吉父都是西周晚期时居住在陕西扶风的吉氏族人，在此三人中，伯吉父当为老大。也有学者认为，著名的传世青铜器兮甲盘铭文中的兮甲，亦称兮伯吉父、兮吉父、伯吉父，与善夫吉父鬲的作器者同为一人，因"甫"与"父"古字相通，可能也是《诗经·小雅·六月》"文武吉甫，万邦为宪"中的吉甫，《竹书纪年》和《书序》中的"尹吉甫"。

上海博物馆收藏有一件吉父鼎，为 1957 年 7 月 17 日从北京振寰阁驻上海收购站收购。1979 年 12 月，上海博物馆陈佩芬曾寄给扶风博物馆馆藏照片和拓片。扶风博物馆找来早年做过古董生意的法门公社君谊大队东王生产队王振江辨认，王振江确认就是他 1942 年转卖给西安洋行一批文物中的一件青铜鼎，与善夫吉父鬲为同一窖藏出土。

1972 年 12 月 9 日，扶风县建和公社东桥大队北桥生产队乔新发在村北东边土崖中发现一处青铜器窖藏。乔新发保护好现场，并立即报告大队党支部和公社党委。扶风县文化馆闻讯后，随即派人前往进行清理，共出土青铜器 9 件，其中包括伯吉父鼎和伯吉父簋。此外，岐山县博物馆征集了早年出土的善夫吉父盂和善夫吉父罐各一件。这几批吉父器的纹饰，形制都是西周晚期之物，可能为同一人铸造。

簋

簋［guǐ］是盛放煮熟的饭食的器皿，相当今天的大碗。古籍中多写作簋，而铜器自铭则常为"毁"。《说文》："簋，饭器也，方曰簠，圆曰簋，盛黍稷稻粱器。"商周时期，簋是重要的礼器，特别是西周时代，它和列鼎制度一样，在祭祀和宴飨时以偶数组合与奇数的列鼎配合使用。天子用九鼎八簋，诸侯七鼎六簋，大夫五鼎四簋，士三鼎二簋。青铜簋器物造型形式多样，变化复杂，有圆体、方体，也有上圆下方者。商代簋形体厚重，多为圆形，侈口，深腹，圈足，两耳或无耳。器身多饰兽面纹，有的器耳做成兽面状。西周除原有式样外，又出现了四耳簋、四足簋、圆身方座簋、三足簋等各种形式，部分簋上加盖。青铜簋出现在商代早期，西周时期簋的数量甚多，至春秋中晚期已不再流行，战国以后，才逐渐退出历史舞台。

利 簋

——西周第一青铜器

1976 年 3 月上旬，临潼县零口公社（今西安市临潼区零口街道）西段大队的农民正在搞水利建设时，挖出了一个青铜器地窖。临潼县文化馆工作人员听到消息后，立即赶赴现场进行调查，发现这批铜器的出土地点是一处周代的遗址，面积约 2 万平方米。从断崖上残存坑壁的角度观察，出土地点为一个深 2 米、宽 70 厘米的窖藏，共出土壶、簋、盉等礼器 5 件，甬钟一组 13 枚，斧、凿、铲、削、角刀、铲刀等各类工具 23 件，戈、镞等兵器 7 件，车辖、带扣、扣饰、马络饰等车马器 105 件，铜饼、铜器座各 1 件。

利簋造型与商周时期其他的铜簋并无显著区别，纹饰也是商周青铜器的传统纹饰。器物通高 28 厘米，口径 22 厘米，重 7.95 千克。侈口，鼓腹，双兽耳重珥，方座圈足，圈足下附带方座。腹及圈足以云雷纹为地，分别再饰兽面纹夔纹，方座饰兽面纹，四隅饰蝉纹。不久，专家在其底部清理出铭文，使其显赫的身世得以显露，同时也使一个千古谜团因此解开。

利簋

利簋铭文共 4 行 32 字："珷征商，唯甲子朝，越（岁）鼎克昏夙有商。辛未，王在阑师，赐右事利金，用作施（檀）公宝尊彝。"这段铭文经古文字学家和历史学家考释，翻译成现代文的大致意思就是：武王伐商，在甲子这一天凌晨，岁（木）星当头，大吉。（战斗进行到）傍晚，很快攻下了商都。辛未日（甲子日后第八日），武王驻扎阑此地方，赏赐利（人名）铜，利用这些铜铸造了此簋来纪念檀公（利的父亲或者祖父）。

"越（岁）鼎克昏夙有商"指三件事："越（岁）鼎"指夺取了鼎，表示夺取了政权；克昏指打胜了商纣王；"夙有商"指退有商，即把商朝作为旧朝，表示周王朝已经走向前面了。学者们关于"越（岁）鼎克昏夙有商"这句话如何标点、训释，分歧较大。由于省吾提出、张政烺申论的一种意见认为，"岁"即岁星，"鼎（贞）"作"当"讲。如此，则克商之日的"岁鼎"，就是岁星正当其位，即武王伐纣这天的天象是岁星在鹑火，而周的分野为鹑火宫。也有学者认为"岁鼎"即岁星上中天。[1]

"珷征商"中的"珷"就是武王自称，研究西周青铜器的人所谓"生称王号"，过去能确定的有成王、穆王、恭王和懿王，现在又增加了一个新例。[2]

利簋铭拓

关于利簋的成器年代，学术界一直存在着两种不同的观点，即周武王时期说和周成王时期说。两者争论的焦点，主要集中在铭文首句的"珷"字上。虽然双方学者都从周代谥法的角度作解释，但"珷"字究竟是周武王活着时候的生

① 夏商周断代工程专家组：《夏商周断代工程 1996～2000 年阶段成果报告·简本》，世界图书出版公司北京分公司，2000 年。

② 唐兰：《西周时代最早的一件铜器利簋铭文解释》，《文物》1977 年 8 月。

称，还是后人对其过世之后的死谥，存在着理解上的重大差异。王国维、郭沫若、唐兰先生等认为可"生称王号"，据此可推断利簋应是周武王在世时制作的铜器。彭裕商、曹汉刚先生等认为"文献资料与青铜器铭文表明，周王从不自称王，更不会自称王号；而臣下对周王的称呼，对先王则称'谥号'，对时王则但称'王'，并不存在'生称王号'的情况"，[①] 因此，"利簋虽记武王时事，但作器之年实在成王之初"。[②] 今大多数学者认同利簋为武王在世时制作的青铜器。

簋的主人是利，所以被称为利簋，铭文记载了周武王伐纣的史实，也有人称其为"武王征商簋"。利簋是目前发现的唯一记载武王伐纣具体日期即"甲子日"的器物，可与《尚书·牧誓》《逸周书·世俘》等文献中关于武王伐纣时间的记载相印证，对商周断代具有非常重要的意义。

利簋采用上圆下方的形制，是西周初期铜簋的典型造型，同时也是中国古人对天圆地方这种古老观念的体现。利簋铭文字体和商甲骨文、金文的形体结构一致。其铭文字体扁长，字迹凝重稳健，并保留有商代铭文字体首尾尖中间粗的特征，是西周早期金文的代表作之一。

利簋的最大价值在于器内底部铭文记载了中国历史上著名的"牧野之战"这一重大历史事件。我国有明确纪年的历史开始于西周共和元年，即公元前 841 年。此前的历史大都无明确的纪年，很多历史事件的年代众说纷纭。关于武王伐纣的"牧野之战"，史书虽有记载，但战争发生的具体时间却不得而知。为此，2000 多年来，为搞清楚这一重要事件发生的时间，历代史学家均在考证推测，但难有定论。

最早对武王伐纣年份进行推算的是西汉晚期的刘歆，他利用古代天象天文学推算的结果，换算成公元纪年，应该是公元前 1122 年。近代学者梁启超则提出公元前 1027 年的说法。日本天文学家新城新藏提出武王伐纣应在公元前 1066 年。此外，还有唐兰的公元前 1075 年说、丁山的公元前 1029 年说、章鸿钊的公元前 1055 年说。据不完全统计，对武王克商的年代至少有 44 种结论，最早的为公元前 1130 年，最晚的

---

① 曹汉刚：《利簋为成王世作器考证》，《中原文物》2014 年 3 期。
② 彭裕商：《谥法探源》，《中国史研究》1999 年 1 期。

为公元前 1018 年，前后相差 112 年。

1996 年，国家启动了夏商周断代工程，历史学、考古学、天文学和物理学家们通过分析研究史料、对相关遗物进行碳十四测定，同时根据天文现象推算等艰苦细致地考证研究之后，得出武王克商的确切年代是公元前 1046 年 1 月 20 日，而这一天正是甲子日，与利簋铭文的记载完美吻合。由于西周利簋铭文在商周断代中的作用，且是迄今为止的物证孤品，又被专家学者们称为"周代天灭簋"。

武王伐纣时间是一个极重要的时间点，就像是坐标的原点，依据武王伐纣之年的确立，从而建立了商王武丁以来的年表和西周诸王年表。

利簋现藏于中国国家博物馆，是目前确知最早的西周青铜器，也是有关武王伐纣史实的唯一文物遗存，既为我国西周历史、文化、军事等提供了真实的资料，也是中国夏商周年代准确断定的重要实物见证，被誉为中国文物宝库中的一颗明珠，是当之无愧的国之重宝。2002 年 1 月 18 日，利簋被确定为首批禁止出国（境）展览的文物。2003 年，利簋随 34 件组档案文献列入第二批中国档案文献遗产名录。2012 年，《国家人文历史》独家邀请九位考古、文博方面的专家，盘点出中国文物中的九大"镇国之宝"，利簋被选为镇国青铜器。

大丰簋
——西周最早、最有代表性的青铜器

大丰簋也称天亡簋、朕簋、聃簋，金文学家多称作天亡簋。器物铭文中有"王又（有）大丰，王凡（风）三方，王祀（于）天室降，天亡又（佑）王。"刘心源认为，"天亡，据文义决是作器者名。"故定名为"天亡簋"。唐兰根据铭文"隹（唯）朕又（有）蔑"，定名为"朕簋"。郭沫若认为"大丰"即"大封"，定名为"大丰簋"。

大丰簋清道光十八年（1838 年）出土于陕西省宝鸡县。还有一说，是与毛公鼎同出土于岐山。大丰簋曾被清末著名金石家陈介祺收藏 30 多年，现藏于中国国家博物馆。关于大丰簋的记载，最早出现在徐同柏《从古堂款识学》，徐氏将此器命名为周祀刊敔。

大丰簋

　　大丰簋通高 24 厘米，口径 20.5 厘米，为一件四耳方座青铜簋，侈口外撇，腹部较直，圈足与方座连铸为一体，腹壁外对称铸有四只内卷角兽首耳，下有宽厚的长方形垂珥，显得稳重大方。圈足饰弯角鸟纹一周，簋身和方座装饰两两相对的夔龙纹，夔龙身体蜷曲如蜗牛，利爪置于头下，头顶有触角，长鼻上卷，口内獠牙交错，形象怪异。此器造型浑朴厚重，纹饰精美，其四耳方座的器形和独特的夔龙纹均是西周早期所独有的样式。

　　因大丰簋腹内底有铭文 8 行 78 字，所以自发现以来，大丰簋一直受到学术界的广泛重视，诸多学者发表过关于大丰簋铭文考释以及史实探讨方面的专题文章。虽然其年代问题目前已基本趋于一致，大多学者都认为是周武王时器，但究竟是周武王克殷前还是克殷后，学术界仍有争论。目前主流观点认为应为武王时器，大丰簋与利簋是周武王世仅有的两件断代标准器。

大丰簋铭拓

关于铭文的内容，学者或认为铭文记载的是武王伐纣始发之前的礼祀活动，或认为铭文记载的内容与武王克殷后西归宗周所举行的礼祀活动有关，或认为铭文所记载的内容与武王牧野克殷前、后所举行的礼祀活动均无关，而与武王东土度邑有关，即记载了度邑而后的定宅仪式，与周初的重大历史事件有关，为研究周初立国情况及周朝祭祀制度提供了重要史料。郭沫若通过对铭文形制、纹饰的综合研究，定此器为西周铜器断代的标准器。

大丰簋铭文字形参差错杂，变动不居，在拙朴散乱中显示运动与和谐之美，有轻有重的笔画在某种程度上有自然书写带来的笔墨痕迹。铭文对偶工整，用韵协调，为商代卜辞和金文所未见，它开创了千古辞赋的先河，是我国韵文的最早表现形式。

大丰簋铭文中的"豊"字，刘心源、孙怡让先生释为"礼"，吴大澂认为是"丰"，为地名。郭沫若先生认为封、丰本同声字，认为大丰当即大封。吴闿生、于省吾先生也认为丰、豊古通。杨树达先生认为大丰乃游娱之事，不关典礼。李平心先生将此字释为"丰"，认为大丰为祭礼名，是天子举行大祭礼。岑仲勉先生认为"大封"之一义为封建诸侯，大丰实为后世封禅之一；另一义为奠醴或裸鬯之仪礼。裘锡圭先生认为大丰是一种乐名或礼仪之名，怀疑簋器得名也与作为乐器的"丰"有关。蔡运章先生认为"大礼"即《礼记·乐记》所谓"祀天祭地"之大礼。马承源先生释为"豊"，认为是大豊即大礼。

铭文中的"天室"一词，吴式芬释为昊室，吴大澂释为大室。天、大（太）古字相通，今多数学者释为天室。柯昌济先生认为此"天室当系礼天之室，或祭室之代称"。郭沫若先生解为"祀天之所"，又言是"天亡之室"。陈梦家先生则言："'王礼于天室'是王祀于辟雍内水中丘上的明堂。"孙作云先生亦将天室作明堂解，即"灵台"。所谓天室、明堂，灵台，即周人祭祖先的宗庙中央最大的一间。蔡运章先生释天室即"太室"，认为指嵩山。

铭文中的"朕"字陈介祺先生释为"聃"，并据此定器名为"聃敦"。刘心源先生释为"朕"，为作器者名，故称其为"朕簋"。郭沫若先生释此字为"滕"。陈梦家先生释为"誊"，即誊写义。孙作云先生认为作"我"解。于省吾先生释为"畯"。

史载商末之际文王受天之命，伐犬戎，破密须，败耆国，灭邘国，最后消灭了商王朝西方的最大属国崇国，将都城迁到沣水西岸，次年病亡。太子姬发继承王位，是为武王。武王继承父志，"师修文王绪业"，东征伐商，与商朝军队决战牧野。商军倒戈，周军大胜，商纣王登鹿台自焚而死，商朝灭亡，周朝建立，史称西周。大丰簋也可能是周朝建立后祭祀文王时所作，与临潼出土的利簋是西周最早、最有代表性的器物。

周人灭商后，接收了商王朝的工匠，在一定程度上承袭了商人的信仰和礼制，青铜器的表现手法大多是相同的。尽管如此，商周的青铜器还是有区别的，大丰簋与商代簋的风格迥然有别，尤其是方座决不见于商代，这是周人的典型器物。商代器物上的铭文较少，未见超过50字者，而大丰簋铭文多达78字，这也是与商器的区别之一。字数多少不仅是数量问题，更重要的是反映了商周两代礼制表现手法的差异性，也使青铜器显得更加珍贵。

㿟 篮

——篮中之王

1978 年夏，扶风县法门公社修筑齐村陂塘，为推平陂塘西北角高土堆，动用履带式拖拉机改装成的推土机。5 月 5 日凌晨 2 时左右，推土机在施工时被东西挡住了，司机以为碰到大石头等东西，就加大马力猛推了一下，只听"咔嚓"一声，司机立即下车检查，只见推土机前土中有多个绿色的铜片，便喊了一声"把宝推出来了！"周围劳动的村民围了上来，争相在土中拣拾青铜器残片。在工地施工的干部闻讯后，迅速把村民拣到的青铜器残片收集起来送到工地指挥部。

扶风县博图馆得到信息后，立即于 5 月 6 日清晨派文物干部罗西章去工地指挥部。根据许多青铜器残片的新碴，一看便知铜器应是一件完整的大器物，经现场拼对，却发现缺失较多，寻找丢失的残片已成燃眉之急。经分析认为，有可能一部分还在土中，因发现事后还有人在土中找，土中残留可能不多。还有一部分被在场劳动的村民拣走的可能性最大。在指挥部干部的帮助下，经过近 20 天艰苦细致的工作，共征集回大小不等的铜器残片 30 多块。

夏收后，罗西章将全部残片拉到城关公社农机修配厂。修配厂的李义民师傅是氧焊能手，承担起这一从未干过的修复工作。李义民师傅和罗西章二人共同商议修复方案和办法。在修复中，首先遇到的困难是整形问题，因为铜器在破碎前，先已严重变形。若不准确整形，就不能将残片拼对在一起，更不能粘接。但当时没有整形的专门工具，他们就采用木板衬垫，用榔头轻敲慢打逐步校正。这样既达到整形目的，又不损伤铜器，尤其是纹饰。有时遇到一些实在难以整形的残片，还得自制些简单的专用工具才行。他们细心进行整形，然后拼对焊接。先把几个小块焊成中块，再把中块焊接成几个大块。为保证拼对准确度，先点焊在一起，然后再和四周的残片进行拼对，直到确认准确无误后才正式焊接。在焊接大块残片上，他们反复实验，摸索出分段点焊的办法：先在前头点焊一下，又在后头点焊一下，然后在中间点焊，这样点焊面小、时间短，不等铜片暴热，又挪动了点焊位置。如此反复点焊，最终将焊点连成一线，因此再未出现炸裂现象。冒着酷暑，经过20多天的辛苦努力后，一件基本完整的特大青铜簋呈现在人们的眼前。修复后的簋比原器物可能要轻一些，因为在修复时还是有个别残片没有找到，所以用树脂和水泥等补齐了缺口，重现了器物的原貌，这种修复方法得到了同行们的肯定和赞扬。该簋内底铸有铭文，因是周厉王姬胡[hú]为祭祀先王而作，而名之为"㝬簋"。

㝬簋又称厉王簋、胡簋，通高59厘米，口径43厘米，腹深23厘米，最大腹围136厘米，厚5厘米，修复后重60千克，是存世西周青铜簋中最大的一件，堪称"簋王"，是目前确知出土地点的一件王器。经国家文物鉴定小组专家鉴定为国家一级文物，1996年又被国家文物鉴定组定为国宝级文物，后来又被列为我国禁止出国（境）展览文物。现收藏于扶风县博物馆。

此簋器形雄伟厚重，拙朴典雅。器型为方底座，圆形腹，高圈足，凤鸟形双附耳。器底座上饰竖条瓦楞纹，腹上部和圈足各饰一圈钩云纹，腹中部饰竖条状

㝬簋

瓦楞文。宝物上圆下方，象征"天圆地方"。上面像石鼓，下面若平台，周身布满竖棱，如虎皮身上的斑纹。两耳飞扬跋扈，简洁中露出大方，神秘中露出狰狞。

㝬簋内底铸内有铭文12行124字，是周厉王为祭祀先王而自作的一篇祝词。大意为我昼夜尽心经营先王事业，以配皇天，我任用义士献民，祀先王宗室，作此宝簋，告慰先宗列

祖，以祀皇天大命，保佑周室、王位和我自身，赐降多福、长寿和智慧。

据《史记·周本纪》称"夷王崩，厉王胡立"，可知厉王即胡，簋为厉王自作器。周厉王，名胡，是西周王朝的第十任天子，也是史册中的第一位改革家，而且是第一位失败的改革家。在很长一段时间里，周厉王一直被认为是中国古代继夏桀、殷纣之后的第三个暴君，恶名昭著，死后也得到了一个恶谥"厉"。"杀戮无辜曰厉"，厉乃暴虐狠戾之意，周厉王在后人心目中的形象是一暴虐之君。如果不是《国语·周礼》一书中记载了周太子晋回忆周史时所说的"厉始革典"一话，周厉王恐怕就要被钉在历史的耻辱柱上永无翻身之日了。

胡簋铭拓

周厉王在位三十多年，其间推行改革，强化国家机器，王朝对周边外敌转瞬之间恢复强势，且不断兴兵讨伐叛乱民族。禹鼎铭文记载，东方的噩侯驭方举众反周，东南地区广大地区淮夷、东夷各族大多随之起事，所统之众极为庞大。周厉王倾发举国精锐，西六师、东八师全部出动，对其大加"裂伐"，大获全胜。多友鼎铭文记载，北方玁狁兴兵侵犯周境。周厉王派兵反击，周军大败玁狁，又长途逐敌，夺回被俘掠的人民，收复失地。这些军事行动使西周的外患基本得到暂时的消除，但更大的内忧却使周厉王最终客死他乡。

　　䚄簋铭文中厉王䚄广招人才，"任用义士献民"，大胆进行改革。据《史记·周本纪》记载，周厉王即位后任命荣夷公为卿士，命其主持实施专利政策。所谓"专利"，就是把原来传统公有的林麓川泽和贵族占有的山林海河收为国有，任何人若要使用此类自然资源均需交纳费用。这一政策的目的是整顿国家财政，扩大王室收入，类似如今的国土资源税和国营垄断行业。这一制度于今人看来再平常不过，即便是后来的王朝也大行其道。如商鞅变法也有对山林川泽实现国家专利的内容。但是，任何一种新生事物在刚刚出现的时候都必然会受到传统观念的强烈抵触。在当时人看来，周厉王的专利政策乃是其贪财好利的表现。贵族们以"天地百物皆将取焉，何可专也"向周厉王表示非议，强烈抵制新政的实施。同时专利政策也引起了下层贵族和平民的反对。因为这些人不享王室俸禄，也没有封地采邑，而且受到王室和大贵族的剥削。如今新典不许他们无偿使用山川林泽等自然资源，在短期内断绝了生路。所以下层平民也对厉王新政非言不止。为了堵住老百姓的嘴，厉王就动用巫婆、神汉等进行监督，导致与国人之间的矛盾十分尖锐。在贵族的策动下，中小贵族和普通平民联合暴动，群起攻击厉王，史称"国人暴动"。周厉王难敌暴怒的人潮，王位被推翻，自己被放逐于彘（今山西霍县），最后客死他乡。厉始革典以失败而告终。

　　尽管䚄簋铭文的最后说厉王追孝祈福，希望先祖能"降施多福，教导子孙图谋宏大伟业的智能，保佑周室王族"，但仍没有摆脱其悲惨命运。这篇金文里出现了他的谥号，不是我们现在从文献上看到的厉，而是烈，烈和厉是音通，但烈是褒义，这也算是后人给他盖棺定论的评价吧。

　　䚄簋的造型和内部铭文的记载所提供的各类信息为当前研究西周时期的礼教、祭祀制度，以及商周青铜器的制造工艺、材料、装饰、文字等方面提供了宝贵的物证和信息，具有极其重要的考古价值。

　　1982年10月，陕西省博物馆（今陕西历史博物馆）征集到一件罕见的西周王室重器编钟一件，即五祀㝬钟。此钟是 1981 年 2 月扶风县法门镇庄白村农民在村北土壕内挖土时发现的，经除锈隐约可识铭文 89 字。这是继传世器㝬钟（又名宗周钟，现藏台北故宫博物院）和㝬簋之后，发现的第三件周厉王铸作的祭器。

㝬 簋

——首次详载淮戎兵器的青铜器

1975 年 3 月 13 日，扶风县法门乡庄白村村民在村西南约 260 多米的"西二台"深翻耕地时发现一批西周铜器，扶风县博物馆 18 日派人现场调查清理时，铜器已全部取离现场，放在生产队仓库保存。考古工作者在出土地点捡到贝币、蚌泡数枚，并发现棺椁的痕迹、朱砂及墓葬的残壁一段。据村民介绍，此处原来较高，因长期挖土逐渐削平。1974 年冬修水渠时下挖了 1 米多深，此次犁地时因铧尖碰坏，而发现了青铜器窖藏。在距离此处东北约 0.8 米处，又挖得青铜壶、大方鼎、簋。器物出土地点虽在庄白村，但距刘家村只有 160 米左右，这一带是周代岐邑遗址的中南部，分布着许多西周墓葬，出土过不少青铜器。1972 年陕西省文物管理委员会曾在附近发掘西周丰姬墓一座，出土青铜礼器十多件。

这座西周墓共出铜器 14 件，其中㝬方鼎与㝬簋最为著名。㝬簋通高 21 厘米，口径 22 厘米，腹深 12.5 厘米，重 5 千克，为中国西周青铜器中珍贵的艺术精品之一。1996 年被国家文物局评为一级文物，现收藏于扶风县博物馆。

㝬簋器形呈侈口垂腹，双耳，带盖，短圈足，盖顶有圈足形捉手。双耳被巧妙地设计成两足昂首竖冠的立体凤鸟，鸟首高出器口，钩喙朝外，挺胸翘尾，垂珥足。簋盖及腹身以雷纹为底，通体饰垂冠大鸟纹。簋身以两耳为界分两面构图：每一面以颈部中间突起的兽头状饰及其下延至腹底的一条竖棱纹为对称轴，

或簋

两边对称分布两只垂冠大鸟，鸟首相对。每只大鸟构图完全相同：巨目，钩喙，
鹰爪，大卷翅，颈项饰鳞状花羽；冠羽分三条：一向颈后折垂与鸟身相贴，两向
前下垂至地，形成大垂冠；尾羽有三条，与翼身相勾连，向上折卷下垂。簋盖纹
饰除无突饰外与腹身几乎完全相同。圈足饰三道弦纹。盖内及圈足底可见当初铸
造时遗留的方形支钉和菱形方格浇痕。

　　或簋器物造型独特，装饰华丽繁缛，铭文叙事详尽，不仅是西周时期一件
书法精品，而且是现存铜簋中铭文较长的。它生动地再现了发生在 3000 年前的
未见史载的那场战争。从铭文和器物造型及纹饰看，或簋的制造年代应是西周
穆王时期。

　　簋类器受形制限制，装饰纹样一般在耳足部分变化较大。该簋将耳做成的圆雕立
鸟，其鸟依形就势，隐身于耳，藏足于珥，栩栩如生而又与全器浑然一体，整个器形
生动别致，独具风格。腹、盖纹饰采用大手笔，鸟形硕大，冠、尾长大而折卷，显得
繁复而不失和谐、鲜活而不失稳重，与器耳的圆雕立鸟相得益彰。

　　该簋器、盖分铸，耳、身合范浑铸。腹、足两侧及耳上可见明显的范痕。其

戜簋铭拓

戜簋对鸟纹饰

腹底边侧有一微小砂孔贯穿腹壁。簋盖表面两侧亦可见明显的范痕,捉手下部范线穿过处有两镂孔。盖内壁有十数处指头般大小的凹坑,经修补打磨使平,边侧尚有一穿孔未修补。

器内底和器盖内对称铸有铭文 11 行 134 字,大意为某年六月上旬乙酉,淮

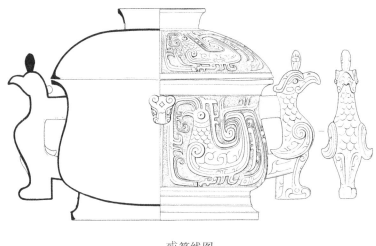

敔簋线图

戎侵扰，周王命令敔率周师在膹林抵御前来侵犯周边境的淮戎。经过战斗，缴获了前来入侵的淮戎兵器 135 件，获得 100 人首级，同时救回被戎族以前掠走的西周百姓 114 人。战争结束，因为母亲的魂灵护佑，敔身毫发未损。敔叩拜母亲做了这件宝簋，并将世世代代把它作为宝器珍藏。虽然只有一百多字，却为我们了解西周社会提供了许多宝贵的线索。铭文中第一次详细记载了俘获的淮戎兵器，还包含了西周文字、历法等几方面的内容，这对研究西周历史文化具有重要意义。

　　同时出土的两件敔方鼎所铸铭文与敔簋铭文在时间、内容上相互关联，分别记载战斗前周王授命敔率兵抵御淮戎和战斗后三个月周王对敔的奖赏。将它们结合起来，对于研究西周历史、地理、淮戎分布等都有十分重要的作用。淮戎又称淮夷，是我国古老的民族，成康时期，周王朝以武力控制了淮夷，迫使淮夷各国向周王朝缴纳布帛贡赋，提供劳动力，但淮夷人民不愿接受周王朝的压迫剥削，不断进行反抗，也屡遭镇压，伯敔诸器就是研究这段历史的第一手资料。

　　1980 年 4 月 26 日，白家村以北相距三、四公里的黄堆乡老堡子村老人李建海，在村东土壕挖土时在一残墓中发现了一件青铜簋和 6 件车马器，簋内铸铭文"敔作旅簋"，与法门镇白家村所发现的伯敔诸器主人当属同一人。

孟 篢

——青铜器断代和历史研究的重要依据

1961 年 10 月 30 日，中国科学院考古研究所沣西工作组在西安市长安县马王镇张家坡村清理了一处窖藏，出土了孟篢等 53 件青铜器。孟篢为最为重要的一组青铜器。张家坡村地处丰京故里，从民国 23 年（1933 年）徐旭生考古队开始发掘至今，张家坡一带出土了大量西周青铜器。

孟篢同时出土 1 组 3 件，形制、花纹及铭文均同，大小略有差异，以做器主人命名。侈口圆鼓腹，方形器座，兽首形双耳，耳下有珥。主体纹饰采用凤鸟为装饰题材，腹部和方座四壁皆饰两两相对的垂冠回首凤鸟，鸟喙卷曲，鸟冠垂至胸前，翎羽翻卷于身后，颈饰火纹。圈足饰一周斜角目纹，纹饰带内的空白处均以细密的云雷纹衬底。半环状双耳上部装饰兽头，兽之两耳外张，高出器口。通体锈色灰绿。双耳无盖，篢内底有铭文 5 行 42 字，含重文符 2 个。孟篢现藏陕西历史博物馆。

孟篢甲通高 25.5 厘米，口径 23.8 厘米，腹深 13.6 厘米，方座高 8.9 厘米，方座横 22.7 厘米，方座纵 22 厘米，重 9.16 千克；孟篢乙通高 24.5 厘米，口径 23.5 厘米，腹深 12 厘米，方座高 8.5 厘米，方座横 22.7 厘米，方座纵 22 厘米，重 9.1 千克；孟篢丙通高 25.5 厘米，口径 23.4 厘米，腹深 14 厘米，方座高 8 厘米，方座横 22 厘米，方座纵 22.6 厘米，重 8.99 千克。

这三件方座篢的造型、花纹及字体都是西周中期流行的式样。就形制而言，西周早期的篢一般侈口圆腹，圈足较高或带方座，中期为侈口垂腹，晚期一般为敛口扁腹并在圈足下附三足。从鸟纹的演变来看，商末周初的大鸟纹一般无前垂至地的大垂冠，不饰鳞片状的花羽纹。西周中期流行对称回顾形排列的垂冠大凤鸟纹。铭文的字形书体已脱离早期那种"波磔体"作风，字体开始变得长方，笔道均匀，但在一些字体上还保留着肥笔和波磔的遗风，具有明显的过渡时期的特征。

铭文大义意为孟的父亲跟随毛公、遣仲去打仗，立了军功，但孟称他的父亲为"文考"，说明他的父亲已经过世了，他代替父亲接受赏赐，因此铸造这件器物来记录这件事情，同时也可能是为了纪念他的父亲。

孟簋的重要价值在于铭文中涉及的历史人物较多，与众多青铜器铭文互有关联，如孟、朕文考、毛公、遣仲（或者毛公遣仲）等，这些人物的考证为青铜器断代和历史研究提供了重要依据。

孟簋

郭沫若先生认为，孟簋形制甚古，当在周初。成王时期的班簋铭文中有"三年静东国"之语，毛公又称毛公遣，即毛公遣仲。孟簋铭文中的"无需"当为东国一头目，古代的许国之许作无（或从邑），可见许国当时也曾参加东国之叛乱。孟簋与班簋应同为成王时器。[1]

---

① 中国科学院考古研究所：《长安张家坡西周铜器群》，文物出版社，1965年。

陈梦家先生认为孟簋为康王时器，孟簋铭文中的"毛公"即班簋铭文中的"毛公"，亦即毛公旅鼎铭文中的"毛公"，与遣仲非一人，遣仲乃虢城。①

李学勤先生认为孟的父亲参加过毛公等指挥的战役，其毛公等也是将"毛公遣仲"视作"毛公"和"遣仲"两人。②

马承源先生认为，孟簋为懿王时器，毛是封国，毛叔郑之后，公为尊号，遣仲乃其名。③

《殷周金文集成》（增订本）、张亚初、陈梦家、武振玉先生等将"毛公遣仲"断开来读，把"毛公遣仲"理解为"毛公"和"遣仲"两人。《殷周金文集成》（增订本）把孟簋断为西周早期，华东师大《金文引得》断为康王时器，彭裕商先生断为夷孝时器，④ 吴镇烽先生断为穆王时器。⑤

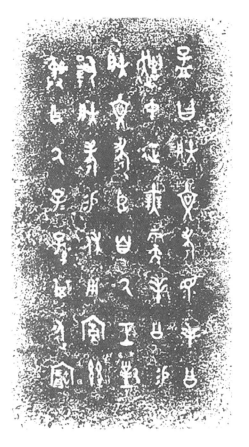

孟簋铭拓

也有学者认为，孟簋铭文中的毛公与《穆天子传》的毛班应该是同一人，而遣仲则是虢城公，为西虢之君，毛班与遣仲都是周穆王时期的执政大臣，加之这组簋的造型、纹饰和字体都是西周中期流行的式样，因此孟簋应该是西周中期穆王时铸造的青铜器。

① 陈梦家：《西周铜器断代》上册，中华书局，2004 年。
② 李学勤：《郘子姜盘和"及"字的一种用法》，《中国文字研究》1999 年第 1 辑。
③ 马承源：《商周青铜器铭文选》第 3 册，文物出版社，1988 年。
④ 彭裕商：《西周铜簋年代研究》，《考古学报》2001 年第 1 期。
⑤ 吴镇烽：《陕西金文汇编》，三秦出版社，1989 年。

询 簋

——涉及人物和方国较多的重要器物

　　1959 年 6 月，蓝田县城南寺坡村北沟道中陆续出土了十多件西周青铜器，文物出土后曾辗转运往西安，陕西省文管会、西安市文管会及陕西省博物馆派人收回 11 件。器物可分两组，一组为询簋器，一组为弭叔器，其中最为著名的当属询簋与弭叔簋。这批器物入藏陕西省博物馆后，博物馆专门派段绍嘉携器物简介资料请郭沫若先生鉴定，郭沫若撰《弭叔簋及询簋考释》发表于《文物》1960 年第 2 期。

询簋

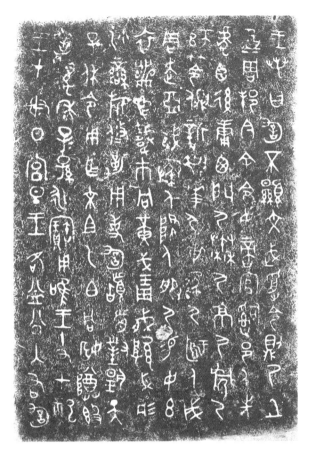

询簋铭拓

　　询簋又作旬簋，① 通高 21 厘米，口径 24.8 厘米，腹围 95 厘米，该器通身饰瓦纹，低体宽腹，最大径在腹中部。矮圈足外侈，盖上有圈状捉手，口沿下原有一对衔环兽首耳。器心有铭文 131 字，大义为周王命询适官，管理邑人，并以虎臣为前驱，以西门夷为后备，叫师苓侧新等驻成周作为后备军，走亚、戍秦人等为先驱，征服夷族。周王赐询厚赏，因铸此器以资纪念。铭文记述周王布置军旅大事，为一篇研究西周历史的宝贵资料。作器者为询，故命名为询簋。铭文所述周王命询掌管之事，与师西簋所掌管之事大致相同，可知询之官职与师西相同，应是师。

---

① 　容庚：《弭叔簋及询簋考释的商榷》，《文物》1960 年第 8/9 期

宋代师询簋铭摹本

询簋为青铜器研究中经常提到的一件重要器物，其价值在于铭文中涉及的历史人物、少数民族和方国、官职较多，与众多青铜器铭文联系紧密，相互印证，为青铜器研究和断代的重要依据。询簋与师询簋、师酉簋、师酉鼎三件青铜器联系最为紧密，诸多学者均有研究讨论。

关于询簋的年代，郭沫若认为是宣王时器，唐兰、李学勤定为恭王时器，陈梦家、黄盛璋认为是夷王时器，朱凤瀚、彭裕商认为是厉王时器，刘启益、吴镇烽先生断为懿王时器，王世民、陈公柔、张长寿《西周青铜器分期断代研究》断为恭、懿时器。

关于询簋、师询簋、师酉簋、师酉鼎四器之间的关系，大多学者认为询簋和师询簋、师酉簋和师酉鼎均为同一人所作，争论主要集中于两个方面：一是师酉和师询的关系，二是询簋和师询簋年代的先后。

师询簋最早著录于宋代薛尚功《历代钟鼎彝器款识法帖》中，原器已失，器形不详，铭文亦只见摹本；师酉簋目前著录所见四器，大致同形，中国国家博物馆、故宫博物院分别有藏品；师酉鼎 21 世纪初为北京保利艺术博物馆征集收藏。

　　郭沫若先生根据铭文中询所管理的夷人名称与师酉所管理的夷人名称基本相同，加上询之祖为乙伯，酉之父为乙伯，认为酉和询为父子。自郭沫若创立师酉为师询之父之说后，唐兰、陈梦家、黄盛璋、朱凤瀚先生等都支持这一观点，只是在王世的排列上有所差异。李学勤先生也曾持这一观点，但后来李学勤、刘启益等先生认为师酉簋在器物形制上要晚于询簋，师酉和师询的关系应该颠倒过来，师酉应该是师询的后裔。彭裕商先生则通过比较两器的册命内容，认为"师酉很可能不是师询之父，二人也可能并不存在亲属关系"。①

　　询簋的纪年是十七年，师询簋纪年是元年。郭沫若、李学勤、朱凤瀚等先生认为询簋作于师询簋之后，也有一些学者则认为询簋时代在前。

师酉鼎铭

　　①　何景成：《论师询簋的史实和年代》，《南方文物》2008 年第 4 期。

师西簋铭拓

从询簋铭中可知，询因其先祖辅佐周室而成为周室重臣，周王册封询的权职很大，管理的人众如邑人、先虎臣、后庸、西门夷、秦夷、京夷、𩵋夷、师苓侧新、华夷、弁狐身夷、𣨛人、成周走亚、戍秦人、降人、服夷等多达十三四种。

"邑人"含义近同于文献所称之国人，平常务农，战时为武士，其主要成分应当是周人贵族中的最底层，多数当属于士这个阶层。总体来看，"邑人"应当为周人贵族中较疏远的旁系分支。在金文中，还见到邑人出现在师氏、膳夫前面的例子。可见其地位应当高于师氏、虎臣和膳夫。

"虎臣"有学者指出其属于异族成员，"虎臣"在对外战争中，往往充当先头部队，其地位比"邑人"略低。"先虎臣"即作为先锋的虎臣。"虎臣"与"庸"相比，应当属于更早归附周人的异族，从询簋铭文"先虎臣后庸"来看，其地位应当高于庸。"后庸"即追随于虎臣后的庸徒。另外，虎臣在师西簋铭文中也曾出现。通过询簋和师西簋可知，询和师西都是虎臣的首领。在询簋和师西簋铭末，询和师西亦分别用日名来称呼其父祖，可见，询和师西之家族也不属于姬姓周人系统。有学者认为，虎臣的长官可能主要是由夷族人担任，这可能也包含着以夷制夷的思想。①

"华夷"与"西门夷""京夷""般夷"同列，应当作奴隶被征戍去替西周奴隶主服役的。"秦夷""西门夷""华夷""京夷"等可能是周初被迫迁至京畿附近的东夷族，地位卑微，为周室统治之下的贱民。"成周走亚"为官职名。

"戍秦人"可理解为戍守秦地的人或戍守边境的秦人。从询簋铭文可知，当时周原附近居住着众多嬴秦族人，有政治地位高的，也有地位卑微的。地位高的嬴秦族，可能是早期居住在陕甘一带的嬴秦族，如犬丘大骆一族；而秦夷、京夷等可能是周初被迫迁至京畿附近的东夷族，地位卑微，如被周孝王召至汧渭之会养马的非子一族。

牢兽簋
——研究西周册命制度的实物资料

1997 年 7 月，扶风县城关镇聂堡村吴宗汉听说，扶风段家乡大同村有人在引渭渠边的土崖上挖出了一件大宝，有醋坛子那么大，30 斤重。吴宗汉老人常义务走乡串村宣传文物保护法，将各种挖宝信息传递给文物工作者，曾使一批即将流失的文物走进了博物馆。听到这个消息后，吴宗汉马上跑到县博物馆做了汇报，博物馆与公安人员立即直赴大同村。挖出宝物的这位农民家里虽然十分贫穷，但觉悟很高。他说："来了几个文物贩子要高价收购，为争着买还打了起来。我说文物不能卖，他们眼光凶凶的，要我等着看，你们来得正好，这下我能睡安然了。"他随即取出了挖出的一件青铜簋，交给了博物馆的工作人员。

---

① 王治国：《询簋新探》，《华夏考古》2013 年第 1 期。

后经考古工作者对文物出土的现场进行查勘，大同村西侧引渭渠所经之处为一处西周文化遗址，渠两侧的断崖上暴露着不少西周时期的灰坑，内含绳纹罐、鬲和素面束腰豆等陶器残片。渠西侧断崖当时还暴露着 3 座西周墓葬。从分布来看，渠道内原来可能也有墓葬存在。渠东侧大量堆积着从渠道挖出的泥土，铜簋就出土在堆积泥土之下。

1999 年 7 月，陕西历史博物馆来了一位 20 多岁的小伙子，拿出一张青铜器照片，说是爷爷留下的东西，想请专家给看看，博物馆文物征集处处长师小群从照片上辨认出这是一件青铜簋，得知小伙子家住扶风县段家乡大同村，媳妇谈了两年，在谈婚论嫁时娘家提出要盖新房娶亲。可他家里缺钱，父亲就把爷爷留下的宝贝交给他，让他卖了盖房。小伙子请人拍了照片，跑到西安来找专家。

第二天，小伙子把青铜簋的盖送来了。盖内有铭文 120 多个字，经陕西省考古研究所和西北大学青铜器研究专家鉴定，确认这是一件西周"宰兽簋"。而且，它与两年前周原博物馆征集到的一件青铜簋形制、大小、纹饰相同，铭文除了在行款和个别字的写法上略有差异之外，内容相同，两件青铜簋应为同一组器物。这一发现令专家们兴奋不已，他们立即驱车直奔大同村。

几经周折，他们找到小伙子的家，其父说出实情。1987 年，73 岁的父亲得了一场重病，卧床不起。一天晚上，他给父亲喂饭，老人拉着他的手说："爹有几件东西留给你，就埋在柴房西南角。孩子长大了要用钱，不到万不得已别出手。"老人告诉儿子，那是 1971 年农业学大寨搞农田基本建设挖水渠时发现的，当时没敢声张，悄悄地用土盖住，晚上挖出来后埋在了柴房。1997 年曾挖出了一件，交给了周原博物馆，政府给了些奖励。这一回，是给儿子盖房娶媳妇，父子俩一起想到了家里藏的宝贝。小伙子嫌父亲两年前得到的奖励太少，想多要些奖金，就请人拍了照片，到陕西历史博物馆去鉴定。

在博物馆反复解释国家有关保护文物及文物征集的相关法律法规后，父子俩将文物上交给了陕西历史博物馆。专家又进一步说明，根据西周卿大夫用"五鼎四簋"的礼制推测，同时出土的应为 4 件青铜簋，父子俩又交出了另外两件青铜簋。至此，这4件青铜簋全部进入博物馆收藏。其中一件收藏于宝鸡周原博物馆，另外三件收藏于陕西历史博物馆。[①]

4件青铜簋为一组礼器，形制、纹饰、铭文均相似，其中两件无铭文，两件有铭文。收藏于宝鸡周原博物馆的这件宰兽簋通高37.5厘米，口径24.5厘米，腹深13厘米，方座正面长24.8厘米，侧面长25.3厘米，高12.5厘米，重14.4千克。这组宰兽簋造型是比较典型的西周中晚期方座簋式样，侈口、束颈、方唇、宽腹、中部外鼓、圈足，下设方座。盖顶中央有圆形捉手，捉手外和口沿处饰以云雷纹衬底的变形兽面纹两周，间以高凸的覆瓦纹。口沿和圈足饰以云雷纹衬底的兽目交连纹。腹部两侧有兽首形耳，兽首双角呈螺旋状，略高出器口，屈舌上饰重环纹，下有象鼻状垂耳。腹部饰覆瓦纹。方座四面饰兽面纹，兽面以方座四角为鼻，云雷纹衬底。方座内顶部有悬铃的索状半环钮，但铜铃已丢失。

宰兽簋

宰兽簋器盖上有四道范缝痕迹，器身至方座上有四道贯通的范缝痕迹，可见此两部分在铸造时均使用了四块外范。两耳部各有一穿孔，似为分铸耳部时所设之浇口。器盖内铭文外侧有一周数枚较为明显的垫片痕迹。盖内有铭文12行129字，主要记载了周王在师录宫册命宰兽的事情，是记录西周册命制度最完整的铭文之一，对于研究西周册命制度增添了重要的实物资料。

宰兽簋铭文对于西周周王册命臣下的仪式，详细的命辞，完整的程序，都做了详尽的记载。首先是王到某宫、庙、室即位，由某位大臣作"右"，引进觐见

---

① 肖秋生：《国宝"宰兽簋"征集记》，《天津日报》2011年6月4日。

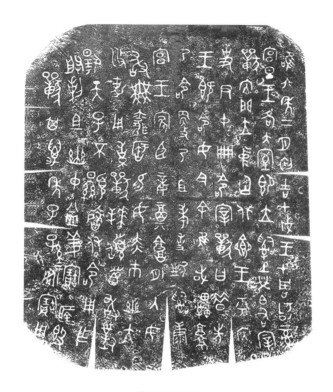

宰兽簋铭拓

周王的人，再由内史或作册尹、作册内史宣读册命，宣告封官、赏物，被赐者受册以出，返纳瑾璋，成礼。这套仪式在恭王时已经成熟，一直沿用到春秋齐桓公、晋文公时。

关于宰兽簋的制作时代，罗西章、张懋镕先生考证为夷王时器，《夏商周断代工程1996～2000年阶段成果报告·简本》和王世民、陈公柔、张长寿《西周青铜器分期断代研究》断为孝王时器。"宰"为官名，宰兽或为执掌康宫的长官。铭文中的"康宫"，王国维、郭沫若认为康是生称，乃康王之宫。唐兰认为是死谥，即康王朝。"周"指位于陕西扶风岐山两县交界处的周原，"师录宫"见于谏簋、师晨鼎、师馀簋和痶盨等铜器铭文中，是建在周原的著名宫室之一，周王常在这里册命、赏赐臣下。①

---

① 罗西章：《宰兽簋铭略考》，《文物》1998年第8期。

宰兽簋铭文书法精美，字形大小多变，布局恰当。为追求字体的艺术效果，不少字还存在缺笔现象，个别字的书法不循常规，通篇铭文中的四个兽字写法均不相同。

史𦥯簋
——西周康王时的代表器物

史𦥯［zhǐ］簋目前发现两件，一件原藏清宫，现收藏于故宫博物院，清吴荣光《筠清馆金文》卷五、吴式芬《攈古录金文》卷二之三著录，并称为乙亥彝；邹安《周金文存》卷三称毕公彝；罗振玉《三代吉金文存》误为史𣧦彝。此器传为清代嘉庆、道光年间出土，因久入清宫，外间不知其貌。孙诒让《古籀余论》疑为伪作，郭沫若在《两周金文辞大系》中为其辩枉，并考证为周康王时青铜器。

另一件为 1966 年 12 月岐山京当公社贺家村西壕西周墓出土，现藏陕西历史博物馆。岐山贺家村墓葬出土的青铜器中，还有史述尹丞等人的器物，可能是史𦥯的后人。唐兰先生认为史𦥯所作的簋，已被其后人所分散，两件史𦥯簋应该不是同一墓葬出土。

两件史𦥯簋形制、大小、花纹、铭文均相同。器物通高 16.8 厘米，口径 22 厘米，腹深 12.5 厘米，重 4.2 千克。侈口，圈足。口沿下饰夔龙纹，间隔以兽头。腹饰大饕餮面。圈足亦饰夔龙纹。双耳上端饰兽首，耳呈半环形，耳下有珥。

器内底铸铭文 4 行 23 字，铭曰大意为：乙亥那天，周王诰于毕公，于是赏赐了史𦥯贝十朋。史𦥯把这作为大事，铭刻于彝器上。

铭中的"王诰毕公"，即"毕公高"，正与《尚书·毕命》相符。史𦥯簋为毕公的属史史𦥯所作。毕公赏给史𦥯贝十朋，史𦥯为此铸簋纪念。簋铭有"王诰毕公，乃易（赐）史𦥯贝十朋"之语，此毕公当为毕公高，为周康王时的执政大臣。

史颂簋

毕公文献记载较多:《逸周书·和寤解》"王乃出图商,至于鲜原,召公奭、毕公高。"《史记·魏世家》载:"魏之先,毕公高之后也。毕公高与周同姓。武王之伐纣,而高封于毕,于是为毕姓。"《尚书·顾命》载,成王临终时,"乃同太保奭、芮伯、彤伯、毕公、卫侯、毛公……太保率西方诸侯入应门左,毕公率东方诸侯入应门右。"《尚书序》"康王命作册,分居里,成周郊,作毕命。"《史记·周本纪》"康王命作册毕分居里,成周郊,作毕命。"清华简《耆夜》载毕公姬高是"勘黎"之战的主将;清华简《祭公》载,毕公后裔曾在周穆王时期位列三公。这证明毕公家族与周公、召公、太公家族一样,也遵循着一子就封诸侯国、一子"世为王臣"的体制。[①]

《逸周书·和寤解》和《史记·魏世家》中的毕公名高,与召公奭为同时代人物,应生活在周文王和周武王时代,在周武王伐纣之后封于毕。《尚书·顾命》讲周成王临死之事,周武王伐纣到周成王临死经过了40多年时间,周文王和周武王时代的重臣大都过世,只有召公奭健在,担任太保一职。召公奭长寿见

---

① 刘成群:《毕公事迹及毕公世系初探——基于清华简的研究》,《上海交通大学学报(哲学社会科学版)》2012年第4期。

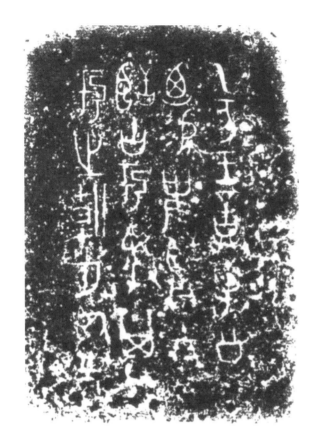

史颂簋铭拓

于史籍，也见于春秋时的者减钟铭文。这时的毕公尽管是东方诸侯之长，但名列在芮伯、彤伯之下，可见已经不是毕公高了，应为第二代毕公。① 《尚书序》和《史记·周本纪》中的毕公担任作册之职，已是周康王时代的事了，他应与周成王死时的毕公为一人，即毕公高的子辈。

史䛗是史官，是毕公的下属，可见此时的毕公已是作册尹，且"王诰毕公"与"康王命作册，分居里，成周郊，作毕命。"语意相互照应。关于其时代，唐兰先生断史䛗簋为康王时器，王世民、陈公柔、张长寿《西周青铜器分期断代研究》亦定为康王时器。

① 唐兰：《史䛗簋铭考释》，《考古》1972 年第 5 期。

太师虘簋

——推断西周王世的重要器物

　　太师虘［cuó］簋，1940 年 2 月出土于扶风任家村窖藏，属于著名的西周善夫梁其和善夫吉父青铜器群，一组四件，出土后失散。此器为西周晚期标准器，现中国文字博物馆、故宫博物院、上海博物馆各藏 1 件，上海崇源公司 2008 年从美国购回一件。

　　故宫博物院收藏的太师虘簋通高 20.7 厘米，宽 30.2 厘米，重 6.12 千克。造型厚重，束颈侈口，盖顶捉手作喇叭造型，两侧饰一对圆雕龙头捉手，龙目呈蝌蚪形外凸，龙角作圆柱状，龙头没有连铸常见的半环形耳圈，与一般簋耳颇为不同。圈足外撇，足径与腹径相差不大，盖面与器腹均饰竖直弦纹，颈部及圈足各饰一道粗弦纹。

　　上海博物馆收藏的太师虘簋通高 18.7 厘米、口径 21.4 厘米，底径 22.9 厘米，腹深 10.3 厘米，重 5.44 千克。中国文字博物馆收藏的太师虘簋通高 18.7 厘米，口径 21.5 厘米，腹深 9.7 厘米。崇源公司购得的太师虘簋通高 19 厘米，口径 24 厘米，重 5 千克，造型、纹饰与北京故宫博物院、上海博物馆、中国文字博物馆所藏者完全相同。

　　崇源公司所购太师虘簋原为于晚清至民国陕西著名文物收藏大师、金石文字学者柯莘农所藏。柯莘农清道光年间迁陕，久居西安，深得时任陕西省政府主席于右任的欣赏，1928 年受邀出任陕西省政府第四科科长，主管文化教育及文物古迹。1937 年转任陕西省政府参议，在任期间为陕西文物保护管理做出了不可磨灭的贡献。据其子柯仲溶讲，1941 年的一天夜里，岐山一位董姓农民背着两件铜器来到他家，想托他父亲通过宋哲元的秘书把铜器卖给宋哲元。于是他父亲就把自己收藏的几件古董出让，并卖掉了一院房子，把这两件太师虘簋留了下来。后来一件太师虘簋被卖掉，现已入藏故宫博物院；另一件及其他藏品，柯莘农去世前转移到了美国好友芭芭拉夫妇处。2001 年陕西美术出版社出版的宗鸣安《硒明楼金文考说》一书中，收录一件太师虘簋拓本，其上钤有"大室之福""莘农"和"莘农手拓金石砖瓦"印鉴，经查证此拓本为故宫藏太师虘簋器铭。①

程潜先生在任职天水行营主任时曾驻跸西安，收藏了一批任家村窖藏出土的青铜器，其中包括一件太师虘簋。这批青铜器均未清洗，仍保留着出土时的原貌，皮壳锈色完全一致，后由国家文物局收购，调拨入藏中国文字博物馆。

太师虘簋的价值主要体现在鉴赏和考古两个方面。从工艺鉴赏的角度来看，太师虘簋其造型可以体现出铸造者的一片匠心，弦纹线条的装饰设计恰恰与器形的宽侈相适应，因而给人以流畅、舒展的美感。铸于内底及盖内的对铭，章法齐整，结构均衡，字形依笔画繁简略有错落，更显得活泼。笔画圆润，起笔收笔皆藏锋，给人遒劲秀美的艺术享受。但是，太师虘簋的价值绝不只体现在它的工艺上，更重要的是体现在它的考古价值上。

太师虘簋

太师虘簋盖内和器底铸对铭 7 行 70 字。铭文大意为在十二年正月，月相为既望，干支为甲午的一天，周王来到师量宫。清晨，王进入中央大室入座，命令师晨宣召太师虘进入大室之门，站立在堂前阶下正中。王命令宰咠赏赐给太师虘虎皮裘服。虘行叩拜大礼，称颂感激天子的美好恩德。因而铸造宝簋，千秋万代永远珍藏使用。

① 吴镇烽、李娟：《扶风任家村西周遗宝离合记》，《文博》2010 年第 1 期。

这篇铭文记时完整，年、月、月相、干支日四要素俱全，是西周推断王世重要标准器物，具有弥足珍贵的历史价值。在万余件有铭文的殷周青铜器中，像太师虘簋般完整记时的不过数十件，《夏商周断代工程 1996～2000 年阶段成果报告·简本》中提到约 60 件，其中有器形图像的仅 51 件。

西周金文中常见的纪时词语有"初吉""既生霸""既望""既死霸"，"初吉"指自初一至初十，"既生霸"指从新月初见到满月，"既望"指满月后月的光面尚未显著亏缺，"既死霸"指从月面亏缺到月光消失。"初吉"与"既生霸"互有重叠，"初吉"非月相；"既生霸""既望""既死霸"顺序明确，均为月相。"既"表示已经，"望"即满月，"霸"指月球的光面。

关于太师虘簋的时代，从器物造型、纹饰以及铭文字体的风格排比，可以断定太师虘簋是典型的西周中期遗物。郭沫若先生曾在《陕西新出土器铭考释》

太师虘簋铭拓

中，以师晨鼎的司马共为共伯和，故定此组器的年代为周厉王；陈梦家、唐兰、马承源、吴镇烽先生定为周懿王时器；《夏商周断代工程 1996～2000 年阶段成果报告·简本》和王世民、陈公柔、张长寿《西周青铜器分期断代研究》定为孝王前后器；陈佩芬定为夷王时器。

太师虘簋也作"大师虘簋"，因为铭文两次出现"大师"两字，"大"与"太"，古音同。太（大）师为官名，青铜器铭文常见；太师虘的器主，名虘，担任周王朝太师之职。太师为周代最高职官之一，与太傅、太保合称"三公"。

师量宫是王臣师量的家室，在金文中有很多宫名，师量宫较少见。在这次典礼中，师晨是大师虘的傧相，执行王赏赐虎裘这一命令的是智。师晨与智两人在师晨鼎、曶鼎、曶尊、㑚匜和克钟等器的铭文中经常见到。

太师盧之器传世的还有太师盧豆1件、太师盧盨3件、盧钟5件。从盧钟铭文的"盧乍（作）宝钟，用追孝于己白（伯），用享大宗，用濼（乐）好宾，盧罘（暨）蔡姬永宝"的语句分析，盧与蔡国女子婚配，铸钟的目的除用于追孝亡父己伯以外，还用享大宗。蔡国为姬姓，可知盧出身于非姬姓族氏，且是该族的小宗宗主，但却担任了周王朝的高级执政官员。

1972年4月15日，陕西省文管会在扶风县法门镇刘家村发掘一座西周墓葬，出土铜器16件，包括盧簋、盧爵各1件，盧簋铭文为"盧作父辛尊彝"，盧爵铭文为"盧作父辛"。"盧"字还在西周著名的青铜器史墙盘的铭文中出现过，字里行间透露出盧族成为周武王征伐的对象。北京出土的西周青铜器克盉和克罍的铭文中也有盧字出现。

散车父簋

——西周散国的代表器物

1960年3月，扶风县法门公社庄白大队农民陈志坚和侄子陈得财在召陈村西南500多米处挖苜蓿根，这块地当地人叫"白家裤裆"，是一块小凹地。陈志坚一镢头下去，突然听到"咣"的一声，他停下一看，地下全是"宝"。他告诉侄子碰上石头了，并让侄子提前回家。天黑后，他背着背篓到"裤裆"地里来，一口气背回三背篓宝贝。1971年6月，陈志坚将19件青铜器全部捐献给了国家，这批青铜器后调拨入藏陕西历史博物馆。

经考古工作者考证，陈志坚挖出的4件散伯车父鼎、5件散车父簋、2件散车父壶、3件婦叔山父簋、1件弦纹鼎、1件瓦纹匜、1件回纹盘、2件夔纹柄勺，都具有极高的文物价值，省政府为此专门召开文物保护颁奖大会，给予陈志坚400元奖励。

散车父簋共有 5 件，形制、纹饰、铭文均相近。器、盖各铸 3 行 17 字。前三件为一式，形制、花纹相同，除第二件铭文中"子子孙孙"变为"孙子子"外，其他均相同。敛口，鼓腹，兽首形耳，下有垂珥，圈足下饰三小扁足。器物有盖，盖沿与口沿下饰窃曲纹。最大一件通高 21 厘米，口径 19.1 厘米，腹深 11.4 厘米，重 6.4 千克。

后两件为一式，器形、铭文与其前三件相同，但盖沿、口沿和圈足装饰为重环纹。其中一件簋盖丢失，形制相同，鼓腹，敛口，兽首形下有珥，圈足下饰三

散车父簋

小扁足；另一件有盖，通高 16.8 厘米，口径 19.2 厘米，腹深 11.7 厘米，重 5.5 千克，盖沿与口沿下饰重环纹，两件簋重环纹的弧形口左右相对。

关于散车父器的时代，主要有西周中期后段、西周晚期两种说法。马承源、彭裕商等认为散伯车父器是西周晚期器，彭裕商根据其与颂器形制纹饰相近等特点定为宣王器。① 《夏商周断代工程 1996～2000 年阶段成果报告·简本》定为夷王前后器，王世民、陈公柔、张长寿《西周青铜器分期断代研究》定为西周中期后段时器。西周中期后段器与西周晚期器的区分有一定难度，懿孝夷的王年较短，三王相加才 22 年，而孝夷相加仅 14 年。如此短的时间，铜器的形制、纹饰与历王时器未必有明显的差别。尽管孝夷器与历宣器很难区分，但散伯车父鼎的历法四要素却俱全，为断代提供了重要依据。张懋镕先生根据散伯车父鼎的历法与夷

① 彭裕商：《西周青铜器年代综合研究》，巴蜀书社，2003 年版。

王时期相合，倾向将这件散伯车父鼎定在夷王时期。①

铭文中的散是国名，伯车父、车父是其字，散伯车父鼎中的"散伯车父"、散车父簋中的"散车父"和散车父壶乙中的"散氏车父"当为同一人，散车父壶甲中也称为"伯车父"。周初辅佐文王的散宜生可能是散车父的祖先。

关于散国的历史典籍记载较少，出土的器物也为数不多，过去出土的散器比较重要的就是散氏盘。这次出土的散伯车父铜器，是散器出土最多的一次，为研究散国的历史增添了新的资料。王国维在《观堂集林·散氏盘跋》中指出：散就是大散关之散，地点在今宝鸡县（陈仓区）西南，与矢国相邻。

散伯车父器是西周时期贵族婚姻的真实写照，同时也印证了文献记载的可靠性。散伯车父鼎是伯车父为亡妻所作

散车父簋铭拓

的祭祀之器；散车父壶则是为迎娶其妻而作，并将此事在宗庙告诉其过世的母亲，以祈求得到母亲的福佑；散车父簋是为继室所作之器。这一组青铜器反映了贵族续弦婚姻的全部过程。这一过程是在西周宗法礼制规定下、按照礼的要求进行的。婚娶是维护宗族的大事，因此散伯车父将娶妻续弦的过程用铭文的形式记录在青铜器上，告祭先祖先妣，也为我们研究西周礼俗提供了珍贵资料。②

有关散国的青铜器，还有早年在凤翔出土的西周晚期散伯器组，目前仅见

---

① 张懋镕：《宰兽簋王年试说》，《文博》2002 年第 9 期。
② 曹玮：《散伯车父器与西周婚姻制度》，《文物》2000 年第 3 期。

散伯簋4件、散伯匜1件。其中，2件藏美国哈佛大学福格美术博物馆，1件藏美国纽约大都会美术博物馆，1件藏上海博物馆。传世青铜器中有散伯卣，一卣藏故宫博物院，另一卣著录于《流散欧美殷周有铭青铜器集录》。[①]《考古图》著录有一件散季簋，仅有摹本。罗振玉《三代吉金文存》著录有一件散伯簋，但下落不明。传世的散国青铜器还有西周中期的散姬方鼎，也下落不明。

矢王簋盖
——西周矢国的代表器物

　　矢［zè］王簋盖1969年出土于宝鸡县贾村公社（今宝鸡市陈仓区贾村镇）上官村，为生产队农民在饲养室后边取土时发现后上交宝鸡市博物馆，当时共出土3件青铜器。宝鸡市博物馆立即派人前往出土地点调查，在同一出土处收集到一件完整的石磬和一些石磬碎块。矢王簋盖现收藏于宝鸡青铜器博物院。

　　矢王簋盖出土时无器身，盖径22.5厘米，高7.5厘米，捉手径9.6厘米。盖折沿，盖面中央设圈足状捉手，捉手口沿外卷，壁下部有一组对称的孔，捉手内底饰重环纹。盖面环绕捉手饰三周瓦楞纹，周边饰窃曲纹，每一单位窃曲纹作正方形。盖内铸有铭文3行17字："矢王作奠（郑）姜尊簋，子子孙孙其万年永宝用。"

　　古矢国虽是一个不见经籍记载的小国，但在周代传世器铭中却多次出现。可以看出，在西周中晚期，古矢国是一个比较活跃的小国。宝鸡出土与矢国有关的青铜器共计31件，其中，经过科学发掘、有确切出土地点的有14件，传世矢国

　　① 刘雨、汪涛：《流散欧美殷周有铭青铜器集录》，上海辞书出版社，2007年。

矢王簋盖

青铜器有 17 件。它们都集中出土在千水流域的宝鸡市陇县、千阳和宝鸡市东北贾村塬一带，表明这一带曾是西周矢国活动的中心区域。

从散氏盘、散季簋、散伯簋等铭文综合分析，矢国和散国都是周的诸侯国，矢国姜姓，散国姬姓，世代通婚，偶尔也闹些矛盾。张政烺认为"矢王簋盖应为矢王所作以媵送矢女之适于奠者。无论如何，矢王姓姜当无问题。"他又据散伯簋铭文"散伯作矢姬簋其万年永用"判断，散氏必定是姬姓，矢散二国互为婚姻。①

矢器不光是在宝鸡的千河流域屡屡出土，河南洛阳、江苏、山西等地也都有出土，而且这三处都与吴国的历史有关。有学者认为，"矢"的古音读为"虞"，虞与吴又相通，因此虞国是陕西宝鸡地区西周时期矢国的后代。

据史书记载，周太王生有长子太伯、次子仲雍和小儿子季历。季历的儿子昌聪明早慧，深受太王宠爱。周太王想传位于昌，但根据当时传统，应传位于长子，太王因此郁郁寡欢。太伯明白父亲的意思后，就和二弟仲雍借为父采药之机一起出走，来到了一个叫"荆蛮"的地方，建立了虞

---

① 张政烺：《矢王簋盖跋——评王国维〈古诸侯称王说〉》，《古文字研究》第十三辑，中华书局，1986 年。

矢王簋盖铭拓片

国。有学者提出太伯、仲雍奔荆蛮的地点，就在矢王簋盖出土地附近，即今宝鸡市陈仓区吴山一带。这一带的矢地内就是虞国，以居地称为"矢氏"。仲雍下传四代至周章时，武王已灭商，建立了周王朝。周初实行分封制，封周王亲族、灭商功臣、历代先圣后裔到各地做诸侯。因此，周武王寻找到太伯、仲雍的后裔——周章和虞仲，要封他们为诸侯。但因这时的周章（矢伯）已做了吴君，武王就因地追封周章为吴国君，同时封周章之弟矢仲于北虞（今山西平陆县境内），列为诸侯，其后人以虞为姓，矢仲因此称为虞仲，与其先祖仲雍同号。

虎簋盖

——国家夏商周断代工程分期断代研究的一大支点

1995年，丹凤县博物馆征集到一件青铜簋盖，征集时已出土较长时间。据发现人西河乡山沟村村民李新宽讲，器物出于村东一小梁，当时他为扩建房基炸山梁得到此器物。据考古人员后来勘察，现场已看不到古文化层，无法确定是墓葬还是窖藏。

这件青铜簋盖器身缺失，仅存器盖，当时已破裂为4块，但拼接修复后铭文却没有残缺。盖面有圆盘形捉手，捉手周围有一周抹光宽带，其纹

饰为放射状直棱纹，为西周中期恭、懿前后时器流行纹饰。盖口直径
23.5 厘米，圆形捉手直径 6.6 厘米，高 1.9 厘米，厚 0.5 厘米。盖内铸
13 行文字，每行 12 或 14 字不等，共 161 字，含重文符 1 个。虎簋盖现藏
商洛博物馆。

虎簋盖

铭文主要内容是周王对一位叫虎的重臣进行册命和赏赐，受册命者铸造了这
件青铜簋，为他的"子孙永宝用"，并作为"凤夕享于宗"的祭器。① 虎簋盖铭
文所记年、月、月相、日俱全，是研究西周历法的重要材料。

虎簋盖资料公布不久，就引起了夏商周断代工程青铜器专家的高度重视。围
绕虎簋盖属于西周哪个时代，专家们展开了激烈的争论。《考古与文物》编辑部
曾组织专家学者进行研讨，吴镇烽、王占奎、王辉先生认为属西周穆王时器，张
懋镕、周晓陆先生认为应属恭王时器。王占奎先生认为虎与师虎，二者职司不
同，尚不能完全肯定是同一人。张懋镕先生认为虎簋盖与师虎簋虎之文考日名
同，遣词造句相同或相近，故宜为同人之器。但在师虎簋中，虎已有官衔
"师"，其右者井伯官阶高于密叔，故师虎簋比虎簋稍晚。张懋镕先生后来在
《再论虎簋盖及相关铜器的年代问题》一文中认为应属穆王时器。彭裕商先生认

① 王翰章、陈良和、李保林：《虎簋盖铭简释》，《考古与文物》1997 年第 3 期。

虎簋盖铭拓

为应属夷王晚末。①

　　张闻玉先生认为与虎簋盖相关的器物，如师虎簋、望簋、牧簋、吴方彝、师汤父鼎、豆闭簋等，其年代大体都在西周穆恭时期，并从天象角度考证虎簋盖为穆王时器。② 江林昌先生认为虎簋盖铭有"密叔""内史""师戏"等人，"师戏"见豆闭簋，豆闭簋有"井伯"，此人用事在穆、恭两世。密叔可能即《国语·周语上》所述被恭王所灭的密康公，故"密叔"不应晚于恭王。虎簋盖载王年为三十年，而在西周中期穆、恭、懿诸王中，在位超过 30 年的只有穆王。因此，虎簋盖为穆王器当可确定。③

　　此间，李学勤先生应邀到台湾作学术交流，在台北故宫博物院看到了一件师虎簋，其盖的纹饰跟丹凤出土的虎簋盖相似，铭文中均有"文考日庚"，用字措

　　① 彭裕商：《也论新出虎簋盖的年代》，《文物》1999 年第 6 期。

　　② 张闻玉：《虎簋盖与穆王纪年》《考古与文物》2000 年第 5 期。

　　③ 江林昌：《夏商周断代工程的研究方法和技术路线》，《齐鲁学刊》2001 年第 3 期。

辞也均相同，由此可见两件器物为同一人所作。从虎簋盖铭记王命虎"胥（佐助）师戏"的记载看，当是"虎"初袭职时之事。因师虎簋为懿王元年之器，则虎簋盖时代必在其前。

后来，国家夏商周断代工程设立的西周青铜器的分期研究专题组，为了更加准确地推排出西周列王在位的年代与年数，在全国已出土的西周青铜器中，选取了铭文年、月、纪时词语与日名干支四要素俱全的关键性器物五件（组），以及一条古文献中的天象记录，再加《尚书》中的有关记载，建立推定西周王年的七个可靠坚实的支点。专题组选定的五件西周青铜器支点中就有虎簋盖（另外四件青铜器为：吴虎鼎、晋侯苏鼎、鲜簋、静方鼎）。

2013 年 11 月 28 日至 12 月 1 日，北京展览馆曾展出一件私人收藏的完整方座虎簋，内有铭文 200 余个，据传出土于清代，曾辗转海外百余年，21世纪初被国内藏家收购，至今保存完整。

逑伯双耳方座簋

——双耳方座簋的代表器物

1981 年 9 月，宝鸡市区由于连日阴雨，许多房屋、窑洞塌毁。9 月 23 日，金台区纸坊头村侯万春家一孔窑洞塌毁了，塌土中发现大量青铜器。第二天早上，宝鸡市群众艺术馆干部韩九鼎路过侯家门口时，侯万春告诉韩九鼎，他家窑背垮了，发现了青铜器。韩九鼎看过后当即交代老同学侯万春，不要让人乱看，一定要保护好现场。他立即骑上自行车到馆里，将这一情况打电话告诉了宝鸡市博物馆的胡智生。胡智生一听立即赶到艺术馆，在韩九鼎的带领下来到侯万春家。一进侯万春家的院子，但见房屋后一大堆土，土中夹杂有不少陶片、白灰和朱砂，他断定这是一处墓葬。

侯万春告诉他们，发现这些东西后，他就赶紧收拾起来放到楼上了，邻居都争着要看，他怕出事，想把这些交给国家，家里也就安宁了。当天下午，14件青铜器就运到了宝鸡市博物馆收藏。据侯万春讲，这孔窑是1926年时他父亲打的，当时发现了4件铜器和许多玉器，但已被古董商收购，下落不明。

经考古人员勘察，这是一座较大的西周残墓，编为纸坊头1号墓。经整理，出土遗物计39件，其中青铜礼器14件，鼎4件、簋5件、鬲2件、甗、罍、觯各1件，全部出在墓葬西壁二层台上。因墓葬已被扰乱，青铜礼器组合已不完整，鼎、簋不全，缺少尊、卣、爵等酒器。因此，侯万春父亲当年挖这孔窑洞时所出铜器，当为墓葬塌陷时从二层台上掉下墓坑内。这一现象推测可从竹园沟7号墓即伯各墓的情况来证实。该墓本来放置在二层台的1件大口尊和2件铜瓿，发掘清理时却在墓坑内。

強伯双耳方座簋及其铭拓

纸坊头1号墓出土的这件強伯双耳方座簋，通高31厘米，口径25厘米，方座21厘米×22.5厘米。圆口外侈，敛颈，鼓腹较深，高圈足，有四方座。两兽耳有长方形垂珥，垂珥微内敛。兽耳作牛头，牛角翘立，两耳侧竖，吻部突出。特别引人注目的是，牛头上有一恶虎盘卧，虎咧嘴竖耳，口衔牛首，前爪抓攫牛耳，簋耳两兽耳弯曲细长处恰为虎身，后爪扒伏器壁，长尾下垂，尾稍上卷。腹饰两组大饕餮兽面，兽面圆目巨口，双角向内卷曲，鼻梁处有突起大扉棱。兽面两侧饰两组回首折身夔龙。圈足上饰四组夔龙，中有脊棱相隔。夔龙两两相对，长身、拱背、卷尾。圈足连接方形高座，方座四角各饰浮雕状小牛头一组，四壁饰大牛头四组，以转角线作中轴，牛角微曲，翘立器外。牛头两侧均饰回首折身夔纹。圈足内有悬环，环上系有铜铃，奉簋时铃声响动，清脆悦耳。铜簋主体纹饰用高浮雕牛首、饕餮兽面装饰，细密云雷纹衬底，立体感极强。恶虎扑牛的布局巧具匠心、壮观传神，与腹壁大饕餮兽面浑然一体。整个器型既奇特华丽而又庄重端严，颇有王室庙堂之气。

总体来看，双耳簋的装饰有三个层次，第一层是平雕云雷纹，第二层是高浮雕的兽面和夔龙，第三层是双耳、扉棱、牛角等圆雕。三个层次以其不同的内容和力度层层推出，牛首这一主题纹饰被一再地重复和强调，恰似交响乐中重复奏响的主旋律，而辅助纹饰则似在铺作，填满所有的空间。整个器物造型庄重端严，纹饰繁缛富丽，冷艳神秘的气氛夺人心魄。簋内底铭文两行六字"白（伯）疆乍（作）宝尊簋"，表明这件簋是为疆国的第一代国君铸作的陪葬品。疆这个封国虽然在先秦史料中找不到记载，但考古发现它是西周王畿附近的一个小方国则无疑；由于史料无载，这个方国到底叫"疆（鱼）"还是"强（羌）"，学界认识也不一致。但"伯"的称谓足以表明，其国君的身份地位是不容置疑的。

疆伯双耳方座簋，从其艺术风格看，其恢宏的造型，繁缛的装饰，以及写实的圆雕技法，很大程度上承袭了商文化的衣钵。这种影响一方面是由商人传播过来的，另一方面可能来自陕西南部的巴蜀文化。耳部的虎口噬牛首非常特别，商周时代牛有着特殊地位，被赋予神性。古代祭祀所用牺牲称为牢；牛、羊、豕三牲全备为"太牢"；只有羊、豕，没有牛为少牢。由于祭祀者和祭祀对象不同，所用牺牲的规格也有所区别。天子祭祀社稷用太牢，诸侯祭祀只能用少牢。不仅如此，商周时期，常用牛的肩胛骨来占卜。显然，牛的出现往往与祭祀有关，与人的身份地位有关。疆伯作为西周时一个方国的君主，自然其身份地位不低。

簋的底部有一铜铃，宝鸡石鼓山出土的青铜簋上也有铜铃。北方草原地区青铜器上常有这种装饰手法，但时代较晚。有学者认为疆国地处周人与西南、西北

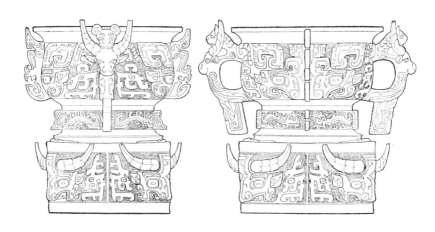

弜伯双耳方座簋线图

和北方草原文化之结合部，因此出土器物上包含有多元文化。

在铸造方法上，这件双耳方座簋采用了"自锁"结构，铸造时先铸簋耳，后铸簋体，为了尽可能使耳部与簋体铸接牢固，除了在耳部结合处设计小榫头外，还将耳部结合处的泥芯掏去一部分，青铜液注入，可经簋体的型腔，充盈预留孔，形成接榫的"自锁结构"，使双耳与簋体更好地融合固定，这样整个簋体就融为一体，更加结实稳固。

这种带方座的青铜簋多盛行于西周早期，且大多出土于陕西关中西部的宝鸡地区，不仅有着较强的时代特征，还有着较明显的地域分布特点，加上王者之气的华丽装饰，因此备受学界关注。张懋镕先生研究认为，宝鸡是方座簋的发源地①。宝鸡县硖石林家村（今宝鸡市金台区）出土的先周时期的兽面纹方座簋被认为是目前年代最早的一件方座簋。此外，宝鸡戴家湾出土的鸟纹方座簋（美国赛克勒美术馆藏）、甲簋（上海博物馆藏）、陇县出土的凤鸟纹方座簋（陇县博物馆）等，均为西周早期方座簋的经典之作。

此外，湖北随州叶家山曾侯墓葬群、羊子山鄂国墓葬也出土过弜国青铜器。宝鸡与随州两地出土的弜国青铜器在形制、铭文等方面有诸多相似之处。

---

① 张懋镕：《西周方座簋研究》，《考古》1999 年第 12 期；《再论西周方座簋》，《陕西历史博物馆馆刊》第 9 辑，三秦出版社，2002 年。

牛首乳钉纹四耳簋

——西周青铜器中出类拔萃的艺术珍品

2012 年 3 月 20 日和 4 月 14 日，宝鸡市渭滨区石鼓镇石嘴头村民在取土时相继发现西周时期青铜器；6 月 22 日在开挖房屋地基时又发现青铜器。文物工作者勘察认为，是一座西周早期的贵族墓葬。据此推测前两次青铜器也应该出土于墓葬，依次编号为 M1、M2、M3。

青铜器出土的石嘴头又称石鼓山，北临渭河，河的对面就是闻名中外的斗鸡台墓地；东濒茵香河，现在这里已被辟为宝鸡高新技术开发区。西宝公路南线从石鼓山东西穿过，将石鼓山拦腰截断，路北偏东就是新建的宝鸡青铜器博物院；路南偏西较平缓的�塬上就是渭滨区石鼓镇石嘴头村四组的老堡子。这里地势高隆，依山傍水，风景秀丽，文化内涵丰富，上迄仰韶，下至秦汉，尤以龙山文化与先周文化堆积为最，文物普查中被定为省级文物保护单位。说明自古以来，石嘴头就是人类繁衍生息的理想场所。

1983 年 1 月 4 日，石嘴头村村民耕地时就发现了涡纹鼎、当卢、铜泡、车饰等西周早期青铜器，后送交博物馆。1992 年 2 月，石嘴头村农民在挖地基盖房时，发现一批古代铜器，出土兽面纹铜鼎 1 件，史妣庚铜觯 1 件，其他多为车马器，兵器，另有玉器、蚌泡等。1999 年，文物工作者配合国家基本建设，又在这里进行了较大规模的考古发掘，发现了一批秦汉时期的文化遗存。

石鼓山 M3 为一座长方形土圹竖穴墓，南北向，墓长 4.3 米，宽 3.6 米，残深 2.4 米。由于村民取土和平整宅基地，墓葬上部不存，依据南部土崖 5.6 米的高度和地形地势判断，墓葬的深度应在 7 ~ 8 米之间。在二层台上部的东、北、西侧壁向外挖有壁龛。自东、北、西依次编号 1、2、3、4、5、6 号龛。除 5 号龛外，其余龛内放置有青铜礼器。

牛首乳钉纹四耳簋就出土于 M3 的壁龛中，器物通高 29.7 厘米，口径 35 厘米。牛首四耳簋造型庄重、装饰典雅、铸造精良，是西周青铜器中出类拔萃的艺术珍品之一。

该簋侈口，深腹直壁，体有四兽耳带小珥，高圈足，足下有厚边条。器颈、

牛首乳钉纹四耳簋

腹部饰有四道高扉棱，圈足及足的外缘各饰八道扉棱。在器腹上、下方各装饰三排排列规整的长乳钉纹，共 192 枚。腹中间饰一周直棱纹，圈足饰夔纹。四兽耳的上方为立片状铜牌式。在牌的正面有两道凸出的扉棱，扉棱之间饰有一凸出的小牛首，在牌的背面也饰有一小牛首，又正好与对面的牛首隔沿相望。四耳的牌下方为牛首浮雕装饰，在牛首浮雕的下面有一小牛首浮雕，在下垂的小珥的两侧面也各饰有一小牛首的造型，使每个耳上共有 6 个牛首。颈部四道高扉棱顶部各浮雕牛首 1 个，整器共有 28 个牛首，是目前所见此类器中牛首最多的一件。在耳的两侧上下方用阴线各雕饰着夔纹，两夔纹间雕饰鸟纹。簋铸造精致，端庄大气，造型与工艺都达到了极高水平。整器以叠床架屋的手法将牛首的浮雕层层饰出，这种装饰的手法是极为少见的，再加上尖而耀眼的棘刺状乳钉纹的装饰，更显示出了此簋的美观大方。

在宝鸡出土的青铜器中，有一个值得注意的现象，即相当一部分器物以牛羊

首为装饰主题。青铜器的主人和它们的设计者，似乎对牛、羊情有独钟，这也是宝鸡青铜器地域性文化色彩浓重的突出表现。宝鸡正处我国古代农耕、游牧、骑猎三大文化圈的结合带，牛羊与当地居民生活关系极为密切，因此牛羊形象在当地文化中处于被推崇的地位，艺术与社会生活的血肉关系在此得到充分显示。

四耳簋在历史上很少发现，据不完全统计，现今存在于世的只有十多件，加上图书著录的也不过 30 件。其中有确切出土记录的只有 7 件，馆藏的国内外合计 9 件，其他的仅见于各类图书著录。除了这件牛首乳钉纹四耳簋外，宝鸡地区还出土过两件相似的青铜簋。一件为 1981 年出土于宝鸡纸坊头 1 号墓的牛首四耳簋，通高 23.8 厘米，口径 26.8 厘米。还有一件是从宝鸡戴家湾西周墓被盗掘流失海外、存于美国佛利尔美术馆的牛首乳钉纹簋，通高 23.2 厘米，宽 36.6 厘米。但石鼓山出土的牛首乳钉纹四耳簋，器形更大、乳钉更长、牛首更多、铸造更精美。

牧 簋

——铭文最多的青铜簋

牧簋原器已佚，北宋吕大临《考古图》中有器形摹画，据称"得于扶风"，为"京兆范氏"收藏。南宋薛尚功《历代钟鼎彝器款识法帖》中亦有著录。两书均收录了铭文的摹本，并附有释文。

据《考古图》所摹器形，牧簋是一件无盖方座双耳簋，形制尚保存西周早期的特点，侈口束颈，口下有一周窃曲纹，中央有兽头突饰，腹和方座四壁饰波带纹。圈足饰一周大小相间的横鳞纹，双耳上端有兽头，口吐卷舌，下端有垂珥。

牧簋铭文摹本

关于牧簋的制作时代，唐兰先生断为恭王时器，①"夏商周断代工程"的西周历谱定其时代为懿王，②《夏商周断代工程1996～2000年阶段研究成果报告·简本》定为夷厉前后器，王世民、陈公柔、张长寿《西周青铜器分期断代研究》定为西周中期偏晚当孝夷前后器。彭裕商先生则认为，牧簋器形纹饰接近西周晚期的虎簋和卓林父簋，但从耳形来看，牧簋年代更晚；牧簋铭文"王若曰……王曰……"同于宣王时的毛公鼎、师询簋等，"毋敢……毋敢……"措辞同毛公鼎，这些都可看出牧簋具有很多宣王时器的特点，其年代可能在宣世，至多只能到厉世，鉴于该铭内史吴见于师虎簋和师痶簋盖，故暂定其年代在厉世③。

牧簋器内有铭文21行221字（李学勤《四十三年佐鼎与牧簋》中为227字），含重文符2个，是目前青铜簋中铭文最长者。其铭文是关于周王册封一个名叫牧的贵族担任官职的一篇命辞。由于古代刊本青铜器铭文均为摹本，加之可能因为没有彻底除锈，许多字形容易出现缺失和讹误，铭文识读较难，仅能在参

---

① 唐兰：《西周青铜器铭文分代史征》，中华书局，1986年。

② 夏商周断代工程专家组：《夏商周断代工程1996～2000年阶段成果报告》（简本），世界图书出版公司2000年。

③ 彭裕商：《也论新出虎簋盖的年代》，《文物》1999年第6期。

牧簋器形线图

照其他铭文基础上加以推测。

　　2003 年眉县青铜器窖藏发现后，学者们发现四十三年逨鼎与牧簋铭文可以进行对读。李学勤先生认为牧与逨（李学勤先生释为佐）所任官职是接近的，牧的职务是司士。司士一职见于《周礼·夏官·司士》："司士掌群臣之版，以治其政令……以诏王治，以德诏爵，以功诏禄，以能诏事。……正朝仪之位，辨贵贱之等。……凡邦国三岁则稽士任而进退其爵禄。"可知司士是职掌群臣的考察任免，进退禄爵，以佐王之吏治的显官。从牧簋铭文可知，牧本来已任司士，周王在此次册命中又扩大他的权限，命他以法绳治群臣百僚。周王说当时朝中有事，出现不合法律的囚禁，对民众也多有暴虐的情形；审讯嫌犯时不公正，一味置之死地。周王要牧对这些问题进行考察，使违法者服罪，并查明其原因。牧的工作与逨"官司历人"一致，只是逨做的是日常职责，牧则受命进行一次专门考察而已。①

---

① 李学勤：《四十三年佐鼎与牧簋》，《中国史研究》2003 年第 2 期。

尊

　　尊为大中型盛酒器和礼器。古书上说这种器物"为器虽小，而在礼实大"。由此可见，尊在古时候的地位之高、意义之重大。尊流行于商周时期，春秋后期偶有所见。尊与彝一样，原是成组礼器的共称，宋朝之后开始专指一类器物。尊的基本造型是侈口，长颈，圆腹或方腹，高圈足。商早中期，尊均有肩，圈足上多带"十"字孔，主要是圆体尊。商晚期至西周早期有方形尊和觚形尊。方形尊仍带肩，肩上多饰有数个圆雕兽头；觚形尊又称大口筒形尊，形似觚而体较粗，商晚期圈足上有"十"字孔或象征性的"十"字，西周早期"十"字消失。这两种尊器表多饰有凸起的扉棱，铸有蕉叶、云雷和兽面纹，显得雄浑而神秘。西周时，又出现了垂腹的圆尊，形状为大口，长颈，鼓腹下垂，圈足低矮。整件器物线条柔和，花纹也比较简单，已失去了有肩的圆、方形尊和觚形尊的气势。

何　尊

——最早记录"中国"一词的青铜器

何尊1963年出土于宝鸡县（今宝鸡市陈仓区）贾村镇西街，其造型庄严厚重，纹饰精美，尊内底铸有铭文12行122字，3字残损，现存119字。其中"宅兹中国"（大意为我要住在天下的中央地区）一句中为"中国"一词最早的文字记载。

何尊通高38.8厘米，口径28.8厘米，重14.6千克。全器造型如"亚"字，长颈，腹微鼓，高圈足。体侧装饰有四道镂空扉棱，从上至下将圆形器体分为四个部分。主体花纹为高浮雕兽面纹，位于中部，巨目利爪，狰厉凶猛。口沿和圈足部位的纹饰，分别为兽形蕉叶纹和相对简单的浅浮雕兽面纹。整器的装饰以雷纹为底，部分采用三层花的装饰手法，看起来华美瑰丽。何尊的造型有原始图腾的天真、厉鬼般的狰狞、谶语般的诡秘、苍松般的威仪、黑云般的凝重，通体散发着一种"狰厉之美"。何尊现藏宝鸡青铜器博物院，为国家一级文物，国家文物局首批禁止出国（境）展览文物之一。

何尊

1963 年 8 月，宝鸡县贾村镇西街村民陈堆去后院上厕所，无意间看到对面因前几天下雨坍塌下一大块的土崖上好像有亮光，回来对妻子说，后院崖上有古物，像两个眼睛看着他。夫妻俩就搬了一块木板当梯子搭在崖上，陈堆先用手刨，后用手锄刨去四周的土，一件青铜器就滚下来了，夫妻俩就把它抬放在屋里墙角，上面用一床旧棉套盖着。

第二年，由于收成不好，陈姓夫妇从宝鸡返回老家固原，临走的时候，把锅碗等家具以及那件铜器都放在一个木柜里，柜锁也没有，就架放在二哥陈湖家楼棚上。1965 年 8 月，陈湖家因经济拮据，连买盐钱也没了，便把青铜尊背到宝鸡当废铜卖，跑遍了市内的收购站，人家都要除掉铜锈，最后到了群众路收购站，那里的工作人员好说话，不除铜锈付了 30 元钱，他便将青铜尊卖到了废品收购站。

1965 年，宝鸡市博物馆干部佟太放在市区玉泉废品收购站看到一件高约 40 厘米的铜器，见其造型凝重雄奇，感觉这应该是一件比较珍贵的文物，便向馆长吴增昆汇报，吴增昆随即让保管部主任王永光去查看。9 月 3 日，王永光和佟太放赶至废品收购站后，断定这是一件珍贵文物，便以 35 元将这尊高 39 厘米、口径 28.6 厘米、重 14.6 千克的铜器买回博物馆。这件铜器由于锈蚀颇重，也未作内底的除锈，因而没有发现铭文。但此器造型雄浑，纹饰华丽，制作精美，是宝鸡市博物馆自 1958 年成立以来的第一件青铜器入馆，因而被奉为至宝。

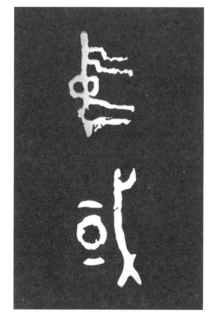

何尊铭文中的"中国"

1975 年，为纪念中日建交，国家文物局要在日本举办中国出土文物精品展，王冶秋局长聘请青铜器专家马承源先生组织筹备。马承源很快从全国各地调集了 100 件一级品文物，其中就有宝鸡出土的一件饕餮纹铜尊。马承源在故宫武英殿见到这件青铜器后，反复看了好几遍，心中一直纳闷，造型这么大的器物为什么没有铭文？随即他用手在铜尊内壁底部反复摩挲，感觉底部某个地方似乎刻有文字。他大为振奋，随即让人送去除锈。经过清除泥土和锈迹，果然在铜尊底部发现了长篇铭文。作器者为"何"，因而命名为"何尊"。因为这一重大发现，国家文物局取消了何尊赴日本展出的安排。1980 年，国家文物局又请马承源组织筹备"伟大的中国青铜器"展，以赴美国进行友好交流。美方提出展品中必须有何尊。国宝出展，身价倍增，最后投保达 3000 万美金。此后，何尊多次出展，向世界人民展示了中华民族悠久的历史和灿烂的文化。

何尊内底铭文大意是，成王五年四月，周王开始在成周营建都城，对武王进行丰福之祭，周王于丙戌日在京宫大室中对宗族小子何进行训诰。内容讲到何的先父公氏追随文王，文王受上天大命统治天下。武王灭商后则告祭于天，以此地作为天下的中心，统治民众。周王赏赐何贝 30 朋，何因此作尊，以作纪念。

唐兰先生考证，何尊制作于周成王亲政后的第五年。在青铜器铭文中，西周初期经常把纪年称"祀"，据现有的材料，这篇铭文所记成王五祀是最早的。过去历史学家都认为周公摄政七年并不包括在成王在位年数之内，从何尊铭文可知，"元祀"以后才是成王亲政后的纪年。[①] 李学勤先生认为，何尊作于周康王五年，应为康王时代的一件标准器。[②] 王世民、陈公柔、张长寿先生定为成王时期标准器。[③] 今大多学者认为何尊为成王时器。

据文献记载，西周成王时，曾有迁宅洛邑一事。司马迁在《史记·周本纪赞》中则认为当时成王仍都丰、镐，未迁洛邑，《吕氏春秋》等书也说成王营居于成周。此事是否确实，学术界一直存在分歧。何尊铭文开篇便有"唯王初迁宅于成周"的记载，证实成王确实迁居到洛邑，从而解决了西周初历史研究的疑案之一。1981 年岐山出土的新邑戈和 2008 年周公庙出土的新邑卜甲，也都佐证了这一事件。

① 唐兰：《何尊铭文解释》，《文物》1976 年第 1 期。
② 李学勤：《何尊新释》，《中原文物》1981 年第 1 期。
③ 王世民、陈公柔、张长寿：《西周青铜器分期断代研究》，文物出版社，1999 年。

何尊铭拓

何以为尊，首铭中国。何尊最大的价值是铭文中"中国"二字作为词组最早出现。"中国"一词的概念和内涵不是一成不变的，而是不断演变、发展、扩充的。在华夏民族形成的初期，由于受天文地理知识的限制，总是把自己的居域视为"天下之中"，即"中国"，而称他族的居域为东、南、西、北四方，"中国"最初只是一个方位区划上的概念，即中央之城或中央之邦。公元前21世纪，夏朝的建立标志着中国统一国家政权形式的诞生，这时"中国"的概念才有了的政治含义。《尚书》注云："冕服采章曰华，大国曰夏"，"华夏，谓中国也。"商朝时也出现"中商""大商邑"的称谓，而对周围各族则称之为"方"。从周初开始，以黄河流域为中心的华夏地区才开始被称作"中国"。

甲骨文和金文中的"中"字像一旗杆，上下有飘带，旗杆正中竖立，本义为中心、当中，指一定范围内部适中的位置。金文中早期的"国"字作"或"，从字面讲，它由城池和干戈构成，表示"执干戈以卫社稷"，当时人们认为，一个国家

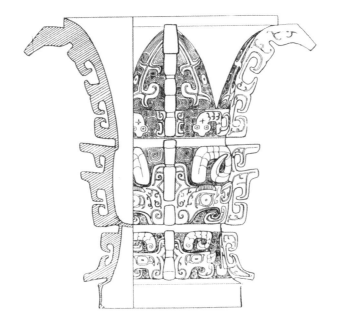

何尊线图

不仅要有自己的城池，而且要有军队，才能称为"国"。有学者认为，金文"或（国）"之所以没有外加"囗"，是因为西周时期"普天之下莫非王土"，所有的土地都是周王的，所以没有必要在"或（国）"外加"囗"。后来在此基础上又外加"囗"以为国界、范围，属于文字上的自然演变。

综合而言，何尊的铭文史料价值极高：一是证实了周武王灭商后，就产生了在伊洛这个天下中心建立都城、一统天下的战略意图；二是此器作于周成王五年，作为实物证据，为解决周公摄政的七年是否包括周成王在位年数之内的历史课题提供了直接资料；三是证实了周成王要迁居成周并付诸行动这样一个史料不详的重大事件；四是铭文中"中国"两字作为一个词组第一次出现，尽管与现在的"中国"一词不是同一个地理概念，但其意义十分重大。同时，铭文述及周初重要史事，与成周（洛邑）兴建有关，对研究古代历史文化与河南地方史、城市建设史等都有非常重要的意义。

1998 年，马承源先生到新落成的宝鸡青铜器博物馆参观时，听讲解员介绍何尊为镇馆之宝时,他当即指出:"它应是镇国之宝,不仅仅是你们的镇馆之宝。"[1] 1982 年我国发行的第一套文物特种邮票中,何尊居其一。

关于何尊的出土地,宝鸡当地学者考证,贾村塬并非何尊原始出土地,应该是由于某种原因被人临时掩埋于此,久被遗忘,后偶然被人发现。宝鸡市文博工作者曾多次前往贾村,在挖出何尊的陈家后院进行了调查和钻探,但在其周围并没有发现墓葬和遗址的痕迹。出土何尊的贾村镇不远处就是著名的戴家湾遗址。民国年间,军阀党玉琨曾在此大肆盗挖古墓,盗掘出土铜器千余件。就造型而言,戴家湾出土的一件饕餮纹尊与何尊的造型极为相似。从铭文关联来看,何尊铭文所反映的事件和时间与周公联系紧密,与周公东征方鼎的文化背景如出一辙。联系盗掘斗鸡台墓地事件可以推测,何尊原始出土地应该在斗鸡台墓地比较合理。

从党玉琨当年在戴家湾盗宝的背景来看,其征用的民工主要来自斗鸡台周围的村庄。戴家湾、冯家崖、蟠龙、广福、贾村、金河等村的村民,很多都被党玉琨拉去挖过宝。尽管党玉琨当时防范严密,但民工私下藏匿或转移文物的事确曾发生过。一个叫杨冬满的民工,就曾被怀疑有偷盗文物的行为,被党玉琨下令活埋了。所盗宝物被"土匪"哄抢的事也发生不止一次。在这种情况下,何尊完全有可能最先出自斗鸡台墓地,被贾村镇挖宝的民工偷回后埋藏,1963 年被再次挖出。否则,这样一件重要器物,怎么会出现在一个既不是墓葬,又不像窖藏,且又不是遗址的地方。

琱生尊

——西周家族财产分配的真实记录

2006 年 11 月 8 日,扶风县新店镇五郡西村组长刘东林带领刘银科等几个上

① 段德新:《情系青铜器——记青铜器专家马承源先生》,汉唐网。

了年纪的人在北坡上的楞坎边挖土，为村上修水渠整理基础。约下午六时，刘东后的镢头挖到了硬东西，大家便用铁锨顺地面铲过去，露出了两排发绿的钉头。他们丢下铁锨，用手刨了刨疏松的土，一件满身带钉的青铜器露了出来。因为村里以前出土过编钟，他们一眼就认出这是编钟。他们把这件青铜编钟抬上架子车放好，又往下继续挖，结果越挖越多。他们决定先对文物进行登记，刘东林回家拿来笔和本子，由刘银科执笔。但由于东西太多，又叫不上名字，简单登记了一会，便发现这不是他们能干的事，应该赶快报告政府。他们商定，由组长刘东林和刘银科回家打电话，其他四人留下来看护好现场。

刘银科和刘东林急忙赶到刘银科家，通过 114 查到了宝鸡市文物局文物科电话。电话拨通后，文物科张建荣同志告诉他们守好现场，文博人员马上就到。下午 7 时多，扶风县文化文物局局长毕远志赶到五郡村。毕局长主动出示了工作证，两位村民认真地看了证件后，才放心地把他们带到了文物出土现场。不久，县文化文物局、博物馆和县公安局干警陆续到达文物出土现场。8 时多，县委书记王拴虎、县长王琳和县公安局局长等也很快赶了过来。随后市文物局局长任周方、副局长刘宏斌带领市考古队工作人员和记者也相继赶到。市县领导对六位农民保护文物的行为给予了高度评价，详细询问了发现经过，商定了工作方案。次日零时左右，在当地村组干部和公安干警的配合下，将已出土的 24 件（组）文物安全运回了扶风县博物馆保管。

9 日上午，陕西省文物局副局长刘云辉等领导参加了"扶风上宋（乡）红卫群众保护文物表彰大会"后，专程赶到了五郡文物出土现场，亲切接见了 6 位护宝功臣。经过 3 个多小时的发掘和清理，最后 3 件青铜器被宝鸡市考古队一一提取出来。经清理，该窖藏共出土文物 27 件（组），计有青铜鼎 1 件、簋 2 件、尊 2 件、斗 3 件、编钟 5 件、矛 12 件、汉白玉杖头饰 1 件、马器 1 组（103 件）。[①]

这批青铜器保存完好，器形硕大，造型精美。其中两件平底大口尊器形独特，纹饰别致，属首次发现。两件尊器形、纹饰基本相同。器物通高 32 厘米，

---

① 刘宏斌：《吉金现世三秦增辉——扶风五郡西村青铜器发现保护亲历记》，《文博》2007 年第 1 期。

口径32.4厘米，腹径13.8厘米。口斜沿，外侈，方唇，束颈，斜直腹下收，凹底。颈下部饰重环纹一周，重环纹"U"形口朝左。腹部饰三角状折带纹一周，细阳直线纹衬地。从范痕观察，腹部有四条范缝从口沿一直延伸到底部，浇铸时腹部应有4块等分外范。底部为1块范，有范裂痕迹，并有浇口和卯口。各有相同的铭文14行113字，铭文为一范嵌在内范上。器主与传世重器五年琱［diāo］生簋、六年琱生簋为一人，器自名"尊"。由于铭文首句为"隹五年九月初吉"，琱生尊也称五年琱生尊。

琱生尊

琱生簋也是一对两件，形制、造型、纹饰、大小基本相同。其中保存较完整的五年琱生簋有铭文11行104个字，现保存在美国耶鲁大学博物馆。保存在国内的六年琱生簋，有铭文11行103个字，现收藏于中国国家博物馆，为1959年由张少铭先生所捐赠。由于以往诸家对五年琱生簋、六年琱生簋的铭文分别释读，其内容往往被理解为两件事，1979年林沄先生首先将其连读，给琱生器的研究带来了崭新的局面。①

三器连读后我们可以看出，"五年琱生簋"铭文叙述的是事件的起始，"琱

---

① 林沄：《琱生簋新释》，《古文字研究》第3辑，中华书局，1980年。

生尊"叙述的是事件的进展，而"六年琱生簋"铭文叙述的是事件的结果，琱生尊铭文所记的事，刚好是"五年琱生簋""六年琱生簋"铭文之事中间的那一段，它与两件青铜簋一起，构成了一个完整的事件。

五年琱生簋铭拓

五年琱生簋：五年正月己丑这天，琱生在家举行祭祀的时候，妇氏和召伯虎来议事。琱生献礼相见，妇氏给琱生一壶并传达君氏的命令说："我老了，要告退了。我已经详细登记了土地、人口，分配之事我已经告知召伯虎，召伯虎也已经听从了我的意见。公分得三份，你就分得二份；公分得二份，你就分得一份。"琱生献给君氏一件大璋，送给妇氏一束帛、一块玉瓗。召伯虎说："我已经询问清楚了，我遵从我父母的命令，我不敢违背，到时候我会执行我父母的命令。"琱生献给召伯虎圭。

琱生尊：五年九月初吉，召姜送给琱生五个车饰和两个壶，并传达君氏的命令说："我老了，即将告退。我已经详细登记了土地、人口，分给你们。你要答应我，不要使你分得的财产散失。我分得三份，你分得二份。你的兄长继承公位后，作为弟弟，你要拥护他。"琱生献给君氏大璋，送给妇氏帛束、璜一。执掌事务的官吏做了记录，并举行了盟祭，召姜和琱生核验确认文书。琱生拜谢宗君的美意，制作了召公的祭器，用以祈求福祉，子孙世世享有。"如果有人敢违背这个命令，说你是役使召人（而反对你），公会惩罚他。"

六年琱生簋：六年三月甲子，王在劳京。召伯虎对琱生说："向你道贺！"又说："我把公赐予的贝用来落实相关文书与协议。作为兄长，我既要确立约定，也要兑现承诺，这也是我父母的命令。我向你道贺。我已经把要分配的田邑交给有关官吏审查，我不敢私自核对文书，现在我已经吩咐相关官吏：遵从命令去处理。我已经把相关文书签上了名字，现在献给你。"召伯虎又送给琱生一块璧。琱生拜谢族长的美意，制作了祭器希望万年子孙永保，用于宗庙祭祀。

琱生三器记录了一次完整的分家过程，既有家族内部的协调，也有政府官吏的参与，并包含大量相关礼仪，对于研究周代家族形态、土地制度、法律制度、

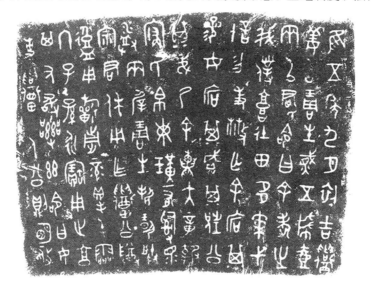

琱生尊铭拓

社会生活和相关礼制有重要的意义。关于琱生三器铭文的记载是否说明了琱生和召伯虎之间存在行受贿的行为，这在学术界一直都是有争议。多数意见认为，琱生和召伯虎之间是"礼尚往来"，是西周时期"礼"的表现形式，并不存在行受

六年琱生簋铭拓

贿行为。有学者认为，即使把琱生和召伯虎之间的行为放在西周时期法律框架内和语境中，也是禁止和受处罚的。当然，如果以现代法制的标准，从历史的发展轨迹中纵向探究贪贿的脉络，这就是一起典型的行贿受贿行为。

琱生器理解的难处就是因为其人物众多，关系复杂。它涉及的人物有：琱、妇氏、君氏、召、伯氏、召伯虎、召姜、召公、幽伯、幽姜、有司，此外还有余、我、女（汝）等代词夹陈其间，十分复杂。

"琱生"为召公后裔，召氏家族小宗，地位较低。张亚初先生将琱生之生读甥，认为琱生母是琱族之女，娟（妘）姓。① 西周铜器中有"琱生作文考宫仲鬲"，可知琱生之父为宫仲，当是召氏分族之长。琱生在宣王时为太宰，在周王朝是位举足轻重的人物，召氏家族分财产给他，可能与此有关。

"召伯虎"是王朝公卿、召氏家族宗君的嫡长子、大宗的法定继承人，但在其父母尚在世的情况下，仍要遵父母之命办事，不敢随意变更。郭沫若先生认为

① 张亚初：《西周铭文所见某生考》，《考古与文物》1983 年第 5 期。

召伯虎即见于《诗·大雅·江汉》之"召虎"。林沄先生认为召伯虎即厉王、宣王时重臣召穆公。

关于琱生诸器的时代，郭沫若、王辉先生定为宣王时器，陈梦家先生定为孝王时器，马承源先生定为西周中期器，李学勤、林沄等先生定为厉王时器，王世民、陈公柔、张长寿《西周青铜器分期断代研究》亦定为西周中期器。

琱生尊出土地点清楚，表明琱生家族就居住在扶风城关镇五郡村一带，相传五年、六年琱生簋早年出土于陕西，其具体出土地点也应在五郡村附近，而且这一带也是召氏家族的势力范围。1949 年以前，在陕西扶风岐山一带还出土过琱生鬲。相关的青铜器还有周生豆、琱我父簋等。

盠驹尊

——中国最早的驹形青铜器

1955 年 3 月，眉县马家镇杨家村李家村民小组（今杨家村第 6 组）村民李喜娃到村子北坡自家地里挖苜蓿。这块地料礓石多，挖着挖着，镢头碰到了硬东西，他以为是石头就轻轻地挖，谁知竟一口气挖出了 5 件青铜器（驹尊 1 件、方尊 1 件、方彝 2 件、驹尊盖 1 件）。李喜娃一看驹尊器型很可爱，是个"金马驹"；另一件方尊，他当作马槽。挖出了"金马驹""金马槽"后，李喜娃不知道该如何处理，就悄悄拿回家，把金马驹放在牲口圈墙上的窑窝中，金马槽放在桌子上作为供奉神灵的香炉。

当年冬，村上查田定产时，负责村上事务的"人民代表"李志忠和李含璧之子李琨一块在饲养室见到了这件"金马驹"，李志忠认为这是古器，叮嘱要保密，否则收宝人或盗墓贼会来偷窃；时为共青团员的侄儿李琨认为文物应该交给政府。但由于当时县上还没有文物机构，他们一时不知交到何处。

后来，就在他们商议如何上交政府时，李喜娃却不幸突然得病死亡。此后一两个月间，李喜娃的母亲、儿媳也相继去世。李家接连死人，村里就有了"宝物太贵重，李家人气压不住财"的议论。人亡埋葬也得花一笔不小的费用，加之春节将近，新年也成了李家的年关。1957年1月17日，李琨秉承伯父遗愿，背上金马驹等3件器物送到西安，交给了陕西省博物馆。博物馆专家见到这些珍贵文物喜出望外，奖励李琨70元人民币。次日，省博物馆保管部李长庆、田野等即赴李村了解有关情况，并从李家带回1件方尊和3件陶鬲等。2月19日又去勘察了一次，铜器出土地点在村北的半塬上。这里是一处古代人类居住的遗址区，从断崖上的一些灰层灰坑中捡到有新石器时代的陶片、残石器小块、周代的陶片和秦汉时期的砖瓦陶片。铜器出土于周秦遗址附近，经探掘后，未发现墓葬痕迹，当为一处窖藏。

经专家考证，李喜娃所挖5件青铜器为西周早期所铸酒器，盠驹尊、盠方尊各1件，盠方彝2件，盠驹尊盖1件。5件器物可分两组，两件盠方彝及盠方尊为一组，盠驹尊及另一件盠驹尊盖为另一组。作器主人名盠，5件器物铭文总字数达548字。这批文物资料发表后，专家学者纷纷撰文论说，揭示了器物铭文对研究西周马政以及政治军事的重要意义。盠驹尊即金马驹，后征调至中国历史博物馆（现名中国国家博物馆）收藏。

盠驹尊通高23.4厘米，长34厘米，重5.68千克。全器以写实的手法雕塑出一匹活生生的马驹形象。盠驹尊昂首挺立，身躯短小，腰部平展，颈部斜伸，剪鬃竖耳，矮足短尾，神态憨稚，形象生动逼真。背部开方口，有兽钮盖，腹部中空用以盛酒。器表装饰极为简洁，仅在腹两侧和盖钮上装饰涡纹和云纹组成的圆形漩涡。整器相当准确地再现了小马驹的全身比例和身体结构，显示出周代工匠的高超技艺。这件驹尊的铸造年代与《诗经·小雅·白驹》成诗年代大体相同，它的发现给我们提供了一个西周中晚期马驹的真实形象。

"盠"驹尊的外形介于马和驴之间，有人叫它"小马驹"，也有人叫它"小驴驹"。2016年11月15日，国家博物馆在为盠驹尊拍摄照片时，经过研究员们仔细观察并查阅相关资料，确认盠驹尊为一头雄性小骡驹。

盠驹尊

盠驹尊颈下铸铭文9行94字，其中，合文1个，重文符2个。盖内铸铭文4行11字。大意是说：某年十二月甲申日，周王在河岸边举行执驹典礼，升新驹入王室马厩。周王命师豦召见主管畜牧驯养马匹的官员盠。周王亲自册命了盠，赐给盠两匹马驹和调教马驹用的器物。盠稽首拜谢周王没忘旧宗子弟，称颂周王褒奖，因而作了这件彝用作祭享亡父太仲。

盠驹尊残盖出土于盠驹尊腹内，高4厘米，长5.5厘米，宽5.3厘米，铭文与盠驹尊盖铭文大致相同，行文款式稍异，最后第二字落款人不同。说明盠驹尊还有一件，是出土后佚失还是窖藏埋藏前就丢失，已无法考证。

附近杨家村出土的"逨盘"铭文中提到：作器者"逨"的五世祖就是"惠仲盠父"，即驹尊的作器者——"盠"。盠在驹尊的铭文中，对周王的赏赐感激道："王弗忘厥旧宗小子。"可知单氏家族为周王宗室。单氏在两周时期家族显赫，世为王朝卿士，常见于青铜器铭文与《春秋》经传之中。

盠驹尊颈铭拓片

盠驹尊器形罕见，缺乏相同器物的比对，其铭文只有月份、日干支，没有王年、月相，考证其王世年代较难。关于盠驹尊的制作时代，郭沫若、唐兰先生定为懿王时器，徐中舒先生定为穆王时器，谭戒甫定为宣王时器，马承源先生定为恭王时器。

盠驹尊是西周时期写实动物雕塑的代表性作品，也是已知最早的驹形青铜器。驹尊的发现，对于研究西周时的马政和中国古代畜牧史提供了重要资料。古代马价十分昂贵，西周晚期的曶鼎铭文记载五个奴隶的价钱相当于"匹马束丝"，《史记·货殖列传》也说汉初马价高于人价，所以历代统治者都十分重视马政。国家养马专设牧场，有着严格的考牧简畜制度，在春秋两季新驹入马厩之时还要举行隆重的仪式，帝王往往亲自参加。盠驹尊铭文记载的正是周王在牧场参加执驹典礼的事情。

铭文中的"执驹"是幼马升级成为役马的仪式，就是将两岁左右的小马牵

盠驹尊盖铭拓片

离母马，教其驾车服役时举行的仪式。盠驹尊铭文中周王亲自参加隆重的"执驹"典礼，接受马官升新驹于马闲，并赐给盠两匹马驹。这与《周礼》《礼记·月令》《大戴礼记·夏小正》等文献记载的"执驹"相符。《周礼·夏官·校人》载："春祭马祖执驹。"据此可知行执驹之礼在春天，但驹尊铭文执驹之礼却在秋末冬初，证明周人春秋均行执驹之礼。此外，执驹之礼又见于达盨与作册吴盉铭文中。

盠驹尊如此写实和生动的作品，在商周青铜器中十分罕见。除腹部一侧饰以圆涡纹外，全器完全用写实手法，刻画了一匹马驹生动逼真的形象。稚气的双眼好奇地观察着周围的世界，竖起的双耳似乎正用心谛听着什么。由驹尊盖内的铭文及在驹尊腹内发现的另一件驹尊盖可知，原来盠所作驹尊共有两件，这和驹尊铭文中所述周王赐予盠的马数正合，驹尊的形象也应该就是按照周王所赐马驹的真实形象所铸，其用意和唐太宗在昭陵前刻"昭陵六骏"的用意是相同的。

盠驹尊残盖及其铭拓

牺　尊

——形象最萌的青铜器

　　2013 年 8 月，为进一步深入研究宝鸡地区乃至关中地区商周考古学文化，陕西省考古研究院、宝鸡市考古研究所以及渭滨区博物馆联合组建石鼓山考古队，开展宝鸡石鼓山西周墓地的考古发掘工作。

　　整个墓葬区共发现西周早期墓葬 15 座，特别是在距离 2012 年 6 月曾出土大量精美青铜器的石鼓山墓地 M3 仅仅十几米的 M4 中，考古人员发现了大量的青铜器。最终，在 M4 中共出土青铜器 48 件。M3 与 M4 关联度较高：一是两座墓葬相距较近；二是在墓葬的同一位置都有一个专门放置陶器的壁龛；三是出土的器物相似度较高。

　　M4 为此次石鼓山西周墓地中最大的一座墓葬。该墓葬呈长方形，深 8 米、宽约 4 米，为竖穴土圹墓，口小底大，棺室周围有熟土或生土二层台。属于单人葬，头向一般朝着地势较高的方向，有东向、南向及西北向。葬具均为木质，随葬品一般置于头部附近的二层台或壁龛内。

　　2013 年 12 月 29 日，考古人员在 M4 墓中清理出一对青铜牺尊。要说石鼓山墓葬中哪件文物最受关注，无疑是这对牺尊了。第一件青铜牺尊出土时，考古发掘现场的人们全部都被惊呆了。这件青铜牺尊的造型完全符合现代人的审美观，如果不是现场直播出土过程，我们无法相信这是几千年前古人的作品。

　　当记者将这张图片上传到微博上，短短几个小时之内，浏览量就突破了 10 万。许多网友评论到："好萌的大眼睛""萌萌哒""萌到四肢绵软""小爪子好萌哒"……在绝大多数网友的转发和留言中，都用"萌"来形容这件牺尊。有网友感叹："几千年前的东西怎么这么可爱，以现在人的眼光来看也是一点都不过时。"甚至有网友怀疑："这么萌真的是出土文物吗？"

　　牺尊出土时无盖，2014 年 1 月 4 日 16 时许，考古人员对牺尊进行室内清理

牺尊

时，在尊身腹内找到了青铜盖。青铜盖呈孔雀蓝色，刻有夔龙纹，盖子上部铸有鋬，盖子的形制与尊身非常吻合。青铜盖被放入尊身腹内，可能是有意地，为了节省空间，或是使其不易破损。同时，在一件青铜鼎中还清理出来一件小型牺尊，其表面当时未发现青铜盖，后亦在腹内发现尊盖。

两件牺尊形制相同，大小各异。通高分别为 42 厘米、32.5 厘米，体长分别为 44 厘米、31 厘米。整件器物形体厚重精致，纹饰风格诡异奇特。

牺尊主体为鹿形，综合了食草类、食肉类动物的诸多特征。鹿首特征明显，圆目凸起，鼻吻分明。长角分叉，阔耳直立，颈部弧线优美。体长肥硕，四肢健壮，驻足静立，前直立而后微屈。爪状足，趾明显，底平。腹空，两侧有鳍形翼，背有盖，盖面弧曲，有桥形纽。三角状短尾微翘。牺尊表面的纹饰繁缛多样，以鹿首凤尾为主体图案，沿背脊线对称分布。纹饰线条以浮雕宽带为主，附有阳线条云纹，云雷纹衬底。鹿与凤同首，凤鸟身躯盘曲于牺尊前胛处，带状纹饰从角下延续到颈前，牺尊腹侧中部饰有三根宽大的长条状凤鸟羽翅，凤爪置于牺尊前趾，在凤鸟羽翅及足下区域饰有数排鳞纹，牺尊后趾两侧的凤鸟躯体肥硕，圆睛，句喙，角状羽冠，羽翅下折至牺尊臀部。脊部后端饰兽面纹，以宽浅扁棱为鼻梁，粗眉，凸目，长阔嘴，嘴角翘起，牙齿显露。

牺尊前胸饰兽面纹，兽的角冠由两条倒立的夔龙纹组成。牺尊盖面四周有界框，纵向饰有两组对望俯首龙纹构成的兽面纹，龙首张口，凸目，身躯下垂，尾卷起而相接。桥形盖纽，纽环圆雕双首龙纹。盖内面两侧有界栏。牺尊角、耳均饰有阴线云纹，翼上密布细线纹，颔下有小坑窝，后趾外有刺状突出，腹底均为素面，颈内充实泥芯。

因牺尊浓缩了多种动物形态，还无法为之准确命名，发掘者称之为牺尊。目前出土器物中与石鼓山出土的牺尊比较相似的青铜牺尊有两件，一件是1984年秋西安张家坡西周墓出土的邓仲牺尊，另一件是传世的亚此牺尊。亚此牺尊原系陈介祺旧藏，早年流散境外，20世纪80年代曾出现于英国伦敦戴迪野拍卖行，但器盖已遗失。亚此牺尊与石鼓山牺尊相比造型完全一样，区别在于纹饰和大小，石鼓山牺尊通体布满繁缛华丽的纹饰，亚此牺尊全身素面。亚此牺尊盖、器同铭，各为"亚此"2字，当为族徽，也是牺尊的作器者。

邓仲牺尊

——传说中的"天马神驹"

"文革"期间，西安市长安县沣西公社在丰镐遗址所在的张家坡和大原村之间、俗称"眉坞岭"的高冈上，建立了一座机制砖瓦厂，毁坏了许多西周时期的遗址和墓葬。1982年，中国社科院考古研究所沣西发掘队开始在砖瓦厂周围进行普遍钻探。1983年，西安市文物管理委员会根据文物保护条例叫停了砖瓦厂。1984年秋，考古工作者在张家坡村西发掘出西周墓葬40多座，其中一座为两条墓道的"中"字形大墓（M157）。此次发掘中出土了大量文物，其中最著名的即是出土于编号M163墓葬的邓仲牺尊。

邓仲牺尊现藏中国社会科学院考古研究所，器物通高38.8厘米，通长41.4厘米，造型奇特，形体似马非马，似羊非羊，似鹿非鹿，却又头生双角，腹有双翼，有学者认为是古人所言"天马神驹"。

邓仲牺尊曲颈短尾，双耳高竖，槌状双角。四肢较短，奇蹄。腹铸有扉棱，应象征翼翅。颈上立一虎，驹尾有一龙。前胸有一兽，似龙非龙，似虎非虎。尊身两侧各雕一条夔龙，二夔一首，即借用驹头。在尊之胸、腹、臀部皆饰饕餮纹。其造型奇特，想象瑰丽，三条立雕龙一反商代呆板诡秘之风，生动活泼，颇具动感，是商周青铜酒器中难得的艺术珍品。

邓仲牺尊及其铭拓

邓仲牺尊几乎集中了商周时代大部分的动物图案，写生的鸟和虎、神话传说中的龙等神兽共处一器，神秘怪诞，各展雄姿，立体的雕塑与平面的纹饰相互辉映，给人以艺术美的享受。这种器形不仅在西周铜器中少见，即使在商代遗物中也只有鸟兽纹觥等少数器物可与之相比。

邓仲牺尊铸作精美，纹饰缛丽。盖周缘饰双身龙纹，两腹饰回顾式虎耳龙纹，胸饰龙、虎纹，左右臀饰回顾式花冠龙纹，通体再填以细雷纹，繁缛精细，富丽堂皇。器腹及盖内有相同铭文2行6字，意为邓仲作器。

《庄子》一书中记载，庄子拒绝楚国使者让他当官时，曾言："子独不见郊祭之牺牛乎？养食之数岁，衣以文绣，以入大庙。"大意是，你没有看见在诸侯祭祀时用的牛吗？养了很多年，穿着华丽的衣服，最后牵入太庙等待宰杀。由此可见，古人用以祭祀神灵的物品，必然要装扮一番，大多要艳丽、华美、夺目，以示虔诚。这件牺尊造型独特，极为罕见，具有极高的考古研究和艺术观赏价值。

邓仲牺尊出土的张家坡井叔墓地，是典型的西周家族墓地。其中 M157 为井叔的"中"字形大墓，出土邓仲牺尊的 M163 紧邻井叔墓，墓主身份为井叔的夫人，埋葬年代在懿孝之际，邓仲牺尊可能是井叔夫人从娘家带来的媵器。

邓仲牺尊线图

西周时代的婚姻有一整套严密制度，其中重要一条就是"同姓不婚"，婚姻必须在不同姓的诸侯国之间进行，这既是为了保证后代的健康，同时也成为各邦国之间友好交好的一种重要方式。贵族间的婚姻一般是男方必出重聘，女方则会带来丰厚的嫁妆，即礼尚往来。邓仲牺尊可能是井叔夫人从邓国娘家带来的陪嫁之物，死后随葬。

据相关文献记载，商朝第 23 位国王武丁封其叔父曼于邓地，建立曼姓邓国。商代晚期，邓人南迁至今河南郾城县东南；西周初年，邓人举族南迁至今河南邓州与湖北襄樊一带；西周以后，邓人又迁都于今湖北襄樊市附近。西周时，邓国与周王室及其他姬姓国关系密切，先后与井、应等国联姻，有较高的社会地位。春秋时期，邓国依然活跃。周僖王四年（前 678 年），邓国被楚所灭。目前出土和著录有"邓"字铭文的邓国青铜器达数十件，时代跨越商末、西周至春秋战国，地域涉及陕西、河南、湖北、山东等地。

牛　尊

——西周时代难得的写实器物

牛尊是模仿牛的形象铸造的一件青铜酒器。虽然鸟、兽等仿生题材的青铜器在西周中期较为常见，但是这件牛尊却独具匠心，是其中的代表作品。

牛尊通高 24 厘米，身长 38 厘米，腹深 10.7 厘米，重 6.9 千克，现藏陕西历史博物馆。

牛尊的出土富有神秘色彩，出土前三天曾出现神秘的五彩亮光。1966 年腊月初二晚上，岐山县京当乡贺家村饲养员贺富荣和贺清忠闲聊至半夜，出门解手，发现村上修梯田的那片地里，冒出一道五光十色的光团，约两米多高，不停地闪烁，持续约半个小时后消失。两个老人从小就听说，"宝"出土前要"放光"，况且他们从小耳闻目睹这种"宝贝放光"也不止一次。他们感叹地说："这几天要挖出宝了！"

第二天午饭前，与贺家村相距 1.5 公里的扶风县法门镇强家村十多位村民，站在村子的饲养室房顶上抹泥换瓦时，向西望去，发现贺家村一片地里正闪动着红红绿绿的亮光，而且位置较固定。出于好奇，想挖宝贝的村民强长生立即和 5 个年轻人扛着镢头，来到那块冒光的地里挖了起来，可什么也没挖到，便一笑而散了。

第三天一大早，岐山县贺家村村民贺成善在村东北挖渠时，突然手下发出"咣"的一声，亮出了一团绿幽幽的东西。他意识到可能碰到宝贝了，于是马上

牛尊线图

扔掉镢头，俯身以手掏土，很快一只金光灿灿的"金牛"赫然入目。原来这是一个有半米深，大小约 0.5 平方米的方形竖坑窖藏。该窖坑西北距 20 世纪 70 年代发掘的西周宫殿遗址不到 200 米。他用手除却了泥土，金牛沉甸甸的，有 10 千克重。他慌忙将"金牛"又埋入土里，留下记号后一口气跑回村中，找到队长贺兴福，一起返回取出"金牛"。

　　"金牛"出土后不久就落到了造反派手里，他们拿到青化镇当废铜出卖。难能可贵的是主管收购的同志坚持原则，说这是文物，应该上交考古队，拒绝收购并耐心予以劝导。造反派没有卖成，就把牛尊背了回来。这时贫协的贺西珍说："这金牛能点灯，拿来先让咱祖先享受吧。"于是，就往牛肚中倒了些油，从牛嘴中插进捻子，果然成了一盏油灯。过年时，油灯在贺家祠堂香案上一直燃到正月十五，成了四邻八乡人观看的一道风景。

　　当时，村上有两位青年向陕西省考古研究所写信报告了牛尊出土情况，并说有村民主张在元宵节送神后把"金牛"砸烂卖铜。毁坏文物当时被视为"破四旧"的革命行动，是时髦潮流，因而经常发生。陕西省考古研究所闻讯后，立即派戴应新前往贺家村做工作，终以赔偿误工和保护费名义，出资 13 元征集到这一罕见的西周铜牛尊。后经专家鉴定，"金牛"被定名为青铜牛尊，评定为国家一级文物，存入陕西省考古研究所库房，三年后移交陕西历史博物馆，陈列展出并多次到国外展览。

牛尊

关于青铜器出土前出现彩色亮光现象，据科学研究表明，这种现象叫"磷铜反应"。当地下的磷与这些青铜器在一定的气候、温度、湿度等条件下适应的情况下，就会产生这种彩色的亮光，而且昼夜可见。

牛尊整体造型呈伫立伸颈翘首作吼叫状，双眼圆睁，张耳抱角，牛体中空浑圆，四腿粗壮。鼻作流呈鸟喙下颌状，背上开方口置盖，覆瓦状盖面上铸虎钮，方向与牛向一致，虎头较大，昂首竖耳扬尾，长脊下压，四腿发达有力，体微后缩作准备扑攫势，生动塑造了这种大型猎食动物搏击前的瞬间形态。牛尊头平向前伸，嘴、鼻刻画在一个圆面上，显得特别粗大。鼻下有流，以便斟注。双目圆睁突出，眉额以阴线刻饰。双角呈圆弧状方扁形，表面刻画表示角节的阴线。两耳左右平伸。躯体浑圆壮实，尾巴紧缩臀后。四足为圆柱形短足，牛蹄二趾。四足挺直，稳定有力。整体造型生动，比例匀称，庄重大气。

更为难得的是，设计者在整体造型不失生物形态的情况下，巧妙地利用了牛的各个部位实现了酒器的实用功能，使其既实用又美观。牛尊的吻部，开一小流倾酒。而立在牛身上的老虎，实际上是一方盖，提钮揭开盖子，便能注酒于器腹中。倒酒时只要提抬起牛的后肢，前腿着地，使上昂的牛头前倾，酒水就从前端的流中流出。

与造型相比，器身的纹饰构图疏朗，庄重大气，与商末周初青铜器上神秘怪诞的装饰风格截然不同，给人以强烈的艺术美感和容易理解的亲切感。牛尊全体纹饰是云纹和夔龙纹，满饰于腹背及足部。纹饰线条粗阔，作大块面布局，形成恢宏豪放的气氛，十分优美。这种装饰风格，反映出人们的审美情趣发生了变化，神秘性减弱而理性增强。牛尊基本上属于写实的形象，而其装饰却给人以强烈的艺术美感，使造型的呆滞也因此转化为憨厚驯顺的情态，掩瑕为瑜。

在古代，牛常被用作祭祀天地山川、社稷鬼神的牺牲，即所谓"太牢"，而太牢的使用，又是礼仪中最高等级的礼节。所以，牛尊的制作也应该是含有深刻社会意义的。据《周礼》记载，古时有一种"裸祭"的仪式，是一项专门为死者进行的灌祭。祭时以酒献于死者，死者不能饮，便灌注于地。举行这种仪式时，酒具一般都为特制器。而特制器大多作鸟兽形，凿背纳酒，从口吐出，以灌于地。牛尊可能正是这种用途的器物。

象 尊

——西周青铜彝器中的珍品

1974 年 12 月 14 日下午，宝鸡市渭滨区益门公社茹家庄生产队队长杨列来到宝鸡博物馆反映，他们生产队在村东冯家塬坡地平整土地修梯田时，发现了马骨头和古铜器，博物馆工作人员当即赶赴茹家庄现场调查。

茹家庄位于秦岭北麓、渭水南岸、清姜河东岸的第一级三角形台地上。1957 年 5 月 31 日，陕西省人民委员会将"茹家庄遗址"公布为"陕西省第二批名胜古迹重点保护单位"，划定了保护区。与茹家庄遗址隔渭水遥相对应，不到 5 公里的纸坊头村一带，西临福临堡，北倚陵塬，地处渭水北岸第一级台地，也是西周遗址和墓葬比较密集的地区。考古人员来到茹家庄后，看到一大群村民围在马骨头和铜器出土现场周围，他们从人群中挤进去，但见面前是一个约长 5.6 米、宽 3.6 米、深 2.5 米不规则的土坑，土里夹杂有板灰、马骨，零碎铜器已露出约七八件。他们判断这是一座西周时期奴隶主贵族墓葬的车马殉葬坑。

象尊线图

后经陕西省文化厅、陕西省文管会同意，从 1974 年 12 月至 1977 年 4 月底，由宝鸡市博物馆牵头组成考古队，对遗址进行了抢救性发掘，共发掘 3 座大型西周墓葬、1 座小型墓葬、2 座车马坑、1 座马坑。茹家庄一号墓共出土遗物 563 件，其中青铜器 194 件。茹家庄二号墓随葬器物 80 件组，其中青铜器 28 件。茹家庄三号墓是未埋墓主的"假大墓"，仅在二层台上发现 1 木匣，内有人骨架 1 具，骨架颈部有一根皮条痕迹，除骨架胸部、腹部撒有少量朱砂外，没有陪葬任何器物。

茹家庄墓葬布局清楚。一号墓与二号墓两墓紧邻，开口在同一台地，是两座夫妻异穴合葬墓。三号墓是一座废弃了的大墓。很显然，这片墓地的主墓是一号墓，其他墓葬和车马坑、马坑都是从属于这座主墓的。根据已出土的器物判断，茹家庄墓地应是一代弢伯同一家族的墓地。此后，又在竹园沟和纸坊头发现了两处墓葬，共清理发掘墓葬 27 座、车马坑 2 座、马坑 4 座，出土文物总计 89 组、2675 件。青铜器为 1358 件，其中礼器 190 件，有铭铜器为 69 件，总字数为 353 字。据铜器铭文，这 3 处墓地都属于西周弢国贵族墓地。这批墓葬保存较好，布局完整，出土文物丰富，组合有一定规律，这对西周史的研究，以及西周时期青铜器的综合研究，特别是研究西周时期方国史和民族关系史以及西周政治、经济、手工业发展状况都有重要价值。

茹家庄墓葬出土了大量动物造型青铜尊，有象尊、貘尊、三足鸟尊等，如同一个青铜器动物园。这些动物造型青铜尊制作精美、乖巧可爱，均为青铜器中的精品。

象尊通高21厘米，长38厘米，腹深13.8厘米，重3.5千克，现藏宝鸡青铜器博物院。

象尊

尊呈写实的大象形，躯体肥硕丰满，象鼻高挑，鼻头翻卷，中有圆孔，与体腔相通。象口闭合，象齿露出唇外，双目突出如乳钉，圆耳直立。背部有长方孔，上有方形盖，后设小半环，与器之小半环以"8"形链套合，使盖可开启而不脱。四柱足粗而短，象尾自然下垂。尊盖饰四组卷体蛇纹。腹两侧各饰二组盘旋的龙纹，龙身又以粗线条勾勒出多只凤鸟，羽冠奇长，随势起伏，构图异常华丽秀美。龙纹之间对峙两组三角形几何纹，每组以四个三角形层层相连，极富动感。造型庄重敦厚，纹饰神采奕奕，为青铜彝器中的珍品。

象尊不仅造型独特，而且设计科学，青铜工匠巧妙地利用了象的各个器官：如象尾设计成了青铜尊的扳手，象鼻设计成流口，大象的长鼻子上卷，使流口与器口上沿处在同一水平线上。这样容器中不仅能盛满液体，也能使液体不易洒出，这与现代的连通器原理非常相似。象尊内部中空，象鼻是一个流管与内腔相通，象背的椭圆形的口即为尊口，酒可从此处注入，然后从鼻孔流出。整个器物既有象的形象，又具尊、壶的实用。这种设计，把动物形体特征与器物实用功能巧妙地结合起来，达到了美观与实用的和谐统一。

在中国传统文化里，"象"与"祥"字谐音，故象被赋予了更多吉祥的寓意，如以象驮宝瓶（平）为"太平有象"；以象驮插戟（吉）宝瓶为"太平吉祥"；以象驮如意，或象鼻卷如意为"吉祥如意"。古人云"太平有象"，寓意"吉祥如意"和"出将入相"。

象尊是酒器的一种，属鸟兽尊类。《周礼·春官·司尊彝》载："其再献用两象尊"，意为用象形酒尊祭祀神灵。根据考古发现的情况看，由于象形体高大，神态庄重，有庞然不可侵犯之势，所以古人对它非常重视，铸其形以为宗庙之器。

象尊目前全国共发现六件，宝鸡茹家庄出土的象尊制作时代大致在西周中期，其余四件的时代为商晚期至西周早期。早期的象尊以湖南醴陵仙霞镇狮形山出土的最为精美；巴黎吉美博物馆收藏的象尊高 65 厘米、长 96 厘米，为现存动物形尊中最大的一件。《商周彝器通考》著录有三件，两件的时代断定为商代晚期，一件断为西周早期，均已流散海外。

貘　尊
——研究古代北方生态环境的重要实物

貘尊 1975 年 4 月出土于宝鸡茹家庄二号墓，此器形状似羊非羊，似猪非猪，体态肥满，大圆耳，两目圆睁，长吻前伸，腹部微垂，4 个兽蹄样的足较短，尾巴短小卷曲，器体中空，背部开方口，上有四角椭圆方盖。盖上立一虎，虎头前伸，双目直视。两耳、两肩胛和后臀上均饰圆涡形卷曲兽体纹。

器物通高 20.1 厘米，长 34 厘米，腹深 10 厘米，重 3.16 千克，现藏宝鸡青铜器博物院。貘尊出土时同一铜盘相配，应是一套盥洗器，而不是酒尊。考古学家对此器的定名一直把握不准，初时因观其似羊，故起名"羊尊"，并一直延续此称谓，一些出版物上也都采用此名。直到 1993 年春，著名青铜器专家马承源到宝鸡考察，经过仔细观察、反复琢磨，定名为"貘尊"。此后，一些有关青铜器的书如《中国青铜器》《中国青铜器全集》都采用此说。此外，因铭文中有"井姬用盂鬺"句，也有人称其为"井姬盂鬺"。

貘尊器体中空，背部开方口，口上还有一盖。盖钮铸一立虎，盖后和器身铸有小环，"8"形链使器盖相连，可以启闭，不相脱离。后臀和前胛饰有双体凤鸟组成的圆花纹，盖内铸有两行八字铭文："弭伯乍井姬用盂鬺。"出土时发现，附耳铜盘倒扣，压在貘尊之上，推测下葬时貘尊应置于铜盘之内，貘尊和盘相配。貘尊是弭伯正妻井姬墓内陪葬品，同墓出土各类青铜器 23 件。除一件双环器为弭伯自作用器外，其余均为弭伯为井姬所作的器物。

貘是一种哺乳动物，分布于亚洲的马来西亚、苏门答腊、泰国及中美、南美洲。其体形略似犀，但较矮小，体长一般 1.8 ~ 2.6 米，尾很短，仅 5 ~ 10 厘米。鼻端无角，向前突出很长，能自由伸缩。貘一般栖息在热带密林多水的地方，主食嫩树叶，善游泳，遇惊即逃入水中。现在我国已没有貘的踪迹，但是在我国古代是否存在过貘这种动物呢？古生物学家杨钟健与地质学家刘东生早年曾对河南安阳殷墟出土的兽骨进行科学鉴定，研究结果除牛、马、羊、犬等 4 种家畜外，还鉴定出虎、狐、狸、熊、豹、猫、兔、犀牛、象、猴、鹿等多种动物骨骼，并发现了貘的左右下颚骨。由于发现数量较少，尚不能确定是本地所生，还是外来的。但有一点可以肯定，当时确有貘这种动物存在。竺可桢在

貘尊铭

貘尊

《中国近五千年来气象变迁的初步研究》一文中认为，公元前 3000 年至公元前 1000 年间，黄河下游和长江下游各地的月平均温度及年平均温度比现在高 2°C。据此推知，商周时期，陕西、河南、湖北一带比较炎热潮湿，森林茂密，水草丰美，自然环境适合热带动物生活，当时有貘存在是可能的。①

错金银云纹青铜犀尊

——最大的古代青铜犀尊

1963 年 1 月 11 日，兴平县西吴公社窦马村（今兴平市西吴镇窦马村）村民赵振秀在村北断崖挖土垫牛圈时，在距地面 1 米深左右挖出一个灰色陶瓮，在塞

---

① 李卫：《从"貘尊"定名谈起》，《人民日报·海外版》2003 年 12 月 17 日。

满泥土的瓮内，发现了一件铜犀尊。当时，周围的村民闻讯后都围了过来观看，大家都觉得稀罕。赵振秀就把它抱回了家。

2月4日，陕西考古研究所收到了一封署名为赵养峰的来信。赵养峰曾在考古所工作过一段时间，出于职业敏感，他听到铜犀尊出土的信息后就立即向考古所报告了情况。所里立即派吴梓林前往调查。2月5日，吴梓林来到窦马村，村支部书记、全国农业劳动模范许敬章立即找来发现人赵振秀，并抱来了发现的铜犀尊。吴梓林一看这么大、这么精美的动物造型还是第一次见到，初步判断为一件春秋战国时期的青铜器。吴梓林向村民讲解了国家的文物政策，并表示国家会给发现人一定的奖励。村支书建议，给发现人50元奖励。赵振秀表示同意，接过50元奖金励后当场将铜犀尊交给了吴梓林。

据赵振秀介绍，犀尊出土时放在一个口向上的灰色大陶瓮中，头朝西北方向，立于瓮中。瓮内全被泥土塞满，犀腹下边还放有铁钳、铁环等器物。后经考古人员清理，共发现铜镜、铜锉、铜环、铜砝码、铜盖弓帽、铜洗等铜器19件，铁钳、铁环2件，还有陶器、石器、贝壳等。①

错金银云纹青铜犀尊

---

① 雁子：《稀世珍宝嵌金铜犀尊发现记》，《收藏界》2012年第4期。

这件青铜犀尊通高 34.1 厘米，长 58.1 厘米，宽 20.4 厘米，重 13.5 千克，整体造型为一头肥硕健壮的犀牛。犀牛目视前方，昂首伫立，头部有一前一后的双角，两耳短小耸立，双目为料珠镶嵌，虽小却闪烁有光，充满了奕奕的神采。颧骨突起，仿佛可以透过皮肤感觉到骨骼的形状和起伏。尊的腹部圆鼓中空，用来盛酒浆。尊背上有椭圆形口，上覆素面铜盖，盖有活环，可以开合，用于注入酒液。在犀牛口右侧有一圆管，看似獠牙，实为一根管状的"流"。当握住犀牛尾巴轻轻抬起时，腹腔内的酒液便从圆管内流出。犀牛短腿粗壮有力，为三瓣蹄，有力地支撑着沉重的躯体，尾尖稍翘，其骨骼、头部轮廓、肌肉、蹄足比例准确，体态雄健，肌肉发达，酷似真犀。

经陕西考古研究所专业人员鉴定，这件铜犀尊被命名为"嵌金铜犀尊"。犀尊全身布满了像流云如游丝的花纹，是用黄金和白银的细丝或细片镶嵌而成的。这种错金银工艺，使质朴无华的犀尊显得华美无比，熠熠生辉。犀尊全身布满的金银丝好像一根根毫毛，金、银、铜三色交相辉映，华美的纹饰既具有很强的装饰效果，又有助于表现犀皮粗糙厚重的质感，使纹饰与造型得到完美的结合。虽为实用重器，却写实生动，明显地表现出艺术工匠在写实能力方面的巨大进步，堪称此时期青铜器之佳品

有专家认为，这件犀牛尊所塑造的是典型的苏门犀的形象。犀牛在中国绝大部分地区现已绝迹，而在古代，中国不仅产犀牛，而且数量很多，新石器时代遗址中已多次发现犀牛骨，殷商甲骨文中也有焚林猎犀的记载，春秋、战国时期用犀牛皮做成的犀甲是各国武士所艳羡的装备。但由于对这种低生殖率野生动物的大量捕杀，犀牛数量在北方迅速减少，西汉晚期时关中一带的犀牛就已绝迹。王莽辅政时，曾用贵重礼物换取南海黄支国的活犀牛。此后，犀牛在中原一带就成为罕见动物了。

1963 年 3 月 8 日，这件"嵌金铜犀尊"被征调至中国历史博物馆（即现中国国家博物馆）收藏。当时，郭沫若、史树清等著名专家学者纷纷对其进行了鉴定，并命名为"错金银云纹青铜犀尊"，定为西汉时代的青铜器。据专家们考证，这件犀尊应当属于尊贵的礼器，为庙堂、朝廷宫室之重宝，非一般民间所能享有。

　　犀尊出土后，考古专家认为附近应该有一座大型墓葬，不可能只孤零零的出土这么一个漂亮的犀尊，于是专家们开始寻找墓葬，但是附近并没有发现大型的墓葬。专家们推测，这件犀尊可能是古代盗墓贼盗完墓以后，在销赃之前把它埋在这里，由于种种原因后来没有把它再挖出来；或者是过去的富有的人家为了躲避战乱，就把犀尊埋了起来，等事后再来取，但是不知什么原因这一去就没有再回来。也有学者认为，犀尊发现地为茂陵园区，而历史记载中茂陵曾多次被盗，而犀尊极有可能是汉武帝刘彻的随葬品，在盗掘过程中被遗弃。1981 年 5 月，在犀尊发现地窦马村村西的汉阳信长公主墓陪葬坑中，就曾出土两件珍贵文物，一件为鎏金铜马，一件为鎏金银铜竹节薰炉。

　　错金银云纹青铜犀尊是迄今所见到的最大的一件古代铜犀尊，现收藏于中国国家博物馆。此外，美国旧金山亚洲艺术博物馆收藏有一件商代晚期的"小臣艅犀尊"，高 24.5 厘米，底内有铭文 27 个。

鱼　尊

——西周强国的典型代表器物

　　1988 年 11 月 5 日晚 7 时多，宝鸡市博物馆接到宝鸡桥梁厂电话报告：他们在基建工地发现几件青铜器文物。桥梁厂一带是一处西周时期的重要遗址区，施工现场在茹家庄西周遗址区内，桥梁厂准备在此新建幼儿园。11 月 6 日早，博物馆工作人员立即带上照相机和绘图工具等直奔桥梁厂。他们赶到现场时，出土文物的地面基础已经趋平，从东侧断崖上看，据地表当在 2.5 米左右。据现场作业的民工魏宽成讲，出土文物的四周约 50 厘米范围内土质较疏松，一镢头挖下去，就刨出了刖刑奴隶守门方鼎，因用力过猛，加上土质又较松软，挖坏了鼎盖和平隔。因担心损坏文物，施工队员又改用铁锨轻轻刨，此后又陆续发现铜虎、鱼尊、铜犬、铜鹿等文物。这些器物都摆放在刖刑奴隶守门方鼎的周围，方鼎埋置平稳，似为藏者有意安排。由于再没有挖出其他文物，施工队便于下午六时下班，晚上加班继续施工。约在晚9时，在上述器物出土层之下约50厘米处，又挖出了鸟形器盖。经现场勘察和调查了解，博物馆工作人员无法确认文物出土现场属墓葬的迹象和发现其他墓葬的陪葬共出物，初步判断此处可能是一个窖藏。

这处窖藏究竟挖出了多少文物，当时并不清楚。考古队员赶到厂部时，只在厂治安科的一个床铺下见到了鱼尊、方鼎和铜虎共三件文物。后来经反复做工作，民工魏宽成交出了铜鹿。第二天，另一民工又到博物馆送来铜犬和鸟形器盖。至此，茹家庄窖藏共出铜器六件：鱼尊、鸟形器盖、母子虎、铜鹿、铜犬和刖刑奴隶守门鼎。六器多与动物题材有关，而且在坑中排列有序，显然系有目的的埋藏。一坑中集中了天上、平原、山林和水中的各种动物，应该是与某种特殊的祭祀仪式有关。

鱼尊

鱼尊也称鲤鳟、鲤鱼尊，是西周青铜器中一件罕见的珍品。高15厘米，宽28厘米，重1.1千克，现藏宝鸡青铜器博物院。

作为一种容易获得的肉食，鱼很早就走进了人类生活，而且成为重要的艺术题材。早在距今 6000 多年前的宝鸡北首岭遗址出土的蒜头壶上，就有水鸟啄鱼纹饰。在商周青铜器上鱼纹也有出现，但并不普遍，像鱼尊这样立体的鲤鱼造型还是首次发现。宝鸡鱼尊的出土无疑填补了这一空白，因此，它一出土，就立即引起了考古工作者的密切关注。

此件鱼尊的造型采用圆雕手法，鱼尊通体作鲤鱼形，下有四个人形足。鱼身肥硕，形象逼真，鱼尾稍稍弯曲，好似在水中游动。鱼的腹鳍巧妙地做成尊底的 4 个支柱，而鱼的背鳍做成尊盖的提把。躯体上有线雕式鱼鳞纹，鱼口微张，下唇口沿处有一直径为 0.3 厘米的穿孔，两侧鱼鳃上各饰一简化窃曲纹。鱼背上有长 7 厘米，宽 4.6 厘米的长方形口，上置盖，盖上有扁平鱼脊形钮，钮两面各装置一小铜环，铜环甚精巧；钮两侧盖面上各有一线雕式鱼纹，边沿各饰一龙纹，两龙头在盖体前部边沿交汇。鱼腹下为四个双手捧腹，弓腰屈膝，背负鱼状的人形足。其中一人口呈闭合状，头上无发。另三人为瞠目张口、头上披发的力士。从腹内观察一足系后来补铸，说明此器曾长期使用，一足损坏后进行了修补。

鱼尊虽然不大，但从其四足人形弓腰屈膝的形象看，表现的是一条形体非常庞大的鱼。大鱼是祥瑞的象征，如《帝王世纪》载："黄帝出游洛水之上，见大鱼，杀五牲以醮之，天乃甚雨"，这里大鱼能降瑞雨，与龙无异。而庄子在《逍遥游》中所说"北溟有鱼，其名为鲲，鲲之大，不知其几千里也"，就更为神奇浪漫。另外《史记》中记载，周武王渡河，有白鱼跃入舟中，武王俯取以祭，认为是周革商命的预兆。鱼尊的发现地点在茹家庄，西周时代这里是古弦国统治范围。弦国人来自南方，以鱼为其姓氏，他们的传统信仰必定与鱼有很大关系，鱼形尊或许就是古弦国人在祭祀仪式中埋藏的。眉县出土的西周编钟铭文中有渔官的记载，说明当时的渔业生产已经十分发达。鱼尊的出土，为研究探讨古代先民生活习俗和渔业生产提供了难得的实物资料。

鱼尊为圆雕动物造型，既无实用价值，也无明显的礼器痕迹，这在宝鸡地区出土文物中非常少见，在商周青铜器群中也很罕见。从这批器物出土的时代来看，正处于百家争鸣的春秋战国前期，所以与商周青铜器神秘庄重的时代风格相比，已经透出了某种清新活泼的时代气息，与以往出土的西周青铜器的风格差别较大。这种造型和风格在北方草原文化中的鄂尔多斯青铜器中发现较多，但其时代多在战国之后。宝鸡是古丝绸之路的重要驿站，鱼尊的出土也是中原文化与草原文化交流的一个见证。

这次发现的铜器窖藏是茹家庄地区继强国墓地发现后的又一次较为重要的发现，其考古价值和艺术价值都很突出，《中国文物报》《考古与文物》《文博》和《美术》杂志分别从不同的角度对这次发现进行了较为详细的报道。2001年11月22日，《人民日报·海外版》第七版《中华瑰宝》栏目专门对这件青铜鱼尊进行了介绍。①

三足鸟尊
——古代神话传说中的三足金乌形象

三足鸟尊为茹家庄一号墓出土，共有四件，一大三小，现藏宝鸡青铜器博物院。其中大鸟尊高 23 厘米，长 30 厘米，腹深 10.6 厘米，重 3 千克。尊作鸟形，鸟身挺立，昂首远眺，体态强健有力。勾喙，三足。足根处肌肉隆起。长方形鸟尾，尾两侧呈阶梯形下垂。鸟身中空，背开长方口，原来可能有盖，已佚。鸟身及足上部皆饰鳞毛状羽纹，尾部饰锁链状羽状。

小鸟尊甲高 18 厘米，长 23.1 厘米，腹深 6.5 厘米，重 1.45 千克；小鸟尊乙高 15.8 厘米，长 21.9 厘米，重 1.4 千克；小鸟尊丙高 15 厘米，长 22 厘米，重 1.35 千克。

在神话传说中，太阳里有金黄色的三足乌鸦，人们认为太阳是由这乌鸦背负着，由天的东方飞往天的西方，或者认为太阳就是一只乌鸦。古人把"金乌"

---

① 刘明科、高次若：《稀世珍宝——青铜鱼尊发现记》，汉唐网。

三足鸟尊

作为太阳的别名，也称为"赤乌""三足鸟"。三足鸟反映了远古时期的人们对太阳和对鸟图腾的崇拜。在庙底沟类型的仰韶文化陶纹中就已出现日中画三足鸟及象征东方日出的图案。《山海经·大荒东经》中有"一日方至，一日方出，皆载于乌"的记载。《淮南子·精神训》载："日中有玄鸟。"《后汉书·天文志》注引《灵宪》载："日者阳精之宗，积而成鸟，象乌而有三趾。"唐朝韩愈诗："金乌海底初飞来。"白居易诗："白兔赤乌相趁走。"日中有神鸟的传说是古人对日中黑影的推测，还是出于对太阳崇拜与图腾崇拜的结合，学术界尚无定论。这种对太阳的崇拜是和对鸟图腾的崇拜分不开的。史书中记载许多民族是崇拜鸟图腾的，如殷人的祖先契是其母简狄吞燕卵而生；秦人的祖先大业也是其母女修吞燕卵而生，这都说明了殷人和秦人对鸟图腾的崇拜。正是因为对太阳和鸟的崇拜，才使得这两种"神灵"有机地结合成"阳乌"，即三足鸟。

从茹家庄出土的鸟尊造型看，腿壮爪利，钩喙锋锐，神态威武，是鹰而非乌。可见当时三足鸟的神话还未定型，鸟的种类也没有确定为乌鸦，因此我们能够发现古代神话是如何在代代相传的过程中逐渐发展、成熟的。与其他尊类一样，三足鸟尊也是用来祭祀天地、先祖的礼器。《尚书大传·泰誓》说："武王伐纣，观兵于孟津，有火流于王屋，化为赤乌，三足。"周人认为武王伐纣时三足乌出现是祥瑞征兆，以三足鸟作为礼器的造型也当是取天降瑞应之意，与石器时代的鹰鼎、殷墟的鸮尊一脉相承。另外三足乌又是神的使者，《史记·司马相如传》中即有"亦幸有三足乌为之使"的说法。所以古人用这种尊进祭礼，大概是期望三足乌将她们的虔诚传达给上天或先辈，又将祝福带回人间。

此外，1940 年前后，扶风县齐镇村农民李福堂在村南土壕起土时曾发现一件鸟尊，形似鸽子，但比鸽子大。后来卖给黄堆乡山底村北胡同史义肖家（国民党县参议会议员），现已下落不明。①

尊

___

① 罗西章：《扶风县文物志》，陕西人民出版社，1993 年。

卣

    卣是盛酒器，古籍中也多见记载。《尚书·洛诰》有"以秬鬯二卣"，《诗经·大雅·江汉》有"秬鬯一卣"的记载。西周铜器铭文中也有关于它的记载。盂鼎铭："赐汝鬯一卣。"牧簋铭："赐汝留鬯一卣。"秬鬯是古代以黑黍和郁金香草酿造的酒，用于祭祀降神及赏赐有功的诸侯。说明卣是盛放秬鬯这种含香料（郁金草）的酒。祭祀时把盛放在卣内的鬯酒洒在地上，让鬼神去喝。有学者认为，这实际上是用来消毒祭祀场所，香化祭场气味，以防止公共场所瘟疫的传播。由此可见，早在三千年前人们就注意到卫生防疫，尽管这在当时还不一定是有意识的。文献中所称之卣，形制为何？古籍对其从未有过具体的记载，无法说清。现今人们所称之卣，其定名始自宋人，沿用至今。从出土的商周卣的实物看，其形状有长颈圆体壶形卣、扁体卣、椭方体卣、筒形卣、方形卣等等。西周卣承商代形制而有所变化，但椭圆体卣是它的主体，此外还有少量圆筒形卣。

伯各卣

——西周青铜器铸造的典范

1976 年冬，就在宝鸡茹家庄强国墓地发掘进入尾声之际，茹家庄南的竹园沟村民趁农闲大搞农田基本建设时又发现了一处墓葬。当时，渭滨区图博馆文物专干张德文听说村里挖出来文物，就立即到村上作调查，得知生产队在村东一片坡地修梯田时确实发现墓葬，当时人多，掏出来东西不少，有的放在队里饲养室，有的放在队办公室，还有的被个别社员拿到家里去了。为防止文物散失，张德文找到队上，建议召开社员会以妥善处理这件事。生产队领导从邻村发现古墓后，对文物保护已有正确认识，把大部分文物放在队里了，并立即召集了社员会。张德文讲了文物知识和有关政策法规，要求大家自觉把文物交出来。社员们通情达理，生产队领导很快把拿到私人家里的文物收到一起。张德文临回馆时，又告诫村上干部道："发现文物的现场不准动土了，等我向博物馆考古队报告后再说。"他随即向博物馆文物保管组组长卢连成、副组长胡智生和前不久调到博物馆的尹盛平等做了汇报，三人闻听后兴奋不已，立即步行四五里到竹园沟现场察看。

经现场勘察，文物出土处在溪水东面的三阶台地上，从已被挖开的土崖断面上看，应是处墓葬。由于墓室前部和墓室左方二层台已被挖开，取出的文物，其原始放置部位已不明。幸好其他部分还存留，所埋器物得以发掘清理。此墓墓主葬具为一棺一椁，出土器物共计 271 件组，其中青铜器 250 件，按用途分为礼器、兵器、工具、用具、车器、马器、装饰品等 7 类，铜礼器 10 件，车马器达 180 件。

在茹家庄墓地文物清理、资料整理告一阶段后，考古队于 1980 年 6 月进驻竹园沟。经过一个多月的钻探，发现墓葬 19 座，车马坑 3 座。由于这片山地坡势较陡，各级台地水平差距约 3 米左右，千百年的水土流失和兴修水平梯田，绝大部分墓口已非原来的高度，墓葬上口距地表很浅，约 0.5～3 米不等，必须及时处理。报告很快经市文化局上报，省文化局批准同意进行抢救发掘。

考古队于 8 月中旬开始进入工地，到 1981 年 11 月，竹园沟墓地共清理发掘 22 座墓葬和 3 座车马坑。22 座墓葬坑位整齐，排列有序，所有墓葬都向东南，相互没有打破关系，应该是一处重要古代墓地。据其文物内涵、形制、纹饰等判断，这处墓地介乎纸坊头墓地与茹家庄墓地之间。

竹园沟墓地中墓葬形制规模较大的有 3 座，为 4 号墓、7 号墓、13 号墓。4 号墓是次于国君一等的高级贵族，出土文物共 7 组 199 件，其中青铜器 152 件，礼器 23 件。7 号墓即伯各墓，出土文物 2 组共计 356 件。其中青铜礼、乐器 20 件。13 号墓为本墓地中形制最大的一座，出土文物 14 组 216 件。其中青铜器 6 组 183 件，青铜礼、乐器 26 件，包括墓主所属 23 件、妾属 3 件。

1981 年 9 月 23 日，金台区纸坊头村侯万春家一孔窑洞塌毁，发现一座西周残墓，编为纸坊头一号墓，出土文物 1 组 39 件，其中青铜礼器 14 件，包括鼎 4 件、簋 5 件、鬲 2 件、甗、罍、觯各 1 件。

至此，考古工作者排出来了强国墓地的年代序列：纸坊头强伯（1 号墓）（周文王晚年、周武王、周成王时期）→竹园沟 13 号墓主（周成王后期、周康王前期）→竹园沟 7 号墓主伯各（周康王后期、周昭王前期）→茹家庄强伯（1 号墓）（周昭王晚年、周穆王之时）。

上述各代强伯之间世系没有间断，上下相承，比较明确。竹园沟强季墓（4 号墓）时代在伯各墓和茹家庄强伯墓之间。晚于茹家庄墓地的墓葬迄今尚未发现，自西周中期以后强国在渭水南岸活动的踪迹已比较模糊。

伯各卣出土于 7 号墓中。当时共出土两件伯各卣，纹饰、器形、铭文相同，唯大小有别，有提梁，带盖，卣身直口，敛颈，体椭圆，深腹下垂，高圈足。两件伯各卣通高分别为 33.6 厘米、27.5 厘米，口分别为 10.4 厘米×12 厘米、8.5 厘米×10.8 厘米，现藏宝鸡市青铜器博物院。

器内底及盖内各铸铭文 6 字："白（伯）各乍（作），宝尊彝。"作器者为伯各，根据出土遗物分析，可能为一代强伯。与这对卣同时出土尚有一尊，纹饰及铭文与此相同，它们应是一套酒器的组合。这种一尊二卣的青铜酒器组合，在西周早期是一种制度。关于伯各卣的时代，王世民、陈公柔、张长寿《西周青铜器分期断代》定为西周早期器。

伯各卣

伯各卣造型厚重，纹饰华丽，充满神秘色彩，为青铜复仿制品中最常见的一种。其形体椭圆，直口鼓腹，圈足下沿有加厚的边条。前后左右中线用高耸的透雕扉棱装饰，以求拓展空间和稳定豪华。提梁的两端铸有形象生动的圆雕羊头。羊角大而卷曲，尖部前指，圆目小耳，栩栩如生。提梁上部亦有对称的圆雕牛头，牛角翘起呈月牙状，吻部突出，双耳外展，十分传神。提梁必须转动30度角盖才可以打开，酒才能装进去，这便是它的铸造奇特之处。盖钮铸成花苞状，花瓣雕以牺首。伯各卣的主题花纹为大饕餮面，分别装饰在盖面和器腹。饕餮各作两组，巨睛阔口，獠牙利爪，两个巨大的牛角内卷翘起，突出器表，立体感很强。盖沿、器颈、圈足和腹部饕餮纹的两侧，则配饰形态各异的夔龙。盖沿和颈部的夔龙垂冠回首，尾上卷；圈足的夔龙则呈探身状。通体以云雷纹衬地。

对于西周青铜器的铸造技术，有关中外学者已作过研究，研究的重点便是分范问题。要铸好一件青铜器，关键是陶范配制的成分、工艺、火候以及合金成分的比例，稍有不慎就会把器物铸死。每件伯各卣总共用了三十四块泥范，包括八块活块泥范，采用浇铸法来完成，并且在器身上进行了二次浇铸。

伯各卣的铸造是先铸卣体，后将盖模与卣体相配合塑范，再浇卣盖。为了保证纹饰的完整和清晰，在浇铸器体和器盖时，采用了倒浇法浇铸而成。整个器物最精彩之处在提梁上，卣体铸好后，直接在器身上制作提梁泥模，然后完成提梁浇铸。提梁上的牛头、羊头独立做成活块模，然后把活块模嵌入提梁主体模内，再翻范。提梁与卣体间以环相互套接，其活动空间间距在 2～3 毫米之间，涂刷一层薄薄的泥来间隔它们。在浇铸时要保证这样薄的陶质隔离层不被高温的铜液冲刷掉，不是轻易能做到的。稍有不慎，提梁与器身就会被铸死，提梁无法活动，此器也就会成为废品。

活块模的应用使得伯各卣提梁铸型制作工艺大为简化，否则，要使用大量的范才能铸造成形。那样，不但工艺繁杂，破坏了结构及纹饰的完整性，而且范块越多，定位和装配误差就越大，难以保证预定的器物形态。所以，在条件许可下，制作者会尽量采用分型较少的工艺方案。使用活块模制作工艺，是古代青铜器"执简驭繁"制作思想的具体体现。

伯各卣铭拓

伯各卣作为青铜礼器，不仅要求其器型完整，壁厚均匀，没有气孔、浇铸不均等缺陷，而且还要求纹饰华美清晰，这就给铸造带来很大难度，尤其是器身上三层繁缛细腻的纹饰，由底纹、浅浮雕、高浮雕组成，处处体现了其工艺的精妙绝伦。周人能铸造出如此精美的器物，足见他们高超的造型艺术和缜密严谨的和范技术，这在科学技术高度发展的今天也是难以比拟的。伯各卣不仅折射出西周时期精湛的铸造工艺，更是

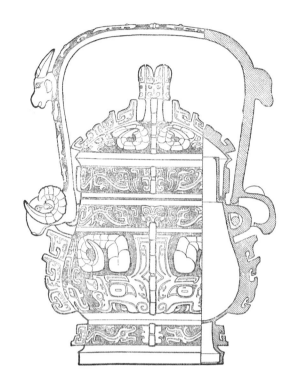

伯各卣线图

中华先民勤劳智慧的凝结，堪称青铜铸造的典范。它的出现，为中国青铜史写下了辉煌灿烂的一页。

　　伯各卣这种以浮雕、圆雕和平雕相结合的装饰艺术手法，在商代尚未发现，在西周早期前段较为流行。伯各卣通体满花，并将主题花纹做成三重花，更显得富丽堂皇又具有三维效果。它所表现的古代人对鬼神的畏惧与虔敬，至今仍有震撼人心的力量，是西周早期不可多得的青铜艺术珍品。

筒形直棱纹提梁卣

——西周早期的精品铜卣

　　筒形直棱纹提梁卣1980年宝鸡市竹园沟13号墓出土，宝鸡青铜器博物院藏。筒形直棱纹提梁卣同出两件，稍大一件带梁，通高33.3厘米，通盖高29厘米，口径12.4厘米；另一件尺寸稍小，通高27厘米，通盖高23.5厘米，口径10.1厘米，造型装饰完全相同，显然是一次所铸。

筒形直棱纹提梁卣

　　筒形直棱纹提梁卣也称竹园沟鸟纹卣，呈直筒状，提梁上有宽凹槽，提梁两端为高浮雕兽首，与卣腹上部的两半环相扣。盖面隆起，中部有圆形握手，围绕握手饰一周放射状的直棱纹。盖沿饰四组夔凤，垂冠、钩喙、长身卷尾，皆以兽头为中心两两相对。卣腹以中部的宽条带为界，花纹对称展开，依次为直棱纹、夔凤纹、凸棱纹和素面的条带，体现了以对称为美这一最具中国传统特色的审美观念。腹部的装饰纹带与盖部花纹基本相同，形成了一种相互间的呼应。提梁两端的兽头又与盖身装饰的多处兽面形象接近，这样提梁、器盖、器身三者被某种共同的因素连接起来，成为一个有机的整体。该卣造型庄重、颀长，纹饰秀雅、疏朗，具有在商周青铜礼器中并不多见的俊秀之美。

　　筒状提梁卣流行于周初，所见者极罕，而成对出现就更为少见。关于其制作时代，王世民、陈公柔、张长寿《西周青铜器分期断代研究》定为西周早期器。1972 年甘肃灵台县白草坡 M2 西周墓曾出土一对𢑳伯卣，也是一大一小，规格与此卣相仿。该墓地 M1 所出㵼伯卣与此形制相同。其中，斗放在大卣之内，证明了以卣装酒，以斗挹酒的使用方法。山东滕州前掌大西周墓中也出土一件类似的筒形直棱纹提梁卣。

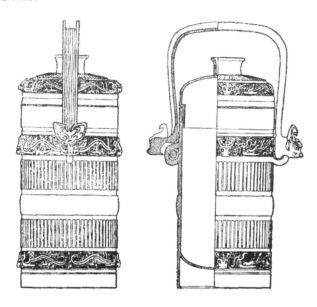

筒形直棱纹提梁卣线图

　　这种卣形在中原地区夏商青铜文化中找不到源头，在西周中期以后的青铜工艺中再也不见踪影。有学者指出，古代北方游牧民族，有用桦树皮卷成筒状容器的习俗，筒状提梁卣有可能就是对古代这种习俗的模仿。这种推断也不无道理，那时的宝鸡地区正处在游牧文化与农耕文化的交叉地带，两种文化的融合与渗透，必然在青铜工艺领域有所反映，这种筒状提梁卣的风格，应是两种文化交流的结果。

丰卣

——西周中期铜卣的标准器型

丰卣 1976 年 12 月出土于扶风县庄白村一号西周青铜器窖藏，现藏于周原博物馆。通梁高 21 厘米，口纵径 11.2 厘米，口横径 7.8 厘米，腹深 12 厘米，重 2.5 千克。

整个器物断面为椭圆形，圈足外侈，带盖及提梁。器身低而腹垂鼓，腹部的最大径如丰尊一般接近腹底，为西周穆王时期同类器物的标准型式。盖上有圈状捉手，盖的左右各有一直立犄角。提梁两端饰圆雕羊首。梁上饰四组变形蝉纹，其间以菱形突起区隔。盖面饰四对蟠蛇回首凤鸟纹。器身口沿下方与丰尊颈部纹饰带相同，为八只垂冠分尾凤鸟纹装饰，两只凤鸟为一小组，两小组间以浮雕兽面为中心，鸟首相对，构成一组纹样带；腹部装饰也与丰尊相同，以四只两两相对的垂冠分尾凤鸟构成全器最主要的纹饰。纹饰带的空白处均以细密的云雷纹衬地。圈足光素。

由铸造技术来看，丰卣可分属提梁、盖及腹部三部分。腹部与丰尊的分范法相近，但圈足芯上的三角状凸起与四外范分范处相对，器身与提梁相接处的铸造工艺更为复杂。提梁为卣腹铸成后再在其上设置提梁模。卣腹与提梁属套接，所以须将包在泥中的环耳掏出，但不能将环耳上的泥全部剔除，否则浇铸后提梁与卣腹会连为一体。环耳上泥层的厚度，就是套接的间隙。由于间隙很小，这层泥如同在腹部的半圆形环耳上刷了一层较厚的涂料。盖内壁可见一些小气泡。盖为四分范，握手顶部及盖内置泥芯。

盖内正中与器内底均铸有与丰尊相同的铭文，各为 5 行 31 字。器铭记述了某年六月乙卯，王在成周命丰殷大矩，大矩赐给丰铜及贝，丰便为其父辛作了这件祭器。其中的"殷"应是一年中举行的聘问礼。文末龘为丰家族标识，

丰卣

其下之"册册"为做册官职的标志。这种标识不仅见于丰组铜器，在庄白村一号窖藏中的折组铜器和痶组铜器上亦有。按照李学勤先生的解读，折为丰的父辈。

带提梁及盖的铜卣在二里岗上层期已经出现，为深鼓腹，断面呈圆形。腹身椭圆的卣则出现于殷墟阶段。西周早期开始，盖钮呈圈足状，盖两侧有直立犄角，腹部的最大径逐渐下移。至西周中期偏早，腹的最大径已经接近腹底，垂鼓非常明显，丰卣即为西周中期偏早的标准型式。静卣及上海博物馆藏的效卣与此卣在形制及纹饰方面最为接近。

关于丰卣的制作时代，王世民、陈公柔、张长寿《西周青铜器分期断代研究》定为西周中期穆王时器。

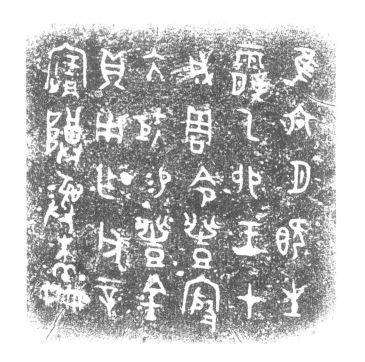

丰卣铭拓片及线图

彝

彝为方形或长方形，有盖，有的有耳。彝字在甲骨文金文中为双手被反缚的
人牲祭祀祖先神灵之形，后用作商周时期青铜礼器的泛称。《说文》载："彝，
宗庙常器也。"其实彝与尊同类，郑玄《周礼·司尊彝》注："彝亦尊也。"但因
为它是"常器"，所以彝即代表宗庙祭祀时所用的各种礼器。《左传·定公四年》
载："祝、宗、卜、史，备物、典策，官司彝器。"孔颖达正义："官司彝器，谓
百官常用之器，盖尊罍俎豆之属。"《尔雅·释物》载："彝、卣、罍，器也。"
郭璞注："皆盛酒尊，彝其总名。"金文中称礼器为尊彝。尊象双手奉酒形，彝
象双手献沥血的鸡，也就是捧着酒，拿着鸡牲祭祀祖先神庙的意思。方彝始于商
代晚期，西周中期以后已不多见。从目前考古发掘的情况看，方形器多出于商周
王室成员和高中级贵族墓中，是商周统治集团权力和身份的标志。

折方彝

—— 当时所见器形最大、纹饰最精美的西周方彝

1976 年 12 月 15 日中午，扶风县法门公社庄白大队的社员们在村南 100 米的坡地上平整土地。突然，有村民铲到了硬物上，手里的铁铲滑落在地。他好奇地用手刨开脚下的土壤，一个青铜器的角就露了出来。

此前，陕西省文物局对这一带的村民进行过文物保护宣传，所以他们都深知泥土中的青铜器有着非同寻常的意义。中午，庄白村党支部书记急匆匆来到驻扎在附近的考古队办公室，报告了农田里发现的异常情况。当时，由陕西省考古所专家尹盛平带队组成的考古队长年驻扎在周原上。他们闻讯后立即前往现场，顺着村民发现青铜器的地方，考古队员们很快就挖开了一个洞穴。

经现场勘察，这是一处西周时期的青铜器窖藏，南北长 1.95 米，东西宽 1.1 米，深 1.12 米。考古工作者按出土地名为其命名为庄白村一号窖藏，并随即展开了清理工作。窖藏共出土器物 103 件，是新中国成立以来出土铜器数量最多、学术价值最高的一批，其中 74 件铸有铭文，主要是微氏家族四代所铸的铜器。史墙盘有铭文 284 字，记述了文、武、成、康、

折方彝

昭、穆诸王的功业和史墙的家史，具有重要的史料价值。许多器物的造型和纹饰极为精美。如折觥、折方彝等一大批器物，都有珍贵的观赏价值和史料价值。

折方彝铭拓

折方彝通高 40.7 厘米，口纵 19.2 厘米，口横 24 厘米，重 12.8 千克。该方彝铸造精致，造型优美，是当时所见器形最大、纹饰最精美的西周方彝，堪称青铜器中的精品。现收藏于周原博物馆。

折方彝腹壁略曲鼓、方圈足，盖呈庑殿式屋顶形，盖钮呈硬山屋顶形，四角及中线皆有镂雕棱脊，增加了器物的稳重之感。盖顶饰倒置兽面纹，腹部饰大兽面，巨目利爪，咧口欲噬。器沿及圈足上又饰卷尾夔龙纹，既庄严神秘又富有生气。

这种腹部带有弧度的方彝极为罕见，目前也仅存陕西出土的折方彝、洛阳出土的令方彝、荣子方彝及叔牝方彝 4 件，遗憾的是令方彝和荣子方彝流失海外，分别收藏于美国弗利尔美术馆和芝加哥美术馆，国内仅有折方彝和叔牝方彝。

庄白村一号窖藏出土的折尊、折方彝、折觥三件铜器，铭文相同，是折同时铸造的一套酒器。铭文大意为：周王十九年五月戊子这天，王在斤这个地方，命令作册折去为相侯代天子赠望土，同时，周王又给折赏赐了许多青铜和奴仆，为宣扬王的美德和恩惠，折便为父亲乙铸造了这件祭器，以作纪念。

　　铭文中的"作册"是官名，指掌管简册，负责文书记录的史官。"折"是人名，"望土"是望地的田土，表示命令作册折赏赐望土给相侯。"斤"为地名，郭沫若释为斤，认为在奄地，当今山东潍县境内。刘士莪、尹盛平则认为地距丰邑辟雍不远，又认为当是昭王伐楚时的驻军之所，具体所在待考。

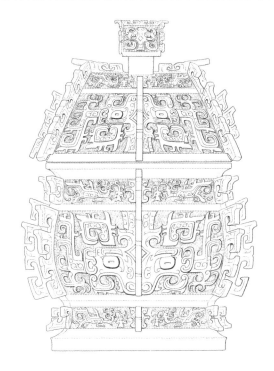

折方彝线图

　　铭文中有"唯王十又九祀"，又见于同出折尊等器，关于该组青铜器的年代分歧较大，郭沫若定为成王十九年，唐兰认为是昭王十九年，[1] 刘启益考定为康王十九年，[2] 王世民、陈公柔、张长寿《西周青铜器分期断代研究》定为昭王时器。

---

① 唐兰：《西周青铜器铭文分代史征》，中华书局，1986 年。

② 刘启益：《微氏家族铜器与西周铜器断代》，《考古》1978 年第 5 期。

铭文中相或陈、斥地，应近于南楚，史墙盘铭文说昭王"广惩楚荆"，而昭王伐楚一事又屡见于史书。《竹书纪年》载："周昭王十九年，天大曀，雉兔皆震，丧六师于汉。"折方彝造型已与商末周初的方彝有所变化，腹壁鼓曲，花纹繁缛，表现了西周早期后段青铜器的时代特征。

李学勤先生认为，庄白村一号窖藏青铜器铭文中反映的微氏家族共有七世，第一世"高祖"，第二世"烈祖"，第三世"乙祖"，第四世"亚祖祖辛"折，第五世"乙公"丰，第六世"丁公"墙，第七世"𤞷"。高祖相当于殷末，烈祖相当于周成王时期，乙祖相当于周成王和周康王时期，折相当于周昭王时期，丰相当于周穆王时期，墙相当于周恭王和周懿王时期，𤞷相当于周孝王和周夷王时期。[1]

盠方彝
——我国最早屯田文字记录

盠方彝1955年出土于眉县眉站乡（今马家镇）李家村，共两件，形制、纹饰、铭文基本相同，唯一件稍大，一件稍小，一件腹内有隔，一件没有隔而已。两件盠方彝中，器内无隔者当是盛酒器。器内有隔者，从其每隔正中对应的盖沿上有方形缺口，并结合师遽方彝的出土情况得知，这类方彝是盛放调料的，盖上缺口是为放置匙柄而设的。稍大一件高22.8厘米，口长14.3厘米，口宽10.9厘米，现藏于中国国家博物馆。

盠方彝整体造型呈长方形，侈口，器腹微鼓，圈足外撇。器身四壁作弧线状，四角均饰翘起的扉棱，似卷云翻滚。腹部两侧各有一宽扁形竖耳，耳作象鼻形，饰扉棱及垂珥，耳上端向外翻卷，且高出彝口数厘米，如此奇特造型的器耳仅见于西周中

---

① 李学勤：《西周中期青铜器的重要标尺—周原庄白、强家两处青铜器窖藏的综合研究》，《中国历史博物馆馆刊》1979年第1期。

期，之后极少见到。巨大的器盖占据了整器的三分之一，造型为四坡屋顶形，铸以扉棱为脊，共有一条正脊和四条斜脊，正脊中间立一屋顶形钮，反映了当时的四面坡、重屋式的建筑结构，使今人可一窥周王室宫殿的建筑风采。

盠方彝

　　整器表面通体满饰花纹，最为醒目的是器盖和器腹的中心位置均装饰由涡纹和云纹组成的圆形漩涡纹，此纹饰与同出一处的盠驹尊主体纹饰如出一辙，令人不免猜测是否为某族徽标记。器盖圆形漩涡纹上方装饰窃曲纹，两侧为夔纹。颈部饰一周窃曲纹带，其下为两凹形槽。腹部纹饰与器盖纹饰类似，也是圆形漩涡纹与夔纹的组合，并以云雷纹填地。圈足饰窃曲纹带，与器腹以两凹槽相隔。①

　　盠方彝的装饰采用浮雕技法，雕铸出粗犷豪放的纹饰，装饰主次关系明确，层次十分清晰，达到了极好的艺术效果。其精美而又带有神秘色彩的纹饰，浑厚庄重的器身以及铭文，通过雕铸将他们有机的融合到一起，再现了西周青铜器铸造业的辉煌。整器典雅庄重，纹饰繁缛缜密，层次清晰，极具艺术感染力，是西周青铜艺术品中的成功之作。

---

① 《精美盠方彝再现西周王宫建筑风采》，《广州日报》2010 年 5 月 4 日。

盠方彝内壁铸铭文 10 行 108 字，记载作器人"盠"是周王的同宗，周王命盠掌管王之六师和司徒、司马、司空以及殷八师的军政和屯田事务，并赐盠厚赏，盠因此作器以记其荣宠，颂扬天子恩泽。这是我国最早有屯田的文字记录，是研究西周社会政治、经济、军事、书法艺术的重要实物资料。

同时出土的还有盠驹尊、盠方尊等西周青铜器 5 件，器主人"盠"为周的宗室。铭文中提及西周职官中的"司徒""司马""司空"与军队编制中的"六师""八师"，反映了器主人盠的官职以及西周初期的军事制度等方面的情况。

这组青铜器的时代，以往学者定为周宣王，或周孝王、周懿王、周穆王时器，说法不一。2003 年眉县杨家村窖藏的发现为解决这一问题提供了新的资料，有学者认为盠就是逨盘铭文中的"惠仲盠父"，为单氏家庭的第四代，是昭穆时代的重臣，参与了昭王伐荆楚的战争，据此将这组青铜器定为昭穆时期。

盠方彝器底铭拓

户方彝
——器形最大的西周方彝

2013 年 6 月 22 日，宝鸡市渭滨区石鼓镇石咀头村四组村民挖掘地基时发现地下有文物，立即上报文物主管部门。文物专家随即赶到现场展开前期勘察，现场清理出 10 余件青铜器。此后，由陕西省考古研究院、宝鸡市考古研究所、渭滨区博物馆组成石鼓山考古队开展了抢救性发掘工作。

通过连续两年发掘，石鼓山墓葬群共清理墓葬 15 座，出土了各类文物共计 230 余件（组）。其中，青铜礼器 92 件，有铭文及族徽符号 26 组。这不仅是中国古代青铜文化又一次精彩的亮相，也堪称陕西乃至全国商周考古的一次重要发现。此次发现荣获为 2013 年全国十大考古新发现之一。

发掘表明，石鼓山墓地南北长约 800 米、东西约 300 米。根据墓葬聚散程度，整个墓地可划分为北区和西南区，呈现"大稀疏、小聚集"的分布态势。墓葬均为长方形竖穴土圹，按规模大小，可分为中型和小型两类：小型墓墓室面积不足 3 平方米，两区各有 5 座；中型墓墓室面积 13 平方米以上，共 3 座且仅见于北区，大体呈西北——东南一线分布，依次为第 3、4、9 号墓。另外，北区还有形制、规模不明者 2 座。

墓向分南北向和东西向，多数墓室口小底大，墓底多有熟土"二层台"，个别为生土二层台；中型墓还有数量不等的壁龛。而本次发掘备受关注的两座中型墓 3 号和 4 墓，随葬品种类丰富，数量多，尤以铜礼器为最，多出于壁龛内。

户方彝及其铭文

户方彝出土于石鼓山 3 号墓葬中，器物通高 63.7 厘米，口径长 35.4 厘米，宽

23.5 厘米，圈足长 24.5 厘米，宽 21.5 厘米，重 35.55 千克，现收藏于宝鸡青铜器博物院。

彝为庑殿式屋顶盖，长方形敛口，宽平沿，直腹平底，高圈足。彝体四角及中线皆有镂雕扉棱，盖、颈、腹及圈足饰四层纹饰，均以云雷纹作底纹。盖顶四角向上伸出的扉棱将盖面分成两组梯形和两组三角形斜面，每面均饰倒置的兽面纹，四组扉棱中上部伸出折角扉棱。盖顶正中高起的方柱上接硬山屋顶形盖钮，两屋面亦饰倒置的兽面纹，两侧饰三角变体夔纹。彝颈部向下弧形内收，四面正中伸出圆柱接圆雕兽首耳，兽头上饰一对掌形角。而两侧饰头部相对的夔龙纹。腹部四侧面均饰大兽面纹，兽面为双层高眉，扁圆目，中间扉棱作鼻，鼻梁隆起，阔嘴獠牙。圈足四侧面以中间扉棱为界，两边饰头部相对的夔龙纹，扉棱下有竖直缺口。盖顶及器底均铸有铭文"户"字。

户方彝与两件户卣放置于铜禁之上，处于墓室北壁正中，即最突出的位置。两件户卣，形制、纹饰相同，大小相次，为一对列卣。从摆设情况看，至少这几件器物是一组，应为一个家族的器物，据此推测这一组器物应当是墓主人的器物，"户"应是墓的主人。石鼓山墓葬的时代推测为西周早期或商末周初，为姜戎族的户氏家族墓地。[①]

户方彝是目前发现商周方彝中体形最大的一件，与户方彝造型和纹饰相似的是早年在宝鸡戴家湾出土的一件方彝，现藏美国哈佛大学赛克勒博物馆。说明这种造型夸张的方彝，是关中西部极具地方特色的器形。商周之际对方形器极为推崇，一般只有高级贵族才能拥有，所以这类器物多出土于高级贵族墓。而户方彝的扉棱有意识的增大，并多置勾叉，呈现出奢华、豪放、张扬的色彩。反映了周人在灭商之后，获取了充足的青铜原料，利用殷墟工匠的技艺，彰显胜利者神采飞扬的时代风貌。另外，商代建筑采用的是木骨泥墙、茅茨土阶的建造方式，地面建筑极难保存至今，但这件青铜方彝可以让我们一睹 3000 多年前宫殿建筑的大致风采。

1983 年，渭滨区石坝河公社（今石鼓镇）石嘴头村曾出土两件当卢，上铸有"户"字。[②] 宝鸡青铜器博物院还收藏有两件带"户"字铭文的青铜戈，其中

① 王颢、刘栋、辛怡华：《石鼓山西周墓葬初步研究》，《文物》2013 年第 2 期。
② 高次若：《宝鸡市博物馆藏青铜器介绍》，《考古与文物》1991 年第 5 期。

一件内部两侧分别铸一"户"字。距离石鼓山约 8 公里的宝鸡纸坊头 M3 号墓的 5 号方鼎也铸有一似"户"字的铭文。这些发现说明 3 号墓户组青铜器的发现并非偶然，应是其家族居址和墓地在宝鸡石嘴头一带的反映。[①]

鲁方彝盖

——西周商业发展的珍贵史料

鲁方彝盖又称齐生鲁方彝盖，1981 年岐山县流龙嘴村西出土，岐山县博物馆征集，现藏陕西历史博物馆。

鲁方彝盖

---

① 张天恩：《石鼓山户氏青铜器相关问题简论》，《文物》2015 年第 1 期。

鲁方彝盖铭拓片

鲁方彝盖高 29 厘米，口横 31.5 厘米，口纵 16 厘米，重 8.5 千克。状似庑殿形屋顶，下有子口，盖钮亦同，脊上均有扉棱。四坡均饰鸟纹和倒置的外卷角兽面纹，纹饰粗犷，无地纹。从鲁方彝盖的兽面纹来看，结构较为松散，已经完全失去了兽面纹鼎盛时代的那种神韵了，应该是兽面纹流行的尾声了。

鲁方彝仅存器盖，不见器体，因而无法得知具体的整体形制。仅从这件高达

29 厘米，重 8.5 千克的器盖来看，可见该方彝器形巨大、气势宏伟、浑厚凝重。从这件盖的铸造工艺来看，盖与器体分铸无疑。铸造如此精美的器物，对制范的精密程度要求之高可想而知。其盖造型之精美、结构之复杂、层次之丰富，若不具备高度的铸造工艺技术水平就难以铸造完成。方彝作为一种重要的酒器，为殷商文化的产物。在西周中期酒器急剧衰落的情况下，仍能出现这样的大型方彝，是非常少见的。

盖内有 6 行 50 字铭文，含重文符 2 个，铭文外铸有阳纹方格，铭文贯通器盖两边。铭文不太长，但对认识西周社会经济有重要关系。关于鲁方彝的制作时代，《夏商周断代工程 1996~2000 年阶段成果报告·简本》定为孝王前后器；王世民、陈公柔、张长寿先生定为懿孝前后器；① 李学勤先生定为周恭王时器，② 并认为"齐生"乃作器人"鲁"之字，为齐国公族，是"齐乙公"之子。

从鲁方彝铭文可知，此器系齐生鲁在贸易获利之后，还与诸侯做了朋友，为纪念自己的父亲"乙公"的教诲而做了一件彝纪念。齐生鲁身为齐国公族，从事商贾之事，并获利较多，说明齐国有商业的传统，贵族可能参与商业活动，并且以营利为首要目的。这种明确出现"贾"身份的人"齐生鲁"在金文中是很罕见的，具有很高的研究价值。

从青铜器铭文可知，西周早期应已有专门从事长途贩运的贾人，当时有贝作为货币，已有较为发达的商业，但当时朝廷对商业活动的管理情况如何，目前尚不能确知；西周中期，卫盉已记王朝大臣介入交易；西周晚期，始有明确记载朝廷派官员管理商业活动的金文和文献材料。③

① 王世民、陈公柔、张长寿：《西周青铜器分期断代研究》，文物出版社，1999 年。

② 李学勤：《鲁方彝与西周商贾》，《史学月刊》1985 年第 1 期。

③ 彭裕商：《西周金文中的"贾"》，《考古》2003 年第 2 期。

斝

斝是青铜礼器的一种，一般为盛酒行裸礼（古代酌酒灌地的祭礼）之器，兼可温酒。亦可以与觚爵等组合成套作礼器使用，其名称为宋人所定。此物自新石器时代就已萌芽，而主要流行于商代至西周初期，西周中后期饮酒之风减弱后，便逐渐退出历史舞台。它的基本造型为侈口，口沿有柱，器身较宽，无流，有鋬，足部较长，有三足、四足、三棱锥足、袋形足等各种形状，有些还配有铜盖。装饰上，早期较为简单，后来渐趋繁缛精细。从外形来看，斝与爵有点相似，但斝形体比爵大。爵有流和尾，而斝一般没有尾，甚至有的连流都没有。

凤柱斝

——古代国宝级的青铜酒具

凤柱斝因两个立柱上各铸有一只高冠凤鸟而得名，1973 年出土于岐山县贺家村西周墓中，通高41 厘米，口径19.5 厘米，重 2.9 千克，被誉为中国古代国宝级的酒具，现藏于陕西历史博物馆。

同墓葬出土青铜器共 35 件，凤柱斝是其中最为精美的。该斝侈口，口沿立双柱，三个三棱锥足，器底略向外鼓，两柱顶端各置一圆雕高冠的凤鸟。鸟作站立状，冠耸立，圆目鼓睛，正在举目远眺，那娇美健壮的身躯和姿态，寓意着生命的活力，具有很强的装饰效果和艺术造型。腹部纹饰分成上下两段，均饰以云雷纹为地纹的饕餮纹图案，并铸有五道凸起的棱脊，此物的凤形柱帽虽然较大，但重心设计得当，并不给人以头重脚轻之感。这种分段式的斝，足的断面呈"丁"字形，与殷墟第二期同类器物相似，唯纹饰略有变化。从形制和纹饰判断，这件凤柱斝的制作时代当为商代晚期。

凤是鸟中之王，向来被人们当

凤柱斝

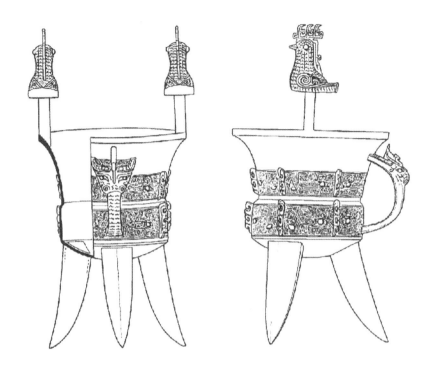

凤柱斝线图

作祥瑞的象征，早在三千多年前，已被人们理想化，并赋予种种神秘的色彩。凤鸟作为青铜器纹饰很多，这些纹饰变化多样，神态各异，显示出凤鸟不凡的风姿。但这些纹饰多为线雕，而凤柱斝双柱上的凤鸟则是圆雕，在这类酒器中颇为罕见。这件凤柱斝，是集实用和观赏为一体的艺术品，特别是柱顶部一对立体凤鸟，栩栩如生，是古代工匠们运用仿生写实的手法塑造出的艺术杰作，反映了三千多年前商代青铜造型艺术的高深造诣。①

此外，美国国立亚洲艺术博物馆和日本泉屋博古馆，各收藏有一件凤柱斝，与岐山县贺家村出土的凤柱斝较为相似，但纹饰更为精美。

① 《凤柱斝：国宝级的中国古代酒具》，《广州日报》2013 年 7 月 14 日。

亚郏其斝

——商末少有的铸铭青铜器

1991 年 11 月，在周公庙遗址范围内的岐山县北郭乡樊村村民在取土时发现铜斝、铜戈各 1 件，后送交岐山县博物馆。县博物馆随即派人赴现场勘察，发现现场已遭破坏。据发现人讲，一同出土的还有两件陶鬲，惜已成残片。①

亚郏其斝通高 25.2 厘米，口径 13.2 厘米，腹深 12.9 厘米，重 2 千克。亚郏

亚郏其斝

其斝，口外侈，尖唇。沿上有双柱，菌状柱顶，柱顶饰细勾连雷纹。束颈，高领，颈部饰两道细弦纹，颈腹间有一鋬，鋬上饰兽首。腹部分档，袋足饰双线 "人" 字凸弦纹，三柱足。鋬手下腹壁处铸有 3 字铭文 "亚郏其"，故将其定名为 "亚郏其斝"。时代属商末周初，铸器者郏其是商代帝辛时期的重臣。

帝辛即商纣王，在位之时正是商周交替的年代。他的前辈帝王均以天干命名，如帝乙、帝祖甲、帝武丁等。"郏其" 一名见于故宫博物院所藏的三件著名的青铜器 "郏其三卣" 上，即二

① 庞文龙、刘少敏：《岐山县北郭乡樊村新出土青铜器等文物》，《文物》1992 年第 6 期。

祀、四祀邲其卣和六祀作册卣。"邲其三卣"原为张效彬所藏，1956年北京故宫博物院购得并修配，传河南安阳出土，是商辛四年商王赏赐亚貘家族的酒器。"邲其三卣"是少数有长铭的商末青铜器，经过专家论证和 X 射线检测，被认为是真器。

亚邲其罍与"邲其三卣"人名相同，应该不是巧合，很有可能为同一族人所铸的器物。在二祀、四祀邲其卣上，除了"邲其"人名外，族徽为"亚貘"。六祀卣铭文记载了邲其赐给作册物品之事，族徽也是"亚貘"，说明所有作器者属于同一家族。同样的"貘"字也见于凤雏甲组基址出土的 H11：19 甲骨上。另外，四祀邲其卣铭文中有"文武帝乙"的称谓也与凤雏出土甲骨 H11：1 一致。作册是官名，商周之际铜器上常见作册一官，职位很高。铭文显示邲其家族有任作册官职的。①

亚邲其罍上人名与故宫藏"邲其三卣"一致，但族徽中的"貘"换成了"邲其"，李学勤先生认为"此罍主人以亚邲其为族氏，当为邲其的子辈。"② 由此可见，邲其在商末官职地位很高，有学者依据邲其卣铭文，认为邲其在商王朝内担任的官职相当于《周礼》中的"大宗伯"或《礼记·内礼》中的"大祝"，是商王朝宗教活动方面的高级官吏。③ 有学者根据邲其卣铭文中以周祭祀典时日记时，推测邲其应为王之亲宠，或亦是王室宗亲。④ 而

亚邲其罍铭拓

---

① 徐良高：《"殷材周用"与周原凤雏甲骨性质初识》，《中国社会科学院古代文明研究中心通讯》2009 年第 17 期。

② 李学勤：《帝辛元至十一祀祀谱的补充与检验》，《夏商周年代学札记》，辽宁大学出版社，1999 年 10 月。

③ 连劭名：《邲其三卣铭文新证》，《故宫博物院院刊》1998 年第 4 期。

④ 朱凤瀚：《有关邲其卣的几个问题》，《故宫博物院院刊》1998 年第 4 期。

这些铜器的时代及其主人的活动正在商末周初。

"亚郏其"斝的形制符合商代晚期特征,年代应为商代晚期。与"郏其"相关的铭文记载表明:"郏其"是负责王室宗教活动的高级官吏,生活在当时殷商晚期都城,其"郏其"一族应为当时的大族。[①]"亚郏其"家族青铜器为什么出现于大周原范围内的岐山周公庙一带呢?两者所在遗址的空间和时间属性都有较大差异。故宫所藏的三件青铜卣据传均出土于安阳殷墟,可能亚郏其斝在河南安阳铸造使用,在周人灭商时被掠夺至岐山处;也可能是殷商贵族人才被周人笼络,亚郏其斝作为实用器被带到了周原。

"亚郏其"斝与"郏其三卣"铭文,总体上显得雄浑厚重,书法价值非常高。器主为商代史官,商亡后入周,成为西周的重要史官家族。这一家族所书写制作的铭文书法风格对西周的金文书法产生了较大影响。马承源在《商和西周的金文》中提到郏其诸器"铭文风格都得到周人的继承和发展","西周早期雄奇恣放一类书体承殷末郏其卣一类风格,或稍带遒美,如成王时代的保卣铭,康王时代的作册大鼎铭",非常准确地说明了郏其诸器铭文对后世金文书法的巨大影响。

① 杨鑫、赵娜:《商代"亚郏其"斝背后的秘密》,《大众考古》2015年第3期。

爵

　　爵可以说是最早的酒器，功能上相当于现代的酒杯，流行于夏、商、周时期。考古中最常见的爵是圆腹，也有个别方腹，爵的一般形状，前有流，即倾酒的流槽，后有尖锐状尾，中为杯，一侧有鋬，下有三个锥状长足，流与杯口之际有柱，此为各时期爵的共同特点。青铜爵出现于夏代晚期，当时的形制还带有陶爵的特征，器壁较薄，表面粗糙，椭圆形器身，流长而狭，短尾，流口间多不设柱，平底，一般没有铭文和花纹，偶见有连珠纹者。商早期的青铜爵是夏代晚期爵的形式的延续和发展，也是扁体平底，流稍有加宽，尾部多数较短；商代中期的青铜爵基本上都是圆体爵，器壁大多加厚。这时期还出现了大量有柱的爵；到了商代晚期，青铜爵的造型趋于成熟，流和尾的长度比例较为接近，在以前，鋬的上端是不加装饰的，而此时开始进行装饰。到了周代，青铜爵的纹饰更加复杂，三足普遍加长，造型更加优美，父辛爵便是其中最典型的代表。

父辛爵

——商周青铜爵之冠

1976 年 12 月 15 日，扶风县法门镇庄白村在村南 100 米处的坡地上平整土地时发现一处青铜器窖藏，周原考古队随后对其进行了清理，共出土了包括父辛爵等在内的 103 件青铜器。

父辛爵通高 22.3 厘米，流至尾长 17.5 厘米，腹深 9.8 厘米，重 1.05 千克。该器宽流、长尾、长舌鋬，双柱帽，位于流折与鋬之间呈伞状。鋬处饰兽首纹，

圜底，下为三刀状足。流下为一对平列小鸟纹，尾与口沿下饰蕉叶纹，以云雷纹衬底。腹部饰上下两周小鸟纹，中间夹一周直棱纹。从流顶部至足尖有一道范缝痕迹未打磨掉，相对尾部也有隐约痕迹，但已打磨的较为平整，鋬内侧正中有一道范缝痕迹，其下对应的一足与器身之间有接铸的痕迹。器身饰直棱纹配以长尾凤鸟纹。内柱外侧有铭文一行四字："乍父辛毳"。毳 为族徽。

父辛爵
父辛爵，父辛为人名，爵为器名，同窖藏出土的 3 件丰爵铭文均为"丰作父辛宝毳"，此爵从铭文内容、形制、纹饰特点来看，应当是丰爵中的一件，唯本应有的"丰"字可能由于刻铭部位的长度限制而省略，其年代依据同一窖藏

所出其他丰器的形制、纹饰特点和铭文内容，可定为西周中期，是丰为父辛作饮酒器。这件父辛爵被定为国家一级文物，现藏于周原博物馆。

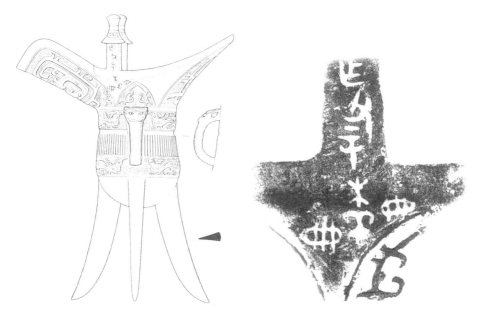

父辛爵线图及其铭拓

因爵寓意加官晋爵，所以青铜爵复制品较多，而以父辛爵复制品最多。爵、斝多带有立柱，立柱大多短小且呈"伞"形，有少量上部帽端为鸟兽形状，以双柱最为常见，也有部分单柱爵，单柱大多立在流槽处，也有少量出现在尾端。"爵"在甲骨文与金文中，上部均有伞形或"十"字形符号作为立柱的象征，十分醒目。对于现代人的饮酒习惯而言，小小的立柱显得如此"多余"，但它却在近千年的漫长历史中长期存在，是由于它在古人饮酒的过程中起到难以取代的作用？还是具有商周时期独特的文化蕴涵？考古学者为此进行了长期的讨论，有以柱拦须、触柱抵颊、用柱挂肉、勾柱防尘、配柱滤酒、承柱托受、提柱携爵等不同用途猜测。

马承源先生曾提出，爵柱可能是用来固定过滤网的。因为夏商周时期的酒并非后世所用的清澈的蒸馏酒，而是酿后连糟混置的黄酒，用于祭祀时，还须将捣碎的香草添入后煮汁。因而酒体浑浊，在饮用或祭祀之时需要过滤，把残留的酒糟和植物渣滓分离出来。因此，在饮酒的爵、斝之上放置滤网，以立柱固定，以便在饮酒的同时过滤渣滓。台湾学者傅晔还提出了具体的操作方法。研究者指出，这种精致的饮酒方法是王公贵族一种很好的消遣，别富情趣，如同后人煮茶品茗一般。但该主张的提出受到部分学者的质疑。较为有力的观点认为，目前尚未发现大小、精美度可与爵、斝相配的青铜杯，而如此精致的饮酒方式自然不能以劣质的陶杯相配，因此该观点依旧难以被学术界广泛认可。

也有学者指出，如果爵、斝并非饮酒之器，而是起到为酒加温的作用，或者在下面点一把小火，在宴饮时边温边饮，那么其上的立柱或许就像鼎上的双耳一样，起到从火上取出酒杯的作用。该学说的证据来自以下两点：首先，爵有三足，在早期文明中，三足器常用于加热；其次，考古发现的部分爵底部有烟熏的痕迹，表明曾用于加热。这一学说曾经在学术界引起较大的反响，然而也有学者指出，首先爵的体积较小，作为温酒器未免过于不便；其次，毕竟只有不到1/30的爵发现烟熏痕迹，如果爵确实作为温酒器，那有烟熏痕迹的比重怎会如此之少。还有学者指出，如果立柱是作为取酒的把手，那立柱应位于爵、斝等器物的中轴线上，以达到取酒时酒杯的平衡，事实上立柱多位于前端，若真用于取酒，是很容易倾洒的。

伯公父爵

——西周晚期斗形爵的器形代表

1976年1月，扶风县黄堆公社云塘生产队农民史选民等人在村南何家沟断崖取土时发现一青铜器窖藏，窖口距地表50厘米左右，旁边放一块石头，共出土铜器9件。其中一对西周中期伯公父爵，大小相似，引人注目。伯公父爵甲通长19.3厘米，高6.8厘米，径9.5厘米，深5厘米，重0.55千克；柄弯曲处有铭文3行14字："伯公父作金爵，用献用酌，用享用孝。"伯公父爵乙通长19.5厘米，高6.8厘米，径9.3厘米，深5厘米，重0.55千克。柄弯曲处有铭文3行14字："于朕皇考，用祈眉寿，子孙永宝用享。"

伯公父爵

伯公父爵形制与斗相近，器物呈罐形，口微敛，腹稍鼓，自腹的一侧出一曲而平折较宽的鋬，爵体下有矮圈足。爵口下饰变形蝉纹，圈足饰重环纹，腹部饰瓦纹，尾饰双头兽纹。铭文中："伯公父作金爵，用献用酌，用享用孝。"铭文把爵的用途也做了说明，这是商周铜器铭文中所仅见的。它证明了爵是用于觞饮酌酒之器。

两器自名为"爵"，但因器形和传统的三足爵不同且又近于文献所描述的"瓒"，所以日本林巳奈夫、贾连敏、李家浩、孙庆伟等人把伯公父爵铭中的"爵"字释为"瓒"，并把此类器物称为"瓒"；包括发掘者在内的一些学者将其称为"伯公父斗"或"伯公父勺"；李学勤、朱凤瀚、马承源、孙沛阳、曹锦炎、李春桃等人将"爵"字释为"爵"，认为宜以自铭"爵"为妥。贾连敏、付强先生认为"瓒"与"祼"相互通用。何景成先生则认为真正的"爵"应是"伯公父勺"这类器物，而非目前通常理解的那种三足青铜酒器"爵"。① 从功能来看，斗或勺具有较长的柄部，主要用于挹取酒，但伯公父爵的柄部宽而短，用于探入盛具内挹取液体的功能明显已经弱化，而且其自铭其功用为"用献用

---

① 何景成：《论包山简的"会之觞"——兼说"爵"的形制》，《古文字学论稿》，安徽大学出版社，2008 年。

酌，用享用孝"。"用献"即为绷礼中的献宾之礼，相当于《周礼·青官·典瑞》的"以裸宾客"；而"用享用孝"则针对祭祀中的裸祭而言，可与《典瑞》中的"以肆先王"对应；铭文中的"酌"则屡见于《诗经》，如《周南·卷耳》载："我姑酌彼金罍，维以不永怀。"《小雅·吉日》载："以御宾客，且以酌醴。"郑笺："酌醴，酌而饮群臣，以为俎实也。"可见，其用途是祭祀绷饮的酌酒之器。

伯公父爵铭拓

斗形爵在周原出土的散车父铜器窖藏中也有一对，形状和伯公父爵相同，唯柄上纹饰为镂孔；2006年，扶风县城关镇五郡村西周青铜器窖藏也发现3件相同的夔龙纹斗形器；西安市长安区张家坡也出土过两件斗形爵，其中一件似较短的束腰杯，杯一端斜出而平折，当是爵的另一种形式。斗形爵出现的时代较晚，一般都在西周晚期。它的出现可能取代了原来流行的三足有柱爵，这也可能是西周晚期没有常见的青铜爵出土的原因之一。

壶

　　壶为贮酒器。周原出土之伯公父壶盖上有："作叔姬醴壶"的铭文。《诗经·大雅·韩奕》有"显父钱之，清酒百壶"之句。由此可以看出壶都是贮酒之器。金文中壶作"壺"形，像个上边有盖，两侧有系耳，腹部庞大的容器。壶也是礼器，是贵族宴飨或祭祀时不可或缺之物，有扁壶、圆壶、长颈椭方形壶等形式。青铜壶最早见于商代中期，流行时间较长，自商代至战国，秦汉以后尚可见到，器形变化相当复杂。西周早期的壶，一般都是单个铸造，壶体较小，有的有提梁。西周中晚期，发展为成对成双铸造，形体也趋庞大。

单五父方壶

——西周青铜壶中的精品

单五父方壶 2003 年 1 月 19 日出土于眉县杨家村，共出土两件，形制、纹饰、铭文相同，现藏宝鸡青铜器博物院。

器物通高 59.6 厘米，口纵 15 厘米，口横 20 厘米，底纵 23 厘米，底横 30 厘米，腹长 36 厘米，宽 26 厘米，重 25.5 千克。铭文铸于壶口内壁及其盖上，口内铭文 4 行 19 字，含重文符 2 个。盖上铭文 4 行 17 字，盖、器同铭，盖少 2 个重文符号。字刻在由凸起细线条组成的印格内，意为"单五父"为他的父亲做了此壶，以后的子孙要好好保存。

壶形呈椭方体。圈形捉手，长子口盖，长颈略微内束，垂腹，圈足。双耳作龙首形，顶部又歧出一上扬的两头龙形，耳内各套一环。器盖可倒置以盛物。器身颈部装饰环带纹和凸弦纹，并在两侧设有龙首衔环式样的器耳。凸弦纹以下的器腹是单五父壶的中心部位，也是这件铜壶装饰最为繁缛华丽的地方。这部分纹饰以凸起的双身龙首为中心，数条身躯相交的龙纹回旋婉转、相互纠缠，成为单五父壶最令人瞩目的地方。壶圈足部位饰变体龙纹。整体装饰效果华丽流畅、疏密得当而赏心悦目。造型挺拔壮美，铸工精湛，堪称西周青铜壶中的精品。

单五父方壶纹饰最显著的特点是半浮雕双身龙纹。西周后期，龙纹装饰成为青铜器主体纹饰，且演变成各种蟠绕纠结的形象，其纹饰所呈现的是优美动态与流畅线条，创作更显自由与丰富想象力。单五父方壶的龙纹形象生动真实，是西周晚期到春秋时期时代精神的象征，是当时社会变革的时代风貌在艺术上的真实体现。关于这种双身龙纹装饰，英国牛津大学原副校长、著名汉学家杰西卡·罗森教授认

238

为，其原型可能取自伊朗卢里斯坦高原的某种中亚神兽图案。①

单五父方壶及其线图

单五父方壶通体各种附加装饰，不仅造成异常瑰丽的装饰效果，而且反映了在西周晚期青铜器艺术审美观念的重要变化。西周晚期青铜器上的花纹一反主轴中线、两两对称的铺排，而喜用连续环接的纹饰。这些龙纹相互缠绕，不分主次，上下穿插，四面延展，似乎努力追求一种总体上的动态平衡，使器物具有一种流动、飞扬的韵致，这种韵致与商周早期青铜器的肃穆、威严不同，洋溢着一种运动的生命力和舒扬升腾的美感。此类壶在其他地方也有出土和收藏，如1994年6月美国纽约古董店拉利行出版的图录中刊载的一对秦公壶，传世的颂壶及山西曲沃北赵村出土的一对晋侯壶，其造型和纹饰与单五父壶相似。

壶本为酒器，也是礼器。它是明等级，分上下，表示某种特权以及和上天相

① ［英］杰西卡·罗森：《祖先与永恒》，生活·读书·新知三联书店，2011年。

单五父方壶铭拓

通的器物。在宗法制度森严的商周奴隶社会，礼器具有神圣和不可侵犯的地位。所以形制大都庄严神秘，狞厉有余。西周晚期的单五父方壶神秘中透露着活泼，厚重中显示出奇巧，有明显向春秋战国时期青铜壶过渡的特征。整体造型神秘华丽，色泽绿中透黄，堪称艺术珍品。

㝬 壶

——壶中之冠

1976 年 12 月 15 日，扶风县法门公社庄白村在平整土地时，发现一个青铜器窖藏，经考古工作者清理，出土青铜器 103 件，74 件青铜器上有铭文，后被学者称为"微史家族窖藏铜器群"。这个窖藏中的四件㝬壶格外引人注目。它们同时共出一个窖藏，分为两组四件，三年㝬壶和十三年㝬壶各两件，两组㝬壶形制、纹饰、铭文、大小相同，现藏于宝鸡周原博物馆。

三年疯壶，通高 65.4 厘米，口径 19.7 厘米，腹深 48.42 厘米，重 26 千克，形体庞大，造型庄重，纹饰古朴，是西周中期青铜壶的典型作品。壶直口长颈，腹鼓低垂，盖顶有圈状握手，颈部有一对兽首饰环耳。兽首圆目卷唇，螺形双角。盖面饰团鸟纹，盖沿饰象鼻卷体夔龙纹。颈部、肩部及腹部饰以环带纹，环带之间填以不同形状的兽体纹。圈足上面饰以 S 状的变形兽体纹，通体云雷纹衬底。

盖榫外侧有铭文 12 行 60 字，大意为：三年九月丁巳这天，周王在郑这个地方举行飨礼，王命令虢叔把疯召来，赏赐疯一个羔俎。己丑这天，王又在句陵举行享礼，王命令师寿又将疯召来，再次赏给一个豕俎。疯为答谢天子之赐，便为王祖王父铸造了一套铜壶，以纪荣宠的经过。

三年疯壶及其壶盖

岐邑、丰邑、镐京、莠京这四座城市作为西周时代的重要都邑，是周王办公的地方，已为大多数学者所认同。但是"郑"作为"五邑"之一，还存在着异议。《古本竹书纪年》上记载穆王曾居郑宫，《汉书·地理志》载："周自穆王以下都于西郑。"西周出土的铜器铭中"王在郑"也常常出现，说明郑这个地方是

三年痪壶铭拓

周天子经常执事的活动地方，这个地方不仅建有周王的行宫，而且还有太室、庙寝之类的建筑，当是周都附近比较重要的一处宫室。西周中期有两个郑地：一为

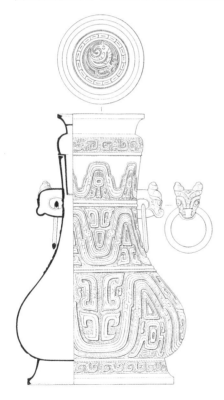

三年痪壶线图

东土郑，即郑虢，也就是成王时的虢城，地点在今河南新郑一带；痪壶铭文中的郑当是指西土郑，一说在今陕西华县，另一说在今陕西凤翔，即秦德公所居大郑宫一带。

南宋薛尚功《钟鼎彝器款识》著录有痪鼎，铭文有"唯三年四月庚午，王在丰。王呼虢叔召痪"，与三年痪壶铭文中的"唯三年九月丁巳，王在郑飨礼，呼虢叔召痪"正相符合。说明两器为同一人所铸。

十三年痪壶比三年痪壶较小，通高59.6厘米，口径16.9厘米，腹深44厘米，重15.3千克。形状与三年痪壶基本相似，只是颈部较三年痪壶要细。盖缘饰重环纹，盖顶饰卷体式翘尾回首长冠凤纹，兽首衔环双耳，兽角作螺状，颈饰花冠分尾凤鸟长冠下垂，腹部有四条竖带重环纹，上与横贯耳部的花纹带相交，下与垂腹最大径处的四个菱形凸起相交,四个菱形凸起之间也是一周重环纹带,圈足饰波曲纹。十三年痊壶的环带纹与扶风强家 1 号墓出土的环带纹壶、岐山董家青铜窖藏仲南父壶非常相似。

　　盖榫外壁和口径外壁各铸铭文 56 字,器、盖同铭,唯行款稍异,记述了痊受周王册命赏赐之事。大意是说,十三年九月戊寅日,王在司徒淲宫格太室即位,夷父陪同痊入见周王,接受命服的册赐,痊磕头跪拜,感谢王的恩赐,铸造此壶。

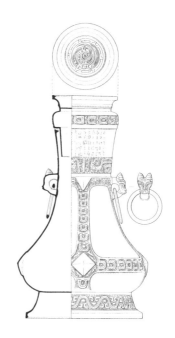

十三年痊壶及其线图

痊为史墙的儿子,即史墙盘中的史墙。痊从周懿王开始就在周王室任职,达 33 年之久,历经懿王、孝王、夷王、厉王四位天子,可以说是四朝元老,所以周王宴飨时,总要派人把痊叫来,并对其进行赏赐,赐送珍贵的祭祀大案,给予特殊恩典。痊壶就是痊为答谢天子之赐,便为王祖王父铸造的铜壶。器主痊是周孝王时人,他所属的微氏家族世袭史官之位,有相当的地位。周王两次特意在行礼之时召痊并有赏赐,足见其荣宠。

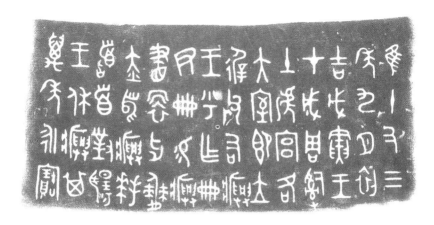

十三年痪壶榫部铭拓

痪壶铭文虽有年、月、干支，但学界对所处王世断代不一，有恭王、孝王、懿王、夷王、厉王等多种说法。《夏商周断代工程1996～2000年阶段成果报告·简本》和王世民、陈公柔、张长寿《西周青铜器分期断代研究》断为孝王前后器。

痪壶器型宏伟，制作精良，造型既庄重又简明大方，花纹既古朴又富于变化，开创了西周晚期纹饰变革的先河。其外形上部收束，下腹低垂更甚，圈足大而外撇，全器重心非常低，从而取得一个稳定庄重的效果。纹饰中已完全没有凶恶的神兽，而是单一图案化的波曲带。壶体上、中、下三段纹饰近似，但制作者在每层都加以变化，层层放大、细化，仿佛交响乐中主题的反复再现和深化，体现出一种理性化的华美和强烈的节奏感，既可以加强壶的怪诞之美，也可以调节森严的氛围，使之稍微轻松缓和，这与周早期铜器的神秘繁缛大异其趣。

镶嵌射宴纹壶
——战国青铜镶嵌工艺的典型代表

1977年9月，考古工作者在凤翔县纸坊乡（今城关镇）高王寺村发现了一处秦国青铜器窖藏。高王寺窖藏距地表深约 2 米，出土青铜器共 12 件，其中鼎 3 件、豆 1 件、镶嵌射宴纹壶 2 件、敦 2 件、盘 1 件、匜 1 件、提梁盉 1 件、甗 1 件。

窖藏出土的两件镶嵌射宴纹壶制作精美，其形制、纹饰基本相同，高均为 40 厘米，口径 10.8 厘米，腹径 23 厘米，足高 3.4 厘米。小口、束颈、圆腹、平底，有圈足，肩部饰两只对称的兽面衔环。壶有盖，盖面上有三个浮雕鸭形钮，并饰有数只奔走的异兽纹。壶上共有各种动物、人物图案 231 个，中心主题可以归结为演武和享乐，为当时贵族生活的真实写照。

和同期铜壶相比，镶嵌射宴纹壶本身的造型并没有什么独特之处，特别之处主要在于壶身上用金属片镶嵌出各种图形，以带状斜角云雷纹将壶身分为四层。这种装饰上的多层横带结构形式，既增加了铜壶的美感，又显得结构分明、内容饱满。

镶嵌射宴纹壶纹饰

第一层为竞射图三组，倒刻于壶的颈部，描绘了练习射箭之人，自台基而上，站在高台之上将箭射向靶子的场景。在这组图像的左边，嵌绘一张像兽皮的侯（箭靶），侯下嵌绘一人提着两条大鱼，脚下有一鼎。这小段图像是弥补铜壶颈部三组图像连续构成后的空白部分，表明制壶艺人在画面经营位置上的灵活性。

第二层为弋［yì］射、渔猎图三组，处在壶的醒目位置，描绘了射箭之人或俯身或仰身或屈膝搭弓，将有绳子的箭射向飞翔的大雁。渔猎部分的雁凫刻画得精细入微，几个休栖在篱杆上的小水凫前后呼应关系处理得自然生动，大有呼之欲出、跃出壶外之感，表现出古代艺人高超的状物写实与概括能力。

镶嵌射宴纹壶

第三层为宫廷宴乐图三组，人物冠戴服饰交代明确，生活用具清晰可辨，是一幅战国时代的贵族生活的图画。在这幅图像上，引人注目的是那些建筑图样，为我们提供了早期斗拱的重要资料。我国的早期斗拱，主要见于辉县出土的宴乐射猎纹铜鉴，故宫博物院的宴乐纹铜壶以及成都百花潭出土铜壶上的建筑图样。然而，由于这些图样的斗拱结构模糊，给探讨汉代以前的斗拱及其发展带来一定困难。而凤翔出土的镶嵌射宴纹壶上的回廊前檐柱头上，有方形平盘式的栌斗形象，清楚地表明了斗拱的原始状态，有学者称其为迄今所见最早的栌斗形象。

第四层为狩猎图三组，描绘猎人手持双剑或长兵器与野兽搏斗，为当时贵族举行狩猎活动的真实写照。①

镶嵌射宴纹壶的图案制作工艺称为"嵌错"，也称错金银，是用金银或其他金属丝、片嵌入青铜器表面，构成各种花纹、图像、文字。嵌错工艺过程是：首先要制槽，在金属器物表面按花纹、图像、文字铸成或刻出凹槽，将金属丝、片嵌入槽内，捶打压实；用磨石将嵌入的金属磨平，再用皮革、绒布蘸水反复磨压，使器物表面光亮、花纹清晰。嵌错工艺兴起于春秋中期，最初施用于器物小片的地方，战国时一些重要的礼器才出现大片的金银嵌错图案。镶嵌射宴纹壶所有图样都使用了镶嵌红铜片工艺，做工精细，人物动物刻画准确生动，使器物获得了特殊的艺术效果，是件难得的艺术珍品。

春秋战国时期，奴隶社会趋于解体，生产力水平不断提高，新的思潮和观念兴起，整个社会生活从早期宗法体制中解放出来，作为祭祀的青铜礼器也就日益失去其神圣光彩和威吓力量，现实生活和人间趣味更自由地进入青铜器领域。弋射、宴乐、狩猎等纹饰已不再具有神秘的意义，而成为纯粹的图案性装饰，这也是当时社会大变革在意识形态上的一种反映。这些生活场景纹饰的出现，不但是古代青铜器纹饰发展上的一大变革，而且也是中国美术史上的一个重要里程碑，标志着纹饰已从幻想的神的世界走向现实的人的世界，艺术手法也从图案式发展到有了场面和层次，甚至出现了真正的绘画。

鸟盖瓠壶

——大秦帝国的祀天酒器

1967 年，文物工作者在绥德县废品收购站调查时，偶然发现一件青铜酒壶。当时这件青铜器已身首异处、面目不清，后经专家修复，被鉴定为国家一级文

---

① 杨秉礼、李天荣：《试论凤翔高王寺镶嵌射宴壶》，《西北美术》1997 年第 4 期。

物，现藏陕西历史博物馆。

这件青铜酒壶样式新颖，纹饰精致，因其形似瓠［hù］子，盖为鸟形，故名鸟盖瓠壶。鸟盖瓠壶为战国时代器物，通高 33.5 厘米，口径 5.8 厘米，足径 8.8 厘米，最大腹围 39.7 厘米。其特点是把实用与装饰融于一体，是一种动物（鸟）与植物（葫芦）的巧妙合体。器盖为鸟首形，以珍珠纹为底，壶的盖部装有环扣，可以启闭。瓠壶从肩部至腹部饰有宽带纹和蟠螭纹六道。肩腹部有扁环形把手，两端作龙首形，捏手作八棱形，便于把握。盖上的鸟尾与把手用链环连接，每节链环均饰有头朝上、尾部卷成圆环形的蛇纹，相互套合。盖上装饰较为繁复，鸟的胸部饰有两条昂首盘身的蛇纹，在蛇的尾部，各有踏于蛇身作展翼欲飞、伸嘴啄蛇状的小鸟一个。其装饰手法之纷繁多彩，纹饰之精细富丽，题材之开创新颖，体现了艺术构思在当时的新发展。

鸟盖瓠壶

鸟盖瓠壶的造型较少，与北方草原皮囊壶有较多相似之处。史书记载，瓠壶为"尚礼"之用，装的酒称之为"玄酒"。有学者认为，壶盖上鸟的形状，与我国天文典籍中所著录的"瓠瓜星"和"天鸡星"可能有一定的联系。《史记·天官书》有"瓠瓜星"的记载。唐司马贞《索隐》解释说：瓠瓜又称"天鸡"，在"河鼓"（即牛郎星）以东。古人笃信天命，他们勤于观察星象，研究天文，祭天祀地，以图掌握天命。把祭祀用的礼器做成瓠子形，象征瓠瓜星，而壶盖上的"鸟首"则为"天鸡"。所以，这件鸟盖瓠壶应是战国时期一件与祀天有关的重要酒器。

还有学者认为，鸟盖瓠壶上的鸟形装饰与秦人的鸟崇拜相关。目前，这种鸟首形瓠壶大都发现在秦地，根据《史记·秦本纪》及其他史籍记载，秦之祖先为神鸟的子孙，伯益是一只燕子，因帮助禹治水，助舜驯服鸟兽，被赐为赢姓，后来成为秦国王族的祖先。在秦人有关的青铜器中，与鸟形象有关的器物较多。

鸟盖瓠壶目前所见有七件，除陕西绥德发现的这件外，容庚《商周彝器通考》著录一件，山西太原赵卿墓出土一件，中国国家博物馆、台北故宫博物院、美国萨克勒博物馆各藏有一件。此外，德国纳高拍卖公司 2005 年秋季拍卖会与中贸圣佳 2007 春季艺术品拍卖会上都曾出现过一件春秋晚期鸟盖瓠壶。①

①　冀瑞宝：《东周青铜瓠壶研究》，《文物世界》2015 年第 3 期。

罍

　　罍是大型的盛酒器，又可盛水，在青铜礼器中占有重要的地位，《诗经·周南·卷耳》中即有"我姑酌彼金罍"之语，《周礼·春官》载："凡祭祀……用大罍。"函皇父簋铭亦云"两罍两壶"，说明罍和壶是容量不同的一组容酒器。罍常与尊、壶相配使用，商代晚期出现，流行于西周和春秋。罍有方形和圆形两种，方形罍出现于商代晚期，圆形罍商代和周初都有。由于罍器形较大，为了方便使用，古人在罍的肩部两侧或正面腹部的下端各铸有一小耳。

对 罍
——西周青铜罍中难得精品

1973 年 3 月，凤翔县田家庄公社劝读大队一队（今田家庄镇西劝读村一组）社员在村南 200 米处平整土地时发现一处西周青铜器窖藏，出土青铜鼎、对罍、亚字簋、铜鬲各 1 件。时任生产队长翟德西及社员翟生云二人将发现的青铜器送交凤翔县文化馆。文物工作者随即对青铜器窖藏出土地进行了勘查，发现此处为一处大型西周文化遗址。

对罍出土处北靠千山，南临平川，由山腰向南地势缓缓降低，接南端横水河由西北向东南而去，地理条件十分优越。遗址东距周公庙遗址约 10 公里，其第一、二级台地依山向东与岐山、扶风的西周文化遗址连为一片。遗址灰层厚达 2 米左右，鬲、罐等器物残片俯拾皆是，卜骨碎块亦时有所见。据当地社员反映，他们平地时曾发现用多边形毛石块聚拢一起的遗址数处，上部铺平整，下面夯筑密实。遗址平面呈圆形，直径约在 1 米左右，与扶风召陈西周宫殿遗址内柱础铺置完全一致，考古专家推测这几处用石块聚集的圆形遗址应为建筑物柱础，此处可能是周王行宫或诸侯国的都邑。

对罍从地表下 1.5 米处灰层中出土，为西周中期的盛酒器，因制作者"对"而得名。通高 46 厘米，口径 23 厘米，腹深 38.5 厘米，重 18 千克，现藏于凤翔县博物馆。

对罍形制规整，制作精良，装饰华丽，纹饰精美，是西周青铜罍中难得的精品。对罍器形为平折沿，颈部内敛，肩上有一对兽首衔环耳，弧腹斜收，圈足较高。颈饰一周夔龙纹，龙昂首，上唇特长，卷曲下垂，歧尾内卷上扬。肩部六枚大圆涡纹相间排列。腹饰下垂的蕉叶纹，每片蕉叶均以两条相向的立式夔龙组成。圈足饰两周弦纹。口沿内壁有铭文 8 行 25 字，记载该祭器是为亡父曰癸而

对罍及其铭拓

作，向神灵祈求赐予多福多寿，子子孙孙万年永用，敬善敬终。

　　对罍铭文末一字""，众多学者释读不一，有冉、举、共、卢、鬲、鼎等多种说法，也有学者认为是族徽。带有""字的器物见于著录者不少，""字的写法也不尽相同，其器物在宝鸡境内发现较多。

对罍线图

对罍在出土时还装有铜器残片十几块，经对接后可辨出为一铜盂的圈足残余部分，约为有整个圈足的三分之二，重达 7 千克。饰环带纹，径 50 厘米，壁厚 1 厘米左右，由此观之，原器应为西周晚期重器，可惜仅存很少一点残片了。[1]

对罍的制作时代在西周中期，这一时期正是周人逐渐摆脱殷商神秘繁缛的美术传统，形成庄重素雅的自身风格的历史阶段。从对罍来看，器型由商的瘦高形变为矮粗形，肩部丰满，同时通过加宽沿部和圈足，使全器达到一个比商罍更加稳定的造型。在纹饰方面，浮雕都较低，没有商器上那些耸出器表的锐角巨目。虽然全器多处以夔龙为饰，但变形得非常厉害，除目纹外其他细节都在蜕变，成为一种装饰意味很强的图案，显然夔龙在人们的信仰世界中已经淡出了。

1972 年扶风县北桥村、2012 年宝鸡市渭滨区石鼓村出土的青铜涡纹罍，形制与对罍相似，但纹饰各异。2002 年，扶风庄白村窖藏出土的蕉叶夔纹罍，形制、纹饰与对罍均很相似。

---

① 曹明檀、尚志儒：《陕西凤翔出土的西周青铜器》，《考古与文物》1984 年第 1 期。

盉

　　盉为酒器和盛水器。青铜盉出现在商代早期，盛行于商晚期和西周，流行到春秋战国时期。河南偃师二里头遗址中出土的一件铜盉为目前已知年代最早的青铜盉。盉基本造型为圆腹，带盖，前有流，下设三足或四足。商周时期，盉口大，腹深，流直，多作分裆式袋足或柱形足，商代足则多做成空心。春秋战国时，盉口变小，腹部扁圆，流往往做成弯曲的鸟头或兽头状，蹄形足较为常见，有的蹄形足做成动物形象。许多盉还加上弯曲的提梁，并用环索连接盉盖与提梁，造型轻盈秀巧。古文献说其为酒器，用以调味。《说文·皿部》载："盉，调味也。"古人用酒是按一定比例兑水的，古籍中所谓"玄酒"就是指兑酒之水而言。盉的自名最早出现在西周早期的麦盉铭文中。从出土情况看，盉主要是盛水的。它若与酒器组合，则用水以调和酒的浓淡，与盘组合，则起盥沐作用。

卫 盉

——中国第一部土地交易地契

　　1975 年 2 月 2 日，岐山县董家村发现了一处周代的青铜器窖藏，出土了从穆王到宣王时不同时期的青铜器 37 件，其中大部分铜器上铸有铭文，对研究从穆王以后到宣王这一段西周中、晚期的政治、经济、法律、土地制度和阶级关系等方面的历史非常重要。特别是裘卫制作的两件鼎、一件盉、一件簋，被称为"裘卫四器"，是研究周恭王时代铜器不可多得的标准器。

　　"裘卫皿器"中的卫盉器形是西周中期前段流行的式样，《夏商周断代工程1996～2000 年阶段成果报告·简本》定为周恭王时器。器物通高 29 厘米，口径20.2 厘米，重 7.1 千克。束颈，口沿外侈，有盖，鼓腹，连裆，足作圆柱形，管状长流，鋬为长舌兽首状，盖与器以链环相接。盖沿及器的颈部均装饰着垂冠回首分尾的夔龙纹，流管装饰三角雷纹。现藏于陕西历史博物馆。

卫盉

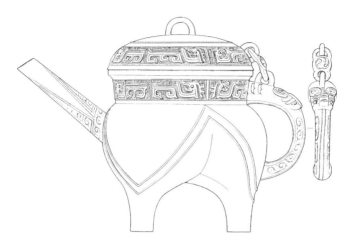

卫盉线图

该器盖内有铭文 132 个字，记述了裘卫与贵族矩伯进行土地交换的全过程：恭王三年三月，王将在丰邑举行典礼，矩伯为参加礼庆，但缺少必需的礼器和饰物，向裘卫商要了一件"瑾璋"（玉器），价值 80 朋，议定由矩以"十田"抵给。另外，矩伯还要了两件赤玉的琥、两件鹿皮披肩、一件杂色的蔽膝（围裙），价值 20 朋，议定矩以"三田"抵给。因为交换涉及土地转让，裘卫便把此事向伯邑父、崇伯、定伯等几位执政大臣报告，由三有司（司徒、司马、司空）出席公证，在现场主持田地移交仪式。卫为了将此事告诉已经逝世的父亲，便制作了这个青铜器，以祈求上苍和先祖保佑子孙能万年永远享用。这篇铭文是目前所发现的我国发现最早的地契。

从书法的角度来看，卫盉铭上的字体已经与甲骨文的韵味相去较远了，没有了大盂鼎那种明显的带甲骨文笔意的修饰笔画。卫盉铭文书法圆劲厚重，刚柔相济，别具风貌。气度刚毅沉着，笔法娴熟精到，节奏流畅明快，结体方圆兼备，格调宽宏豪迈，点画屈伸自然，长短相宜。

卫盉铭文是西周土地交换或土地转让的典型实例，铭文中不仅明确记载了土地交换的价格：一件玉璋价值贝 80 朋，可换"十田"；两件赤琥、两件鹿皮披肩和一件围裙价值贝 20 朋，可换"三田"。而且，铭文还记载土地交换的具体仪式：当事人告知伯邑父等五位大臣，由五位大臣主持，并由三有司具体执行受田过程。这为我们研究西周中期土地制度、货币制度和社会经济提供了极其重要的史料。

卫盉铭文表明，当时的土地作为商品，不仅可以简单地以物易物，还可以通过充当商品等价物的"贝"这一货币形式进行转让，用"贝"的数量来衡量实物价值，这在周代青铜器铭文中尚属首次，表明当时贝已经作为商品交换的媒介。贝在流通时以"朋"为计算单位：五贝连成一串，两串合为一朋。这篇所记一田的价值分别为八朋贝和六朋多贝。另外像裘卫这种掌管裘皮生产的小官吏利用自己掌握的手工业产品为自己换取土地，这表明身份不高的庶姓家族经济地位的上升。

卫盉铭拓

从卫盉铭文可以看出，裘卫不仅是国家的执政官员，还是一个商人。表明西周中叶已出现官商结合现象，商人可以凭借自己的财力获得职位，同时也可利用职位获得更大的利益。另外，矩伯身份的变化，以及伯邑父等人在铭文中所起的作用也透露出，随着社会经济的发展，旧的体制已渐渐不能适应社会经济的发展，但旧有的思想、习惯等仍根深蒂固地存在于人们的观念中。总的来说，西周中后叶的社会经济发展迅速，在很多方面比西周前期有了进步，出现了新的生产关系萌芽。

逨 盉

——龙腾虎跃凤呈祥之器

　　2003 年眉县杨家村出土的逨盉，通高 48.5 厘米，宽 51.4 厘米，重 52.4 千克。器身整体由龙、凤、虎三种动物组成，使三者和谐地统一在一件器物之上，呈现出龙腾虎跃凤呈祥的吉祥画面，使器物形象在庄严肃穆之余更显得生动活泼，表现出作器者的独具匠心。

　　逨盉酷似现代的扁圆形壶，器身呈扁圆形，长方形口上有凤鸟形盖。凤鸟引首高昂，缘微卷曲，震翼欲飞。器身与盖用虎形链及双环相连，虎作向上爬行状，头左偏而尾上卷。直管状流，流端作龙首状。鋬呈龙首向下喷水状，下有四

逨盉

兽足。腹部两侧纹饰相同，分别由三圈组成，由外向内依次为变体夔龙纹、重环纹和蟠龙纹。盉正面饰重环纹，盖上凤鸟颈部饰羽状纹，流上饰扭曲状的环带纹。器盖内有铭文3行20字，铭曰："逑作朕皇高祖单公圣考尊盉，其万年子孙永宝用。"

凤鸟是一种想象的神鸟，一向被人们当作祥瑞的象征。早在3000多年前，已被人们理想化，并赋予了神秘的色彩。《说文》载："凤，神鸟也……出生于东方君子之国，翱翔于四海之内，见则天下安宁。"凤纹对于周人，更具特殊意义。据史书载，周人将兴，凤鸣岐山，周人视为吉祥之兆。《国语·周语》云："周之兴也，鸑鷟鸣于岐山。"韦昭注："鸑鷟，凤之别名也。"西周青铜器上凤鸟纹的存在，也许是对此段历史传说的最好诠释。

龙在历史传说中是一种神异动物，具有蛇的身子、猪的头、鹿的角、牛的耳、羊的须、鹰的爪、鱼的鳞。它能大能小，能潜能飞，可翻江倒海、腾云驾雾，神通广大，无所不能，为中华文化中代表最高祥瑞的神物，也是中华民族精神的象征。逑盉以龙为主题，龙流口、龙鋬手、龙首足，以有限的空间展现了一个无限的龙世界，表达了周人对龙图腾的崇拜。

虎是百兽之王，是力量和威严的象征。古人以"虎符""虎节"为调兵遣将的信物和兵权的象征。民间视虎为神兽，借它的威猛勇武而镇崇辟邪，保佑安宁，并常龙虎并提，用"龙腾虎跃""生龙活虎"来描绘生气勃勃和发达兴旺的景象。逑盉以现实生活中的老虎连接神话传说中的龙

逑盉铭拓

和凤，寓神秘于现实，一虚一实，虚实结合，相互烘托出一种祥和的美。

逨盉线图

　　逨盉是祭祀礼器，它将天上飞的凤鸟、地上跑的猛虎、水里游的蛟龙，作为沟通天地、人神和使者，使天地人三者合而为一。由于周人将动物视为具有无限神力之神灵，因此青铜器上之动物纹样，除宗教祭祀意涵外，也富有一定的政治意义。贵族通过青铜器上神秘、肃穆的动物纹样，令人望之崇敬、生畏，以威吓被统治者，达到巩固本身地位及权威之目的，此动物纹样无形中强化为统治者之政治力量。逨盉还巧妙利用直颈前伸的虎颈作流，流端雕塑虎头形，由虎口"喷"出来的酒，则不是一般的酒，应是"神酒"了。而威风凛凛的老虎连接着刚强雄健的龙和柔美仁善的凤，情态生动，更是一种龙腾虎跃凤呈祥的生命力呼喊和泄放。

　　盉这种青铜器出土较多，大多个体较小，造型和纹饰相对简单，象逨盉体形较大，纹饰繁缛，装饰华丽的并不多见。临潼出土的西周早期"王盉"、扶风出土的西周晚期"它盉"、山西晋侯31号墓盉，形制与逨盉相似。从器形观察，速盉铸造工艺比较复杂，器身、流、盖、虎链等是分多次浇铸而成，繁杂的工艺反映了当时青铜器铸造的水平。

长甶盉

——"三礼"史料价值的重要佐证

1954 年 10 月，西安市长安县（今长安区）斗门镇普渡村农民杨忠信送交陕西历史博物馆一批铜器，内有一件铜盉，铭文非常重要，据发现人讲系一墓葬出土。11 月 2 日，陕西省文物清理队派出工作组赴现场负责清理。

墓葬在杨忠信家的院内房下，为一座南北长 4.2 米，东西宽 2.25 米，深 3.56 米的长方形竖穴木椁墓。此墓随葬器物有铜器 27 件、陶器 22 件、玉器 23 件、石器 1 件、骨饰品 2 件、贝 56 枚、蛤蜊 107 件、蚌饰品 158 件，计全部随葬品完整的大小 390 件。[①] 其中最为重要的一件文物即长甶〔**fú**〕盉。

长甶盉形制与卫盉相似，通高 27.6 厘米，口径 18.4 厘米，腹径 20 厘米，流长 15 厘米。器敞口、束颈，

长甶盉

垂鼓腹，三袋足，一足侧附长直流。器盖顶有一半环钮，以链与兽首錾相连。器颈部与盖缘以云雷纹为底，周饰窃曲纹，器流与錾两侧袋足各斜饰两道平行凸弦

---

① 陕西省文物管理委员会：《长安普渡村西周墓的发掘》，《考古学报》1957 年第 1 期。

长由盉铭拓

纹，向上相交成直角。

盖内铸铭文6行，每行9字，共计57字，其中重文符3个。为此墓出土铜器中铭文最长的一件。作器者为长由，故命名为长由盉。铭文为："隹（唯）三月初吉丁亥，穆王才二（在下）减居，穆王饗豊（饗醴），即井（邢）白（伯）大（太）祝射，穆王蔑长由（以）速即井白（伯），井白（伯）氏（是）賁（引）不奸，长由蔑历，敢对扬天子不（丕）休，用肇作尊彝。"

根据长由盉铭文"穆王在下减居"句，可知此盉铸于穆王生时。考古简报认为墓葬的年代当在西周中期，墓葬形制和殷墓很相似，墓底有腰坑，且有殉狗习俗。长由盉铭的字体已近玉箸体，波捺少，行列重竖贯，兼顾横平。在这些传统的继承中，已隐含着变异的因素，将要萌生出一个周人自己的风格来。因此，长由盉这一群铜器，被认为是西周中叶的标准器。郭沫若指出"长由盉"生称"穆王"，为穆王时器;① 彭裕商先生断为穆恭时器;② 王世民、陈公柔、张长寿先生定为穆王时期标准器。③

长由盉铭文中"唯三月初吉丁亥,穆王在下减居,穆王飨醴,即邢伯太祝射",是说某年三月的一天,穆王在下减举行燕礼,又跟邢伯、大祝举行射礼,证实了《礼记·射义》关于在举行射礼之前,必先举行燕礼的记载是可靠的。《射义》载:"古者,诸侯之射也,必先行燕礼射大夫之射也,必先行乡饮酒之礼。故燕礼者,所以明君臣之义也;乡饮酒之礼者,所以明长幼之序也。"《射义》的记载和长由盉铭文恰相吻合。尽管《周礼》《仪礼》《礼记》著作年代有早有晚,有的成书年代至今还没有定论,但是它们都保存着丰富的上古史料。曾有人怀疑和贬低"三礼"的史料价值,长由盉的发现再次证明了"三礼"的史料价值。

长由盉现收藏于中国国家博物馆。

① 郭沫若:《长由盉铭释文》,《文物参考资料》1955 年第 2 期。
② 彭裕商:《西周铜簋年代研究》,《考古学报》2001 年第 1 期。
③ 王世民、陈公柔、张长寿:《西周青铜器分期断代研究》,文物出版社,1999 年。

匜

　　匜为中国先秦礼器之一，用于沃盥之礼，为客人洗手所用。周朝沃盥之礼所用水器由盘、盉组合变为盘、匜组合。匜最早出现于西周中期后段，流行于西周晚期和春秋时期。其形制有点类似于现在的瓢，前有流，后有鋬。为了防止置放时倾倒，在匜的底部常接铸有三足、四足，底部平缓一些的无足。《左传·僖公二十三年》有"奉匜沃盥"的记载，沃的意思是浇水，盥的意思是洗手洗脸，"奉匜沃盥"是中国古代在祭祀典礼之前的重要礼仪。

㝬 匜

——最早的诉讼判决书

1975 年 2 月 2 日早晨，岐山县董家村 10 多名群众在村西的土沟里给生产队拉土。大约 9 时，村民们准备回家吃早饭，这时，队长董宏哲的叔叔董天有叫他过去，说在刚才挖土时铁锹好像碰在了石头上，董宏哲拿起镢头，照着叔叔指的方向往下挖去，只听"喔"一声，镢头碰到了硬东西。拨开土一看不是石头，在一旁的叔叔喊道："这是宝！"正准备回家的村民们闻听后都跑了过来看热闹。董宏哲拦住大家不要乱挖，并立即赶往临村作业的考古队报告了这一情况。考古队赶来后，在这个离地面不到 1 米的地窖里，挖掘出了 37 件青铜器。

从董家村挖掘出的 37 件青铜器中，有铭文的共有 30 件，字数有 2000 多字，其中一件曾被董宏哲当过枕头的㝬匜［zhèn yí］被称为"青铜法典"。

㝬匜也称作训匜，器物整高 20.5 厘米，腹深 12 厘米，腹宽 17.5 厘米，长 31.5 厘米，重 3.85 千克。器形整体像一只羊，四兽蹄足。整件器物给人以狞厉威严之貌。器物主体部分呈长椭圆形，很像一只瓢，前有流后有鋬，带盖。盖面呈琵琶形，前端突出呈虎头状，虎首覆于流口之上，似猛虎前瞻，与口沿下的窃曲纹、凸弦纹相辉映，给整个器身注入了活力与生机。

该器有铭文 157 字，铭文铸于器盖和腹底内壁，底盖铭文相连续。其中器盖 6 行 90 字，器腹 7 行 64 字。铭文完整地记录了两个奴隶主为争夺五名奴隶的所有权而进行的一场诉讼过程，内容包括罪名认定和处理结果，该铭文已经具备判词的雏形，是一篇完整的判决词，是距今 2800 年前的一篇法律文书。确切地说，是我国目前发现最早、最完整的诉讼判决书，因而被誉为我国的"青铜法典"。表明西周存在着成文的法律和系统的刑罚，突出体现了奴隶制国家的特征和本质。

铭文大意为：在三月底甲申日这一天，周王到达旁京上宫这个地方。随从周王

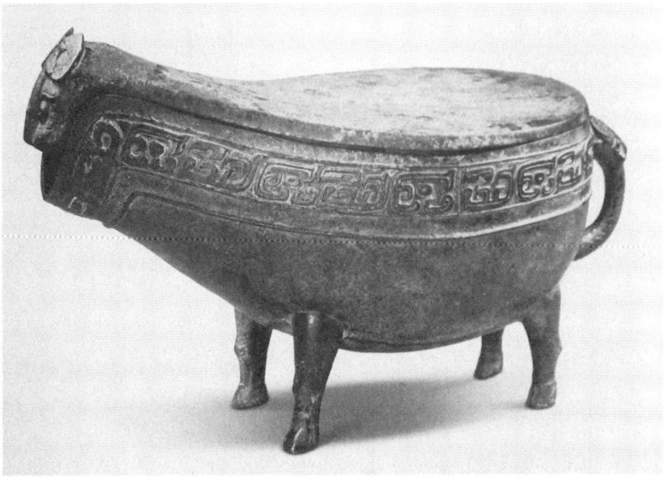

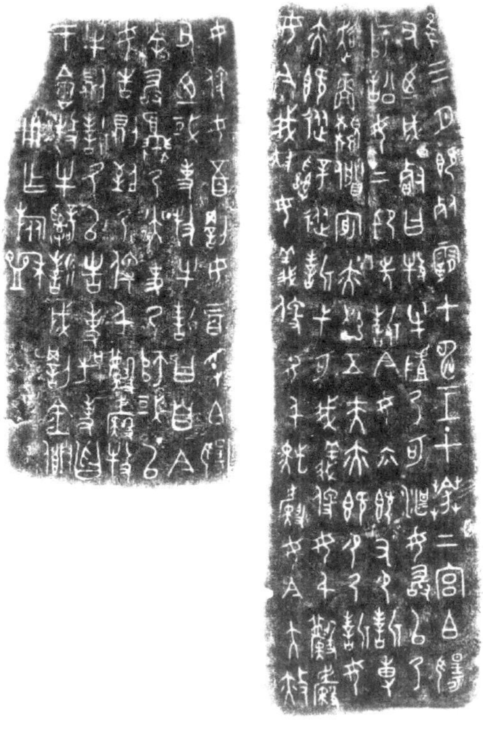

𠑇匜及其铭拓

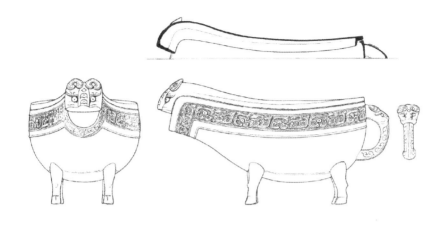

㑒匜线图

的法官伯扬父在那里受理并审理了一个案件，作出了判决，下达了判决书。伯扬父谴责牧牛说："你违背了你以前的誓言，敢与你的上司打官司，并进行诬告，现在，你要信守誓约，到喜那里去见㑒，以表示和好，并且还要给他5名奴隶。你应当恪守誓言。按照我最初的判决，应打你1000鞭子，还要施以墨刑。现在减轻对你的刑事处罚，只鞭打你500下，罚你300锊的铜。"法官伯扬父又要求牧牛当场发誓："从今以后，我不敢再给你添任何麻烦了。"伯扬父又警告牧牛说："你的上司如再告你，就要对你施以墨刑。"牧牛立了誓。一些官员和智都参加了审判活动，听取了判决。㑒胜诉后，用得来的铜做了这件水器，用以纪念这件事。

其铭文记录了我国目前所见最早、最完整的民告官之诉讼案件，是对一个诉讼案件的记录，其中包含了一道判词。这本来是一个民事案件，但由于引讼者是小贵族，小贵族控告大贵族，违反了宗法等级制度，这就构成了诬告罪。因而，案件性质由原来的民事变为刑事附带民事案件。

这篇刑事诉讼判决书有着重要历史意义：一是详细记载了审理案件的时间、地点、案由、案情、双方当事人、主审法官、合议庭成员（或陪审人员、旁听人员）名单及庭审活动全过程，实行公开开庭审判，并以铭文形式公开裁判文书，坚持了公开审理原则。二是说明本案此次审理是由一方当事人上诉引起的官司，属于二审或再审，但法官没有加重处罚，而是减轻刑罚，坚持了上诉不加刑原则。三是判决要求败诉方信守约言，维护了诚实信用原则。四是对败诉方言行既有严格定性，严厉警告，同时又注重说服教育，要求一方当事人去见另一方当事人，主动表示和好，要求败诉方两次发誓，不再给法官添麻烦，不再控告上司。力求通过调解矛盾，平息事态，让双方服判息诉。

从这篇最早的判决书中可看出，中国奴隶社会时期诉讼程序非常完备。尽管在奴隶社会奴隶主贵族之间的诉讼地位是不平等的，在本判决中就体现了下级不得对上级提起诉讼，即牧牛对自己的上级牍的诉讼是违反当时法律规定的，但由于这种诉讼体现了十分明确的诉讼程序，这与法律产生之初的神明裁判相比，已经有着十分明显的进步意义。在当时的语境下，审判人员依法办事，也在一定程度上体现了法律的终极目标——公平正义。

牍匜器型为匜，而铭文则自名盉，可见匜是由盉演变而来的。已经发现的匜都是周厉王以后时期制作的。这件匜制作工艺讲究，带有西周中期风格，虽然铭文自称为盉，但它却是匜的早期形式。

盘

　　青铜盘是商周时重要而常见的铜器。据《礼记·内则》载："进盥，少者奉盘，长者奉水，请沃盥，盥卒，授巾。"即在行沃盥礼的时候，年轻的仆人端着接水的盘，年长的仆人捧着装水的器皿，请贵族洗手，洗完后递上擦手的手巾。考古中发现盘常常与匜搭配使用就是证明。等级森严的封建社会，盘作为古代礼器是主人身份和地位的象征。陕西宝鸡曾出土"四大名盘"：散氏盘、虢季子白盘、史墙盘和逑盘，它们以器形大、铭文多、历史价值高而蜚声海内外。

散氏盘

——金文中首个以土地换和平的契约

散氏盘又名"夨〔zè〕人盘"、散盘、散氏鬲、乙卯鼎、乙卯鬲、西宫盘等，为西周晚期以块范法铸造的青铜器。清初出土于陕西凤翔，曾藏于乾隆内府。以其长篇铭文著称于世，与毛公鼎、大盂鼎、虢季子盘并称"四大国宝"。

散氏盘高20.6厘米，口径54.6厘米，盘底直径41.4厘米，重21.312千克，盘附耳，腹部饰夔纹，间以三浮雕兽首，高圈足上饰兽面纹。铭文的字与字间隐约可见阳文直线界栏，是典型的西周晚期铭文风格。

散氏盘铭文铸于盘内底上，共19行357字。铭文记载了核定、赔偿土地和举行盟誓的过程，共列记了双方参加定界、盟誓的人名25个，是一篇完整的契约，反映了西周晚期井田制动摇和王室权力式微的史实，对研究当时的土地制度有很高的史料价值。

铭文上说，关中畿内的夨、散二国，边界相连，夨国人屡次侵犯散国的边界，掠夺土地财物。后来在周王的调解下，双方议和，夨人不得已，以田地作为对散人的赔偿，并且发誓将田交付散人后，永不毁约，否则就照田价付罚金，并通知其他各国与其断绝交往。夨人派出官员15人来交割田地，散国则派官员10人来接收。这场官司中还具体规定了赔田的区域、疆界，并由两国共同派官吏勘定后交接。周王还派一个叫仲农的史正（官名）到场作证，仲农完成使命后，遂将新界地图交与夨人，夨国官员对散人起誓，守约不爽。鉴于夨人平日的行为，散人仍是不放心，怕他们毁约，于是就把这场官司的全过程及夨人的誓约铸在铜盘上，作为永久的证据，以防不测。散氏盘铭文可谓金文中首个以土地换和平之契约。

铭文记载土地可以有条件的转让，这说明西周晚期井田制度已经发生了动摇，王室权力遭到削弱，也是整个社会制度开始动摇的重要信号。这正是散氏盘的历史价值所在。据近代著名学者王国维进一步考证，散国的疆界相当于大散关、大散岭以东陈仓一带，矢国疆界当与其相邻，也在宝鸡一带，散氏盘的出土地点应在散国地界之内。

因铭文中三次出现"西宫"二字，此盘曾名"西宫盘"。清嘉庆中期，著名学者阮元根据盘上铭文中"散氏"字样而定名为散氏盘。关于散氏盘的制作时代，王国维在《散氏盘考释》中定为厉王时器，郭沫若、杨树达、唐兰等学者从此说，刘启益先生定为宣王时器。

散氏盘

散氏盘铭文的最大审美特征在于一个"拙"字。从书法艺术的角度看，《散氏盘》铭文拙朴、拙实、拙厚、拙劲，线条的厚实与短锋形态，表现出一种斑驳陆离、浑然天成的美。铭文"浇铸"感很强烈，表现了浓重的"金味"，在碑学体系中，与《毛公鼎》《大盂鼎》并称为金文瑰宝，是学习大篆的极好范本。铭文一反以往金文规整均匀的格式，宽博敧侧，章法恣肆狂放，率性适宜，初看好像杂乱无章、粗率佻脱，但细细品味，便会逐渐体会到其集率意与稳健、稚拙与老辣、空灵与凝重、粗放与含蓄于一身的妙趣。因其既有金文之凝重，也有草书之流畅，故被誉为"草篆"之端。

散氏盘的传世拓本大体有三类：第一类是清朝中期，散氏盘还未献给嘉庆皇帝存于内府之前的拓本，这个时期制作出来的拓本，大都字口肥粗且未经剜凿，

散氏盘铭拓

行笔造型间表现的是最为原始的面貌，也是散氏盘所有拓本中的上品；第二类是民国时期，溥仪命人专门制作出来的赏赐本，据传溥仪在1924年得知散氏盘被重新发现之后，便命令当时著名的拓工周希丁用六吉绵连纸传拓了50份散氏盘铭文，随后他将这些拓本分赐给了六部重臣，这种拓本对盘底文字进行了剜凿，上有"养心殿精鉴玺""希丁手拓散盘""金谿周康元所拓吉金文字印"三枚朱印；第三类是民国时期故宫博物院拓本，1925年后，散氏盘被周希丁等人再次传拓，拓本上有"故宫博物院古物馆传拓金石文字之记"的朱印。

据张廷济《清仪阁题跋》载，散氏盘于清康熙年间在陕西凤翔出土面世，后被流传到安徽歙县程氏、江苏广陵（今扬州）徐氏、洪氏等。嘉庆十一年（1806年）由盐使额勒布重金购藏，嘉庆皇帝50岁寿诞时，额勒布将散氏盘作为寿礼敬献于御府。

阮元对散氏盘最先考证，他认为散氏盘出土于清乾隆中叶，后流入京师琉璃厂古玩铺时被江姓翰林所购藏，运回故里扬州收藏，并在当时青铜器仿造中心

——苏州仿制了两件，其中一件售与日本人，另一件则下落不明。嘉庆十四年（1809年），时任湖南巡抚阿林保从一位盐商手中购得散氏盘，并请当朝著名金石鉴赏大家阮元鉴别真伪，在确定所得散氏盘是真品并定名后才敬献给嘉庆皇帝，而嘉庆皇帝也因此封阿林保为两江总督，因而有"阮元定名散氏盘，阿林保献宝祝寿荣升"的传说。

嘉庆皇帝不像乾隆皇帝那样酷爱古玩字画和美玉。散氏盘入贡内府，历经嘉庆、道光、咸丰、同治、光绪、宣统六朝，久藏禁宫。因时间太久，六位皇帝谁也不去鉴赏，以致无人知晓它收藏在什么地方。咸丰十年（1860年）八国联军火烧圆明园后，传出散氏盘在圆明园被烧毁了。于是，从内务府官员口中传到琉璃厂古董商的耳朵里就成了："散氏盘真的没啦，只有仿铸的那件了！"

民国13年（1924年），溥仪出宫前，内务府核查养心殿陈设，发现散氏盘藏在库房。溥仪出宫后，散氏盘由故宫博物院收藏。

民国14年（1925年）仲春，北洋政府邀请诸多学界名流、政府要员及金石学家共同组成清室善后委员会，开始对故宫中留存文物进行清理，一位工作人员在位于库房角落处的一只陈旧木箱里发现了散氏盘，随即质疑真伪之声在社会上传得沸沸扬扬。于是，清室善后委员会成员、著名金石学家马衡开始对这件散氏盘进行详细考证，他先详细询问发现散氏盘的具体经过，随后又找到一份溥仪命人捶拓的铭文拓本，并对照实物从花纹、铜质及铭文字体等诸多方面做以分析，遂确认这件散氏盘就是真品。为了慎重起见，马衡还将散氏盘拿到琉璃厂尊古斋请大古董商、青铜器鉴定大家黄伯川把关，得到了这位金石大家的认可，遂使笼罩在散氏盘身上长达100多年的真赝迷雾就此消散。

1933年2月6日，散氏盘随故宫文物南迁。1936年12月，南迁文物由上海转运南京朝天宫库房。1937年1月，故宫博物院南京分院正式成立。1937年8月13日，上海淞沪抗战爆发，南京危在旦夕，故宫南迁文物于南京沦陷前分3批又运往西南大后方。

散氏盘等文物南迁10多年间，历经种种险阻磨难，始终为国人所关注。沿途得到了各级政府通力协助，文物所到之处都留下了许多可歌可泣的护宝故事。而文物常常化险为夷，这使"古物有灵"的说法广为流传，且与"国家的福命"

联系了起来。

抗战胜利后，西迁文物安全东返南京。1947 年 8 月底，回迁南京任务基本完成。1949 年年初，散氏盘随部分故宫南迁文物被运往台湾，现藏于台北故宫博物院，名列台北故宫博物院十大镇馆之宝第二位。

关于散国史书缺乏记载，出土的器物也为数不多，其中最为重要的就是散氏盘。此外还有早年在凤翔出土的西周晚期散伯器组，目前仅见散伯簋 4 件、散伯匜 1 件。簋内底铭文："散伯作矢姬宝簋，其万年永保用"，是散伯为其妻子作的器物。其中，2 件藏美国哈佛大学福格美术博物馆，1 件藏美国纽约大都会美术博物馆，1 件藏上海博物馆。散伯匜内底有铭文："散伯作矢姬宝匜"，也收藏在上海博物馆。另有一件散伯簋，在罗振玉《三代吉金文存》中有记载，但下落不明。1960 年，扶风庄白大队召陈村村民陈志坚在割草时发现 19 件青铜器，有铭文者 14 件，其中包括散伯车夫鼎 4 件，散车夫簋 5 件，散车夫壶 2 件，𩵋叔山父簋 3 件。这批铜器，从其形制、纹饰、铭文等方面看，除弦纹鼎为西周初期外，其余均为西周中期。这批铜器现藏于陕西历史博物馆。另外，传世的散国青铜器还有西周中期的散姬方鼎，鼎腹壁有铭文"散姬作尊鼎"，现下落不明。

虢季子白盘

——古代最大的青铜盘

虢季子白盘形制奇特，似一大浴缸，长 137.2 厘米，宽 86.5 厘米，高 39.5 厘米，重 215.3 千克。通体呈椭方形，具四边、圆角，口大底小，略呈放射形，使器物避免了粗笨感。每边饰兽首衔环二，共八兽首，口沿饰一圈窃曲纹，下为波带纹，为商至战国时期流行的一种水器，也为中国西周青铜文化的成熟之作，是迄今所见最大的铜盘，堪称西周青铜器的魁首，与散氏盘、毛公鼎并称西周三大青铜器。

虢季子白盘为西周晚期的青铜器，《夏商周断代工程1996～2000年阶段成果报告·简本》定为宣王时器。① 作器者为虢君的小儿子白，所以取名为虢季子白盘。虢是西周诸侯国。周武王克商之后分封诸侯，将自己家的远亲近戚和一众功臣一个不落地封到了全国各地。其中周武王的两个叔叔，也就是周文王的两个弟弟虢叔和虢仲，分别被封到了镐京以西、周室龙兴的周原和扼守镐京京畿咽喉的虎牢关一代，东西两方面拱卫守护着镐京的安全。这两兄弟的封国，一个叫西虢，一个叫东虢。东虢后来被郑武公灭掉，西虢后来东迁到了今三门峡一带，跟原来的东虢隔着一个黄河。虢季是西虢始封者虢叔一系，由于辅佐周文王有功，虢季一系在王朝世代为师。根据师虢鼎铭文，可知他的后人师虢于周恭王时期出任太师，其伯父则任职于周穆王之时，在周宣王时代，又有其后人虢季子白、虢季子缦、虢季子组等都是中央大员。

虢季子白盘腹内铸8行111字，记述了周宣王十二年虢季子白在洛河北岸大

虢季子白盘

胜猃狁，杀死500名敌人，活捉50名俘虏，宣王举行隆重的庆典表彰他的功绩，

① 夏商周断代工程专家组：《夏商周断代工程1996～2000年阶段成果报告·简本》，世界图书出版公司北京分公司，2000年。

虢季子白盘铭拓

赏赐了他马匹、斧钺、彤弓、彤矢。铭文为研究西周晚期周王室与北方部族关系和西北地理提供了重要资料。

虢季子白盘铭文被视为西周金文中的精品，其排列方式与字形处理方式有别于其他西周铭文，与战国时期吴楚文字有相似之处。铭文中语句以四字为主，且修饰用韵，文辞优美，行文与《诗经》全似，是一篇铸在青铜器上的诗。铭文中"薄伐玁狁""折首""执讯"及"是以先行"等句，可与《诗经》中《采薇》《出车》《六月》《采芑》等篇所记史实相互征引，具有极高的历史价值。1954年8月25日，我国发行一套《伟大的祖国（第五组）古代文物》特种邮票，其中第3枚为"虢季子白盘"。

虢季子白盘体形硕大，关于其功用，专家有多种不同观点。一种认为是马槽，从陕西的农民到太平军的马夫，再到刘铭传的马夫，无一不认为它是最合适的马槽，只是奢侈一些而已。这种认为其奢侈的想法也是以我们现在的观点来衡量的，也许在西周时期，只有制作精美的马槽才配得上贵族家的宝马良驹。第二种观点认为是盘，但盘一般与匜相配使用，使用时一人持匜浇水，一人洗手，盘在下面承接流水。但这样硕大而沉重的盘，一天若多次洗手，倒水就成了大问题。第三种观点认为是浴盆，即古文献中所记载"鉴"，其另一种用途就是在殡葬时放在尸床底下，而鉴里盛放冰块，为尸体防腐降温。

虢季子白盘道光年间出土于陕西宝鸡的虢川司，时任眉县县令徐燮钧喜好古物，虢季子白盘近水楼台为徐所得。徐卸任返籍时将虢季子白盘带回了常州，至太平天国时期，护王陈坤书镇守常州，虢季子白盘又易手成了护王的珍藏。

清朝同治三年（1864 年）5 月 11 日，时任直隶提督的淮军将领刘铭传在追杀太平军的过程中率部占领常州，刘铭传住进了太平军将领陈坤书的护王府。由于护王手下的将士仍不屈服，经常利用夜晚伏在小街僻巷里进行反抗，所以淮军不得不在夜间加强城防巡视。有一天，夜半更深，万籁俱寂，刘铭传在护王府大厅秉烛读书，忽然听到院中有金属撞击的声音，以为有刺客潜入。刘铭传大惊，立刻传呼众士兵赶到院中搜索。众人里里外外搜遍，没有发现任何踪影，再仔细听听，原来声音是从马厩里传出的，循声搜去，才知是马笼头上的铁环撞击马槽发出的叮当之声。马槽向为木料所制，为何有此清脆金属声音？刘铭传心生疑问，当即命令士兵用灯笼照看，在微弱的灯光下看不清楚，刘铭传就伸手去摸，只觉得冰凉异常，仔细一看是件金属物体。第二天一早，刘铭传好奇地走到马厩中，叫士兵把马槽洗刷干净，这时才看清楚是一个铸有铭文的铜盘。读过几年古书的刘铭传知道这种文字叫籀文，为三代文字，他暗想此物年代久远，必是国宝，忙叫人"三熏三沐"，洗涤干净，安排士兵运回自己的家乡——安徽肥西刘老圩。归隐后又建一方形"盘亭"安放，亲为盘亭撰书嵌字联"盘称国宝，亭护家珍"，并编撰《盘亭小录》一卷。

虢季子白盘到刘府后，消息不胫而走，引得不少达官贵人争相前往观赏。而刘铭传偏偏惜盘如命，不轻易示人，为此还得罪了不少权贵。1872～1884年，刘铭传归乡赋闲期间，大江南北文人名士蜂拥而来，人人叹羡不已，消息很快传到京师翁同龢耳中，翁氏托人说愿意出重金购买。刘铭传回绝了说客，翁氏又叫人前去说亲，愿意将女儿下嫁刘家，做刘铭传长媳，以通秦晋之好。刘铭传又以不敢高攀之语谢绝了这门婚事，翁氏大为扫兴，从此和刘铭传交恶。至光绪十一年（1885年）台湾撤府建省，刘铭传赴首任台湾巡抚，虢季子白盘则安驻合肥老宅盘亭，未随往台湾。

刘铭传去世后，其后人遵照他的遗嘱，小心保护这件国宝。他的后人在此后的几十年间为保护虢季子白盘进行了艰苦卓绝的抗争。其间最具威胁的，是任国民党安徽省主席的刘镇华。作为地方官的刘镇华在1933～1936年主持安徽政务期间，对虢季子白盘更是觊觎已久，多次派人以种种理由到刘府搜劫，虽未找到虢季子白盘，但刘氏后人却因此饱受了皮肉之苦。

抗战前，曾有一美国人托人找刘铭传的曾孙刘肃曾，愿出一笔相当可观的金钱购买虢季子白盘，并答应成交后将其全家迁居美国。随后，法国人、日本人等都曾找上门来愿以重金购买虢季子白盘，均被刘家拒绝。1937年七七事变后，合肥旋告沦陷，日军入侵，强抢豪夺、无恶不作。面对外辱，刘家后人知不能敌，只得将虢季子白盘重新入土。他们将虢季子白盘深埋丈余，而后举家外迁，以避战乱，日寇多次搜掠也成泡影。

抗战胜利后，安徽省长李品仙利用职权在皖盗窃楚墓，对虢季子白盘垂涎欲滴。他一再派人前去索盘，在遭到拒绝后竟将刘家大厅中所挂字画搜刮一空。不久又派一营部队进驻刘老圩，天天逼刘氏后人交出虢季子白盘。刘家人无奈，只好再次举家出逃避难。在此期间，李品仙的亲信合肥县长隆武功为讨好上司，亲自带人到刘家老宅，将房屋地板全部撬开并挖地三尺，终未果而去。

新中国成立后，国家对文物保护工作十分重视，1949年冬，政务院给皖北行署发电报，指示查明虢季子白盘下落。皖北行署当即派人专程到刘老圩向刘肃曾全家传达政府保护文物的政策。刘肃曾当即表示："保护国宝，责任非轻，个人力薄，盘之安全可虑；现政府如此重视，亟愿献出，从此国宝可以归国，获卸仔肩，亦为幸事乐事。"遂于1950年1月19日在其家中一间人迹罕至而又破旧不堪的屋子内，将虢季子白盘掘出献给国家。就在虢季子白盘拟送北京时，一件意外事件突然发生。一名犯罪分子溜进刘家，手持钢锯准备锯下8只饕餮衔环，声音惊动了守护在附近的解放军战士，当场将他抓获，使国宝免受破坏。事件发生后，人民政府指示迅速将虢季子白盘运送北京，并请刘肃曾同行。

虢季子白盘抵京后，董必武、郭沫若、沈雁冰等亲切接见了刘肃曾，时任文化部长沈雁冰向其颁发奖状，政务院副总理郭沫若设宴招待刘肃曾，并即席亲笔题诗一首相赠："虢季献公家，归诸天下有。独乐易众乐，宝传永不朽。省却常操心，为之几折首。卓卓刘君名，传诵妇孺口。可贺孰逾此，寿君一杯酒。"从此，与毛公鼎、散氏盘并称为古代三大青铜瑰宝的虢季子白盘就由国家珍藏保护起来。虢季子白盘先藏于故宫博物院，现归藏于中国国家博物馆。

史墙盘

——青铜史书

史墙盘为西周中期青铜重器，为微氏家族中名墙者为纪念其先祖而作的铜盘，因作器者墙为史官而得名。

1976 年 12 月 15 日，扶风县法门公社庄白大队社员在村南 100 多米的坡地上平整土地时，在距地表 30 厘米处发现了一处青铜器窖藏。专家将其定名为庄白一号窖藏，共出土青铜器 103 件，其中 74 件有铭文，这批青铜器造型浑厚，纹饰精美，铭文内容丰富，为西周历史和青铜器断代以及古文字的研究提供了极其重要的资料，引起了全国历史和考古界的极大关注。

庄白一号窖藏中最重要的一件青铜器是史墙盘。史墙盘器形宏大，制造精良，整体通高 16.2 厘米、口径 47.3 厘米、深 8.6 厘米，重 12.45 千克，盘腹外附双耳，

史墙盘

腹部饰垂冠分尾凤鸟纹，凤鸟有长而华丽的鸟冠，鸟尾逶迤的长度，为鸟体的二至三倍，延长部分与鸟体分离，凤鸟纹在当时象征着吉祥，是西周时期最为流行而且最富时代特征的纹饰。史墙盘现收藏于宝鸡青铜器博物院，1996 年 6 月，国家文物局组织专家鉴定组鉴定为国宝；2002 年 1 月，国家文物局将史墙盘列为首批禁止出国（境）展览文物；2008 年，史墙盘曾被征调北京参加奥运珍宝展。

史墙盘内底部铸刻有 18 行 284 字，其中重文符 5 个，合文 3 个。铭文前半部分颂扬西周文、武、成、康、昭、穆诸王的重要政绩，后半部分记述墙所属的微氏家族的家史，与文献记载可相印证，是研究西周历史的重要史料。文章使用的四言句式，颇似《诗经》，措辞工整华美，为新中国成立以来发现较长的一篇铜器铭文，是已知时代最早的带有较明显骈文风格的铭文作品，具有较高的文学价值。

史墙盘铭是西周金文书法成熟形态的代表作。全文18行，中间空一行，形成两组，各9行。文字排列整齐划一，纵成行，横成列。笔画无论长短纵横，都有向背的弧势，宛转圆融，有着浓郁的书写意味。作者又注意笔画间的穿插呼应，结字方整，呈现一副精巧秀雅的姿态。铭文字体为当时标准字体，可作为西周中晚期书体风格的典型代表。字形整齐划一，均匀疏朗，笔画横竖转折自如，粗细一致，笔势流畅，有后世小篆笔意。每字大体为长方形，某些偏旁转折使用圆笔，局部与整体在艺术效果上形成辩证的统一，表现出端庄而不呆板、活泼而不流媚的艺术风格。

史墙盘铭拓

史墙盘的铭文是迄今所发现的金文中价值最高的铜器铭文之一，其字数虽次于毛公鼎、小盂鼎、散氏盘等，但内容则应远在上述诸器之上。逨盘出土前，史墙盘无疑是最重要的青铜盘。它不仅在史学、青铜器断代方面有极高的研究价值，而且在文体结构、修饰手法以及丰富、华丽的词汇方面也都有很突出的特点。虽然专家学者对铭文细节看法还有不同，但大意相差不多。铭文所记述的西周历史至穆王止，学者公认此盘为恭王时器。①"墙"又称史墙，是"丰"的儿子，死后庙号为"丁公"。

铭文大意为，当初文王的政治得到普遍的拥护，上帝降命赐德，文王拥有天下的万邦。武王开疆辟土，征伐四方，击败了殷人，不必惧怕北方狄人，也得以征伐东方的夷人。成王时代则有刚直的大臣辅政，康王继续成王的事业，整理疆土。昭王南征荆楚，穆王也遵守教训，下文称颂当时的天子能继文武的功烈，国家安定，天子长寿，厚福丰年，长承神佑。下半段是微氏一家的简史，说到高祖原居于微，在武王伐殷之后，微史烈祖始来归顺武王，武王命令周公把他安置于周人本土。乙祖仕周为心腹大臣。第三代亚祖祖辛教育子孙成材，子孙也多昌盛。史墙的父亲乙公努力经营农业，为人孝友。史墙自己也持守福泽，长受庇佑。

从铭文得知，微氏高祖曾在"微"地建立邦国。"微国"的地点，有学者认为是今天的山西潞城，作为周人同盟曾参与过武王伐纣战争；也有学者认为是商朝王子微子的封地，微子不忍商纣王的残暴愤而向周投诚。铭文中的"烈祖"投奔周武王，被周公赐予田舍。之后的"亚祖祖辛""文考乙公"分别对应"折"和"丰"。"墙"作为微氏家族的第六代，在周朝作史官。

此铭中值得注意之处不少。铭文记载了文武至昭穆各代的史实，昭王南征荆楚的事得以证实。武王时北方的边患未消，东夷也仍待征伐，均堪补足周代史实。最重要的则是微史一族的家史。史墙的祖先中三位用乙辛为名号，与殷商风俗相同，似乎微氏为殷人之后。

---

①　王世民、陈公柔、张长寿《西周青铜器分期断代研究》，文物出版社，1999 年。

逨　盘

——中 国 第 一 盘

逨盘为国家文物局第三批禁止出国（境）展览文物。2003 年 1 月 19 日眉县常兴镇杨家村出土，为记载单氏家族史的青铜器，现收藏于宝鸡青铜器博物院。

这件西周青铜逨盘通高 20.4 厘米，口径 53.6 厘米，圈足直径 41 厘米，腹深 10.4 厘米，兽足高 4.2 厘米。逨盘方唇，折沿、浅腹、附耳、辅首，圈足下附四兽足。腹及圈足装饰窃曲纹，辅首为兽衔环。盘内有 21 行 372 字铭文，是新中国建立以来出土铭文最长的盘。铭文内容和殷墟卜辞一样重要，印证了一段有关西周王朝的重要史实。因作器者名"逨"，所以这件青铜盘命名为"逨盘"。

关于"逨"字，李学勤先生释作"遫"，并读作"佐"；① 裘锡圭先生认为此字从"莱"的变体而不从"來"；② 曹玮先生释作"遫"；③ 周晓陆先生释为"徕"。④

在文物清理发掘过程中，考古人员惊奇地发现，这件三足附耳铜盘上有铭文！仔细一数，竟有 372 字，比"史墙盘"还要多 70 多个字，而且它比史墙盘大，形制更美观。这些铭文记载了单氏家族 8 代人辅佐西周 12 位王（周文王至周宣王）征战、理政、管治林泽的历史，如同一部西周断代史和家族史，对西周王室变迁及年代世系有着明确的记载，完整地叙述了 11 代 12 王的名号、位次和有关事件，是记载历代周王名号最多的一次发现。同时，逨盘第一次印证了

---

①　李学勤：《眉县杨家村新出青铜器研究》，《文物》2003 年第 6 期。

②　裘锡圭：《读逨器铭文札记三则》，《文物》2003 年第 6 期。

③　曹玮：《陕西眉县出土窖藏青铜器笔谈》，《文物》2003 年第 6 期。

④　周晓陆：《西周"徕器"及其相关问题探讨》，《南京大学学报（哲学·人文科学·社会科学）》2003 年第 4 期。

《史记·周本纪》所记西周诸王名号，对于夏商周断代工程中西周部分的研究具有不可估量的价值，也对研究单氏家族及中国家谱发展史有重要意义。逨盘优美的造型与纹饰，气势恢宏的长篇铭文，精湛的铸造工艺，都表明它无愧于中国古代青铜艺术的经典之作，堪称"中国第一盘"。

周王与单逨家族对应表

周王世次	单逨家族世次
文王	单公
武王	单公
成王	公叔
康王	新室仲
昭王	惠仲盨父
穆王	惠仲盨父
恭王	零伯
懿王	零伯
孝王	懿仲
夷王	懿仲
厉王	龚叔
宣王	逨

逨盘的价值在于盘底的铭文，该铭文基本历数了西周诸王，并道出了西周史的大致轮廓。册命逨的周王既称"则旧隹乃先圣祖考夹召先王"，可知他必是厉王之子宣王。逨盘上共提到十二位周王：文王、武王、成王、康王、昭王、穆王、恭王、懿王、孝王、夷王、厉王、宣王，仅未及西周的末代周王幽王。李学勤先生指出，逨盘铭文上的西周王世印证了《史记·周本纪》的记载，与殷墟卜辞印证《殷本纪》的商王世系有着同样重大的学术意义。逨盘铭文所载的西周各王世的重要史事，与文献、从前发现的金文的记述基本吻合，如周文王、周武王克殷，周成王、周康王巩固开拓疆土，周昭王征楚，周穆王四面征战等等。

逨盘

饶宗颐先生曾指出："中国谱牒记录，远在三代已相当成熟。"司马迁记载夏、商世系，利用孔子所传《五帝德》《帝系姓》。殷、周又有大史、小史，小史"掌邦国之志，奠系世，辨昭穆"，所谓"世"，即世系，亦即谱牒学。周之史官系统已极完善，故王世绝无差忒。逨盘铭中文、武……刺（厉）等先王号皆见于谥法，说明周代王号皆死谥而非生称。逨盘"天子"指时王为周宣王，与史墙盘"天子"指恭王相同。同样，器主健在，亦无谥号。

逨盘铭突出记述了西周的几次重大历史事件，如周文王、周武王"挞殷"，周昭王、周穆王"劅征四方，践伐楚荆"等。周武王征商，记载最明确的是利簋，记载了灭商的时间、经过。史墙盘也记载周武王"达殷畯民"。所不同的是，逨盘将此属之文王、武王，而利簋、史墙盘仅属武王。其实仔细分析，二者并无不同。史墙盘上段叙述文、武、成、康、昭、穆及时王恭王的德行事迹，故将"挞殷"视为武王的重要功绩。逨盘一开头即叙述单氏家族的历史，相当于史墙盘的下段。单氏始祖单公历事文王、武王两代，辅佐文武灭商，从他的角度出发，自可说是"夹诏文王、武王，挞殷"，何况，文王时代也早已为灭殷打下了基础。同样，史墙盘仅说周昭王"广能（惩）楚荆"，逨盘则将"践伐楚荆"属之周昭王、周穆王名下，可见这是周人的共识。

也仅是因为惠仲盠父历事昭、穆两王。西周的历史事件很多，但逨盘、史墙盘突出的只这两件，逨盘铭详述单氏家族单公、公叔、新室仲、惠仲盠父、零

逨盘铭拓

伯、懿仲、龚叔及逨8代世系，极为重要。单氏家族在两周之际为显族，历代单公（或伯）辅佐周王，勤劳王事，文治武功，卓有建树。其尤为突出者，如惠仲盠父，俨然执政大臣。逨后任历人，又曾助杨侯长父击玁狁，地位也很高。逨所作器宏伟华美，多达30余件（包括逨钟等），铭文庄重典雅，也绝非一般贵族所能为。单氏家族的封地眉是一处战略要地。眉在先周及文王时代，居于广义的岐周南缘。周人要向东发展，乃由周原南行，再由渭水东行，眉及其周围是重要据点。周人向南、向西扩张，更是如此。文王晚年"伐犬戎""伐密须""败耆国""伐邘""伐崇侯虎"，恐都会以眉为据点，甚至在此囤积粮草。所以，文王在灭殷前封支族单公于邻近眉县的单，是完全可以理解的。文王灭崇之后，曾封虢仲于西虢，虢叔于东虢，这说明文王时代已开始分封子弟。周武王以后，眉又成为周原通向南方的门户。古代关中与江汉流域的交通，是从岐山过渭水到眉县，从眉县南下褒斜，沿汉水以达长江，这是古代关中与南方的交通要道。《诗经·大雅·崧高》载："申伯信迈，王饯于眉。"申在南阳，眉在丰镐之西岐山附近。申伯到汉水北边的南阳去，宣王不是送他由镐京直出武关，而要到西边的眉来送行，说明南下的大道是从眉出褒斜道而去的。

　　有学者提出，逨盘铭与史墙盘铭中都未提到周公，可见文献中所谓周武王死后周公摄政称王、七年致政成王之说并不可信。此外，从高祖零伯开始，逨的祖考便没有了实在的功绩可陈，这似乎暗示着周恭王、周懿王之后，西周王朝的国势开始衰弱，对西周史的研究都将产生较深远的意义。

觥

  觥是盛酒器，又写作觵。觥出现于殷墟晚期，沿用至西周早期。椭圆形或方形器身，圈足或四足。带盖，盖做成有角的兽头或长鼻上卷的象头状。有的觥全器做成动物状，头、背为盖，身为腹，四腿做足。且觥的装饰纹样同牺尊、鸟兽形卣相似，因此有人将其误以为兽形尊。然觥与兽形尊不同，觥盖做成兽首连接兽背脊的形状，觥的流部为兽形的颈部，可用作倾酒。《五经异义》载："觥大七升"，是说觥比其他容酒器都大。觥应用于宴飨之礼，是贵族们享用之器。《诗经·周南·卷耳》有"我姑酌彼兕觥，维以不永伤"。《诗经·豳风·七月》有"称（举）彼兕觥，万寿无疆"。后代诗文中也提到觥，则已经是饮酒器的代称。唐代诗人刘禹锡的诗中有"玉柱净璇攂，金觥靐凸棱"，欧阳修《醉翁亭记》也有"觥筹交错，坐起而喧哗者，众宾欢也"。

折觥

——纹饰最华丽的青铜器

折觥［gōng］又名旂觥，是西周一位叫折的官员作的盛酒器皿。折觥造型稳重，铸造精美，纹样繁复，装饰富丽，为西周昭王时代所铸，是青铜器断代的标准器，具有较高的历史和艺术价值，现藏于宝鸡青铜器博物院。

折觥的整体形象酷似绵羊，是吉祥的象征。器身有百余个互为首尾的动物纹样，更显神秘与富丽。器物通高 28.7 厘米，腹深 12.5 厘米，口宽 11.8 厘米，口横 7 厘米，觥体呈长方形，前有流，后有鋬，分为盖与器身两部分。盖的头端呈昂起的兽形，高鼻鼓目，两齿外露，长有两只巨大曲角，两角之间夹饰一个兽面，从头顶处开始，在盖脊正中延伸一条扉棱直到尾部，颈部这段的扉棱做龙形，两侧各饰一条卷尾顾首的龙。盖的颈部以下，也就是不再昂起而接近水平的部分，装饰有一个饕餮纹面，在饕餮的头端加铸了两只立体的兽耳。

折觥器身曲口宽流，鼓腹，每边的中线和边角都饰有透雕的扉棱式脊，组成几组饕餮纹面，显得庄重大方。纹饰通体分为三层，以兽面纹、夔纹为主纹，云雷纹为地纹，其间配以象、蛇、鸟、蝉等动物，形态逼真。觥体后部有一鋬手，采用雕塑手法，上部做成龙角兽首，中部为鸷鸟，下为垂卷的象鼻，两侧还有突出的象牙。工艺非常精致，圈足扉棱间饰回顾式龙纹。器底可见明显的对角线交叉的范痕。

折觥具有非常高的历史价值和艺术价值，可以说是铜器时代的标准器具，是铜器铸造的代表之作，为我国的国宝重器之一。

盖部铭文铸在盖内，器身上的铭文铸在内底部。器、盖同铭，唯有行款稍异，共计6行40字。其大意是：昭王十九年五月戊子这一天，王在斥这个地方，命令作册折去为相侯贶代天子赠望土；同时，昭王又给折赏赐了许多青铜和奴

折觥

仆，为宣扬王的美德和恩惠，折便为父亲乙铸造了这件祭器觥，以作纪念。

　　觥的出土数量较少，流行时代约在殷代中期至西周早期，觥的形制大体可以分为两种：一种觥作四足，整体呈鸟兽形，殷代晚期这种四足觥作椭圆形腹；另一种为圈足，其腹足截面呈椭圆形，或腹足截面呈长方形。据史墙盘铭文记载，折是"亚祖祖辛"，也就是周原出土的丰组铜器中的"父辛"和折组铜器里的"高祖祖辛"。这件觥是折为他的乙祖（父乙）所作的器物，年代属西周昭王时期。

　　折觥 1976 年 12 月 15 日出土于扶风县庄白村一号西周青铜器窖藏。这个窖藏南北长 1.95 米、东西宽 1.1 米、深 1.12 米，这是新中国成立以来，我国考古发掘的最大的青铜器窖藏。窖藏挖的比较草率，四壁略加修整。由于坑小器多，这批器物放置时应为先大后小、先重后轻，大小相套，立卧不一。窖穴底部、四周和器物之间的空隙处，都用草木灰填灌以防止器物损坏，这对器物起到了一定的保护作用。

折觥铭拓

　　为了进一步弄清窖藏情况，1977 年春，周原考古队在窖藏周围进行了钻探和试掘，在窖藏南 60 米处发现了一排南北走向的石柱础六个，柱础间距 3 米左右。柱础周围的西周文化层内出土有铜销、骨铲、蚌壳、骨料、绳纹陶片和板瓦片等，说明此处是一处西周大型建筑遗址，庄白一号窖藏就埋在当时的房屋附近。

　　庄白一号窖藏的青铜器不仅数量大，种类也多，它们不仅具有实用功能，同时还涉及周王朝各种不同的礼仪。窖藏出土的 103 件青铜器，全部属于微氏家族，其中有 74 件铸有铭文。这些铭文不仅涉及微氏家族的七代作器人，同时也涉及自周王朝建立以后三百多年的历史。

　　1982 年国家邮政局发行的特种邮票 T. 75《西周青铜器》中第 5 枚为《折觥》，并被评为最佳雕刻版邮票。

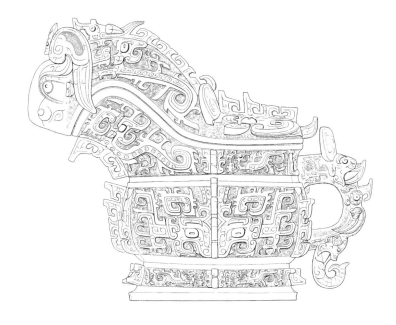

折觥线图

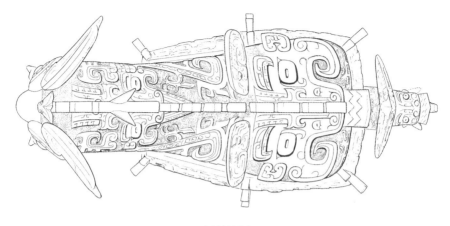

折觥线图

日己觥

——西周青铜器的典范之作

　　1962 年 12 月，扶风县黄堆乡齐家村群众在东壕断崖处发现一青铜器窖藏，距地表 2 米，窖藏中有灰土，共出土铜器 6 件，有觥、彝、尊和盉、盘、匜各一件。这批青铜器可分为两组，一组为日己方彝、日己方尊、日己觥，铭文相同，器物形制和风格也一致，属于西周早期青铜器；另一组为它盉、它盘、瓦纹匜，它盉和它盘铭文相同，形制也相近，属于西周晚期青铜器。

　　日己觥通高 32 厘米，通长 33.5 厘米，腹深 12 厘米，现收藏于陕西历史博物馆。日己觥造型、纹饰极为华美，整体外观庄重、大方，设计、制作精巧奇异。全身布满的浮雕纹样多种多样，兽面、夔龙、鸟、虎纹等同处一器，繁而不乱，构图合理，主次分明，为西周青铜器的典范之作。

　　日己觥通体由盖和长方形器身组成，盖前端为一海兽，高突的双角呈圆柱体，圆柱上饰对角三角纹两组，高鼻鼓目，两耳外张，牙齿用阴线刻画。盖中部

日己觥

起脊为一只小龙，龙头在海兽的眉心，龙身弓起一直延伸到尾部，龙尾上卷。龙的两侧各饰长尾凤鸟，钩喙，三条尾羽向后延伸。龙的后端是一立耳兽头。器方，口曲，宽流，四角起扉棱。

日己觥纹饰通体分三层，上部施回首夔龙纹，尾随小鸟。器腹四壁饰卷角饕餮纹，圈足和盖的边缘都辅饰一周小鸟纹，这种小鸟纹的年代约在昭穆时代。觥鋬为宽大透迤的兽尾，饰并排的锁链状刻纹，如孔雀尾羽上的宝珠形羽毛，象征凤尾。日己觥的纹饰采用浮雕手法，突出于器表，神秘奇特的造型和豪放粗犷的纹饰巧妙的组合于一体，是西周青铜艺术中独具匠心的设计。

商周时代，像日己觥这样器盖是有角的兽头型或象鼻上卷的象头型，器腹呈方形或椭圆形，足为圈足或四足，有流和把手的青铜容器，一般都自铭为"彝""宗彝"或"宝尊彝"，这件器物也是自铭为"宝尊宗彝"。但这些称谓并非这类器物的专称，也经常见于其他青铜礼器的铭文中。因此，对这类器物的定名还经过了一个相当曲折的过程。我国青铜礼器之名，大多出自宋代人的考据。对于日己觥这类青铜器，宋代以来都称之为匜。直到清末，王国维在《观堂集林》卷三《说觥》文中，指出宋代以来称为"匜"的器物，有盖的是觥，无盖的是匜；

觥是酒器，匜是水器。从此像日己觥这类器物就被称为觥或兕觥，兕即犀牛。

《说文·角部》中的解释为："觥，兕牛角，可以饮者也。"《诗经·周南·卷耳》载："我姑酌彼兕觥。"《诗经·小雅·桑扈》载："兕觥其觩，旨酒思柔。"《诗经·豳风·七月》载："称彼兕觥，万寿无疆。"可见，兕觥是用犀牛角制作的饮酒器。因为犀牛毕竟稀少珍贵，后来也有用木或铜制作成犀牛角形状的饮酒器。长沙马王堆发现过一件木犀角，山西石楼出土过件铜制的犀角状酒器，这两件器物的造型非常吻合，均有"兕觥其觩"的描述，有学者认为它们才是史籍中的"兕觥"，而不是这种器身类似匜且有兽头形器盖的青铜器。虽然如此，但清末以来已经约定俗成，所以像日己觥这类盛酒器，依然被称之为觥或兕觥。①

西周日己觥器盖同铭，各 18 字。大意是作器者天氏为亡父日己铸造祭器，庇护子孙万代。

日己觥铭拓

日己觥出土时与日己方尊和日己方彝三件成套，皆为酒具。现藏陕西历史博物馆。"日己"是做器者父亲的名字，所以三件青铜酒器前边皆以此冠名。

日己觥铭文最后一字为族徽"天"。天氏为商周之际的大族，目前所见青铜器已达 80 多件，其出土地点可考者有陕西宝鸡、岐山、扶风、长安、长武、绥德，以及山西灵石、河南罗山、河北蓟县等地，可见其族人分布较广。天氏家族青铜器中年代较早的为天鼎，时代在殷墟一期；年代较晚的是天盂，为西周晚

---

① 庞雅妮：《盛世文化的半壁江山——陕西历史博物馆》，西安出版社，2019 年。

日己觥线图

期，可见其家族历史悠久。

日己觥铭文中使用了日名与族徽，这也是商人的文化传统。日名就是祖先庙号加上天干形成的称谓，如父辛、日己、母戊等。商人崇拜日神，重视天象，认为天干承载的是天之道，所以其祖先庙号要使用日名。周人崇拜月神，没有使用日名的传统。族徽是青铜器上近似图画的铭文，或单独出现，或缀于一句或一篇铭文的开头与结尾。商代氏族内部血缘关系和家族观念比较牢固，所以普遍使用族徽。西周时已不那么重视血缘关系了，加之对商文化的抵制，所以很少见到族徽。

1982 年国家邮政总局发行《西周青铜器》邮票一组，其中第八枚图案选用了与日己觥同组出土的西周青铜器"日己方彝"。

日己觥窖藏所在地齐家村是岐周故地，除这次发现外，还曾有 7 次重要发现：一是 1936 年在村东南土壕出土 2 件青铜罍；二是 1958 年曾发现青铜盂和鬲各 2 件；三是 1960 年距离日己觥出土地仅 50 米处曾发现柞钟等 39 件青铜器；四是 1961 年在村东南出土青铜簋 3 件；五是 1966 年村北出土青铜编钟 2 件；六是 1982 年村西土壕出土青铜鼎、盨各 1 件；七是 1984 年村东土壕出土青铜器 7 件。

盂

　　盂为古代盛食或盛水器。《说文》："盂，饭器也。"《公羊传·宣公十二年》："古者杅不穿。"注："杅，饮水器。"杅通盂。青铜盂最早见于商代，流行于西周，春秋时已较少见。

王 盂

——西周早期的重要王器

1994 年 12 月 17 日，扶风县法门乡庄白村刘家村民小组村民刘智生在村南 300 米处的田地中，为栽苹果树挖坑时，发现了一件青铜器。

当天下午，周原博物馆得到消息，立即派人与法门寺派出所公安人员一起赶赴现场进行勘察。发现此处为一个西周青铜器窖藏。窖藏坑呈圆形，直径 60 厘米，坑底距地表 140 厘米左右，由于上部 80 厘米在平整土地时被挖掉，所以坑口距地表只剩下 60 厘米。考古人员发现，坑内填充的未经夯打的五花土，是属于匆匆掩埋的。更为重要的是，在窖藏旁边还发现了一座大型西周建筑基址，暴露了一排六个石柱础及大量西周绳纹板瓦、筒瓦堆积。

文物部门以 1400 元的奖励费征集了刘智生发现的这件青铜器。在对青铜器

王盂

进行清理之后，考古人员发现这是一件青铜盂，可惜的是器物残缺严重，仅存带圈足的底座部分，盂腹部应在入土前已被砸掉，所剩下的是盂的圈足部分。盂的残壁厚0.6厘米，口沿部分应当更厚，约在1.5～2厘米之间。残盂底为圆形，底径40厘米，圈足径44.6厘米，残高14厘米，残重17千克，有如此巨大的底部，估计整个器物应该十分巨大。

器足上饰8组饕餮纹，饕餮的眉间饰有动物毛髯，还有抽象化、图案化、艺术化的列旗纹，整个装饰画面线条流畅，图案规整，制作精美。盂的底部中间下凹，呈锅底状。盂底铸有铭文两行8字。文曰："王乍（作）蒡京中寝归盂。"从铭文"王"字最下一笔呈钺形，"中"字作六条旗形等字体和圈足上的饕餮纹图案看，此器为西周早期之物，时代大约在西周成康之际，"王"肯定指周天子，故作器者可能是成王或康王。

王盂铭拓

"蒡京"是天子的习射之宫，"中寝"为宫寝之名，亦称中宫，为皇后所居之宫。"王乍（作）蒡京中寝归盂"意为周天子为迎娶皇后在蒡京，为其所作行聘之器。可见，周朝已有订婚之礼仪。

铭文中的"蒡京"，为西周时期的一处重要都邑，在整个西周历史上占有极其重要的地位。在西周23件青铜器的铭文上都有记载。[①]关于其地望，有镐京、丰京、蒲坂、豳地、范宫、镐京附近、秦阿房宫附近、旁于岐周等八个观点。[②] 王盂出土的附近发现了建筑基址，根据周有将青铜器埋藏于住宅附近的习惯，考古工作者推测，窖藏与基址有着很

① 罗西章：《西周王盂考》，《考古与文物》，1998年第1期。
② 卢连成：《西周全文所见蒡京及相关都邑讨论》，《中国历史地理论丛》1995年第三辑。

大的关系，这个建筑基址可能就与蒡京有关。

王盂是继 1978 年 5 月法门齐村出土厉王𫚕簋和 1981 年 2 月庄白出土五祀𫚕钟等王器以来又一重要发现。目前我国发现的 4 件西周重要王器中，除宗周钟出土地点、时间不明外，其余 3 件都见于周原。

天 盂

——天氏家族的重要遗物

天盂，2003 年 1 月 19 日眉县杨家村窖藏出土，通高 45.2 厘米、口径 56.4 厘米，两耳间距 63.4 厘米，腹深 33.6 厘米，圈足直径 42 厘米，足高 9.6 厘米，重量 34.5 千克。盂形体庞大、侈口、直腹、高圈足，两侧附耳高出器口，前后均置兽首衔环耳。主体花纹刻镂深峻、突出器表，兽首衔环双耳装饰性很强，全器显示出西周晚期铜器朴素大方的特点。

杨家村窖藏位于眉县西北 3.5 公里的马家镇杨家村北侧渭水二级台地上，这里属于杨家村遗址区，遗址因 1953 年盝器群的出土而发现。杨家村遗址以西周文化的内涵为主体，1953 年、1972 年、1983 年、1985 年、2003 年分别有多批青铜器出土，根据铭文来看，它们都是一个家族的遗物。

天盂主纹饰为环带纹，也称作波曲纹，是西周晚期铜器上最流行的纹样，实际上是龙纹的一种变形，具体的头、尾、爪等细节都被省略，只留下宽阔的带状体躯上下大幅度地弯曲，施于大型器物的腹部，体现一种独特的壮阔之美。峰谷间填的龙首、目纹等，显示出这种纹饰来自龙纹的历史。经过西周中期的剧烈变革，至西周晚期青铜器已基本定型，器型千篇一律，难有特殊之作，纹饰中动物图案变得更加抽象，与商晚期和周早期那种凝重华美不可同日而语，形成了新的艺术特征。

天盂及其铭拓

　　铭文铸于内底中部，并附一"天"字族徽，2 行 11 字，含 2 个重文符："作宝盂其子子孙孙永宝用。"铭文末尾的"天"字是作器贵族的族氏标志，因而此盂得名"天盂"。

　　天盂是杨家村窖藏 27 件器物中唯一一件没有器主人的器物，同时也是唯一一件有完好云雷底纹的器物。以前学者们认为"天"字族徽为姜姓所使用，但从发现的众多逨器铭文看，单氏家族属于姬姓，那么这件器物究竟是单姓所有，还是姜姓所有，还有待新的发现来解决。

　　扶风博物馆藏有一件环带纹盂，其形制和纹饰与"天"盂非常相似，通高 44.5 厘米，口径 56 厘米，重 36.7 千克。大口斜沿，附耳。颈饰窃曲纹，中间突出一圆雕象头，大耳，长鼻上卷，腹施环带纹；圈足饰夔龙纹；耳饰鳞纹。云雷纹填地纹。器壁厚重，底部曾铸补过，无铭文。造型美观大方，纹饰精雕细刻。

永 盂

——铭文最多的青铜盂

　　1969 年，西安市蓝田县泄湖乡兀家崖村一位老农在田里耕作时，挖出一件青铜器，卖给废品回收站，得款 1 元多。后来此器被集中到陕西省物资回收公司仓库，该公司工作人员兼文物保护员吴少亭同志在分料拣选时发现这是一件古物，便上交西安市文物局。

永盂

　　这件青铜器通高47厘米、口径58厘米，重36千克，为西周时期的大型青铜盂。侈口，直腹，附耳，高圈足。前后扉棱上各有一只圆雕长鼻上卷的象首。通体装饰花纹，以细雷纹填地纹，腹部主体花纹是蕉叶形兽体纹，颈部及圈足分

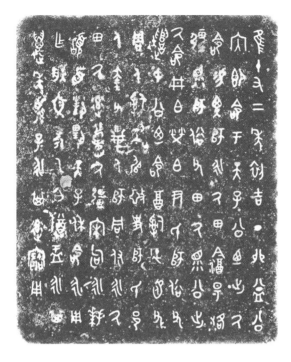

永盂铭拓

别饰龙纹和解体式变形兽面纹。

　　青铜盂腹内底铸铭文 123 字，记述的是益公受天子委托赐给师永田地，参与出命和授田仪式的有邢伯、荣伯、尹氏、师俗父、遣仲等大臣以及司士、司工等官员。作器者为永，也叫师永，师是官名，所以命名为永盂。该器公布后，郭沫若、夏鼐、唐兰、李学勤、裘锡圭、陈邦怀、吴镇烽等专家学者纷纷进行了研究论述。

　　永盂铭文记载益公传达了周王的命令，把阴阳洛和原来属于师俗父的田地，赏赐给官员永，铭文记载当时师俗父也在场。这说明周王是全国土地的最高所有者。"普天之下，莫非王土；率土之滨，莫非王臣。"国王和王后有权把土地和土地上的劳动力赐给自己的臣下，所谓"授民授疆土"。他们又有权把所赐的土地收回，转赐他人。师俗父当时在现场，应是为让师俗父当面认可。

　　师俗父曾出现在之前的《五祀卫鼎铭》和《师晨鼎铭》中，在南季鼎中作伯俗父，地位尚高，这里是金文中的最后一次出现。可知，在此后他的官职遭贬，家族也随之衰微。作于西周晚期的《诗经·大雅·瞻卬》有云："人有土田，女反有之。人有民人，女覆夺之"，郑玄笺："此言王削黜诸侯及卿大夫无罪者"，亦可与此情形相对应。

永盂铭文中的邢伯、荣伯、尹氏、师俗父、遣仲五人在西周青铜器铭文中时常出现，这段铭文把青铜器中的许多重要人物联系在了一起，对于研究西周中期的历史非常重要。关于永盂的制作时代，夏鼐先生判定永盂应是穆、恭时期彝器，① 唐兰先生定为周恭王十二年，② 李学勤先生定为懿王时器。③

永盂铭文所记载的史料对研究西周土地制度和当时历史人物的政治地位有重要的史料价值。永盂现收藏于西安博物院。

此外，美国弗里尔美术馆收藏一件出自中国的逨盂，器铭文字和花纹都比这件永盂早，据传出土于陕西岐山，但与这件永盂的"永"不是同一人。

---

① 夏鼐：《无产阶级文化大革命中的考古发现》，《考古》1972 年第 1 期。
② 唐兰：《永盂铭文解释》，《文物》1972 年第 1 期；唐兰：《永盂铭文解释的一些补充——并答读者来信》，《文物》1972 年第 11 期。
③ 李学勤：《西周中期青铜器的重要标尺》，《中国历史博物馆馆刊》1979 年第 1 期。

簠

簠与簋的功用基本相同，是祭祀和宴飨时盛放黍、稷、稻、粱等食物的器具。簠出现于西周早期，盛行于西周晚期春秋早期，战国晚期以后消失。形制为长方形，盖与器相同，合为一体，分开则为两个器皿。早期的簠的特点是足短，口向外侈；到春秋末时，簠的足渐变高，器变深，这是断代的特征。2013年宝鸡石鼓山出土的一对青铜簠系距今年代最早的青铜簠。

伯公父簠

——铭文最长的青铜簠

1977 年 8 月，扶风县黄堆公社云塘生产大队社员集体在村南何家沟崖边铲土时发现一青铜器窖藏，出土西周晚期伯公父簠一件，通高 19.6 厘米，口 28.4 厘米 × 23 厘米，腹深 6.4 厘米，重 5.75 千克，现藏周原博物馆。

伯公父簠又称伯公父瑚，其造型奇特，在西周青铜器中颇为罕见。它呈长方形，如斗状。底盖成套，底与盖形制、大小、纹饰相同。底、盖均有方圈足，四周中间有缺口。腹斜收，两侧各有一双环钮。盖与器扣合处每边正中有一个牛首形卡扣。盖顶与器底饰以大窃曲纹，盖沿与底沿饰一周重环纹，腹部一圈波带纹，圈足饰垂鳞纹。这些纹饰都是西周晚期常见的。花纹简洁明快，清新自然，与伯公父簠的造型配合得十分默契，浑然一体，是一件不可多得的艺术精品。

在伯公父簠的器底与盖内，各有铭文 61 字，内容相同，唯行款稍异。大意为：伯太师的儿子伯公父制作礼器簠，选择了铜，还有锡和炉。这种铜的材质非常好，颜色又玄又黄。用此簠盛装新麦、粳稻、糯稻和高粱。我用以宴请君王、诸侯、卿大夫和同事，用以宴请家族中的父辈和各位兄长，用以祈求长寿多福永无止境。希望我的子子孙孙永远珍爱，用它祭享。这是迄今发现的铭文最长的一件青铜簠。

簠在文献中又称"瑚"或"胡"，其名称在青铜器群中比较复杂，史料中就有十多种写法，显得比较混乱。《礼记·明堂位》载："有虞氏之两敦，夏后氏之四琏，殷之六瑚，周之八簠。"因此有学者认为，簠就是文献中记载的礼器瑚。

《仪礼·公食大夫礼》载："宰夫膳稻于粱西"，郑玄注："进稻粱者以簠。"考古发现和传世的西周簠上亦有自铭"用盛稻粱"，这就说明簠是古

伯公父簠及其铭拓

代食器，是祭祀和宴飨时盛放黍、稷、稻、粱等饭食的礼器或餐具。《周礼·地官·舍人》载："凡祭祀共簠簋"，郑玄注："方曰簠，圆曰簋，盛黍、稷、稻、粱器。"这不仅说明簠和簋都是食器，而且还表明了它们在形状上的联系和区别，凡簠均为方形器。这个记述与考古发现相吻合，但《说文》又说簠为"黍稷圆器也"，这在目前的考古发掘中还没有发现过。

伯公父簠作为盛稻粱的礼器，设计颇具匠心。器和盖造型基本相同，分开时是两件同样的器皿，合在一起又成一件。这样，盖既有保温、防尘的作用，还可以作为盛放食物的器皿，一物两用，而且器盖两侧都有环钮，提放时很方便。

伯公父簠是1977年在云塘村何家沟崖边一个窖穴中发现的，此窖以北20多米处，1976年1月曾发现另一处窖藏，出土了九件青铜器。根据铭文，四件为伯公父所铸，四件为伯多父所铸，一件归属不明。这些器物纹饰风格相近，皆为西周晚期常见之物。伯公父的铜器早已散失，过去曾有伯公父盂传世，但出土时间、地点均未记录，彼此关系不明，现在两人之器同出一窖藏，而伯多父与伯公父器形制、纹饰又完全一样，必为同时代同族之器。有学者研究认为伯公父、伯多父均为姬姓，伯公父簠铭文记载，伯公父为伯大师小子。小子是西周官职，大师小子不仅是王官，而且是王的近臣，可能辅佐大师甚至代替他执行王室任务。但也有学者认为，伯公父器应稍早于伯多父器，二人当属父子。

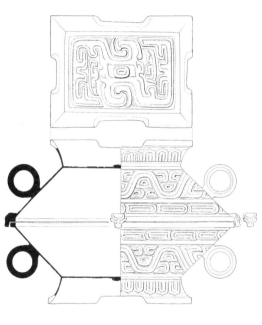

伯公父簠线图

盨

盨为簋的衍变，是盛放黍、稷、稻、粱等饭食的器具。出现于西周中期，流行于西周晚期，春秋初期消失，一般成偶数组合。但盨名不见于《三礼》（周礼、仪礼、礼记）。《说文》皿部："盨，负戴器也。"盨是由敛口圈足簋发展而来的，用途相同，故痰盨、伯鲜盨等自名为簋。宋代以来，将盨称为簋，到了清末开始把簋和盨分开。

师克盨

——册命辞的完整记录

　　师克盨又名克盨，出土于光绪年间扶风县任家村的窖藏，为克组铜器之一，但出土后不久便下落不明。1957 年 3 月，西安商业学校教员熊本周为陕西省博物馆（今陕西历史博物馆）捐献一件名为师克盨盖的青铜器，称此器为其父熊步龙之遗物。熊步龙在清同治、光绪年间曾任三原味经书院山长，熊家曾以师克盨盖为火盆，故此盖上的铭文不少受损。

　　1959 年，故宫博物院征集到一件师克盨，但盖与器不相掩，大小不合，郭沫若先生认为陕西省博物馆所藏师克盨盖应与故宫博物院所藏师克盨为一件器物，并建议两件器物相互调换，使延津剑合，合浦珠还。同时，郭沫若先生对陕西省博物馆所藏师克盨盖为伪器的质疑予以正名，认为应摘去伪器的帽子。①

　　师克盨为长方形，敛口，圆角，双兽耳，圈足。有盖，盖上有 4 个呈矩形的短足。盖沿与器颈各饰窃曲纹一道，盖上与器腹饰瓦棱纹，盖之矩足上饰夔纹。

　　陕西历史博物馆所藏师克盨盖高 8.5 厘米，口宽 19.8 厘米，长 27.6 厘米。铸有铭文 14 行 147 字，其中重文符 3 个。②

　　故宫博物院所藏师克盨通高 21 厘米，器盖内径长 27 厘米，宽 19.5 厘米，器的外径长 27.4 厘米，宽 19.5 厘米。盨盖略小于器身，但花纹形制相同。盨盖与器有对铭，14 行 143 字。

　　此外，美国圣刘易斯市私家藏有一件师克盨，其器形、纹饰和铭文与现藏中国的两件师克盨非常相似。器盖内径长 27.4 厘米，宽 18.8 厘米，外径长 28.45

---

① 郭沫若：《师克盨铭考释》，《文物》1962 年第 6 期。
② 罗福颐：《克盨》，《文物》1959 年第 3 期。

师克盨及其铭拓

厘米，宽 19.55 厘米，通高 9.40 厘米，重 2.21 千克；器的外径长 27.45 厘米，宽 19.1 厘米，通高 12 厘米，重 3.71 千克。经测量和比较，这件师克盨也是器与盖的宽度不相配，盖小于器，盖、器本非一套。盨盖与器有对铭，器内铭文 14 行 148 字，重文符 3 个；盖内铭文 14 行 151 字，重文符 3 个。①

据此，身处三地的三件师克盨应为同一组礼器，师克当时可能至少铸造了四件青铜盨。

师克盨铭文大意为：周王说，师克的祖父、父亲事奉王室有功，保卫王的安全，作王的爪牙之士，过去我曾任命过你，现在我重申前命，并加高对你的任命，命你在继承你父祖职位的同时，还兼管王的近卫部队左右两虎臣部；赐你一卣、官服一套、驹车一辆、钺一把，你要日夜敬供你的职事，不可荒废了我对你的信任和任命。克为答谢和宣扬周天子美意，做了这件盨。

师克与克鼎、克钟、克盨等青铜器中的"善夫克"是同一个人，善夫克的名字又见于厉王二十五年所做鬲从盨。关于师克盨的制作时代，郭沫若、唐兰、陈梦家、段绍嘉、杨晚能先生认为是厉王时器，罗福颐先生认为是宣王时器，王世民、陈公柔、张长寿《西周青铜器分期断代研究》定为厉王前后器。

师克盨器铭的重要性在于它较完整地记录了一篇册命辞的内容，所记述的任命和赏赐物均较详细。在册命辞中的赏赐物多带有象征意义，如赐香酒表明赐予祭祀的权力，赐钺则表明赐予生杀大权等。

伯宽父盨

——研究西周纪年的重要资料

1978 年 9 月，岐山县京当公社贺家大队凤雏村社员犁地时发现一座西周青

---

① 杨晓能：《美国圣刘易斯市私藏师克盨的再考察》，《考古》1994 年第 1 期。

铜器窖藏，周原考古队在当地群众的帮助下，对现场进行了勘察钻探。窖藏位于凤雏村西约 200 米，西南距凤雏西周甲组宫室（宗庙）建筑基址约 200 米。从地形看，窖藏所在地与凤雏村西周甲组宫室（宗庙）建筑基址同位于一个台地上。窖藏出土青铜器 5 件，其中两件名为伯寞 ［mì］ 父盨的青铜器铭文较长，最为重要。

两件伯寞父盨的大小、形制及纹饰均相同。器物圆角方形，敛口鼓腹，附耳，矮圈足有长方形缺口，足沿平折。盖微隆起，上有四个矩形扉棱，可倒置。通体饰瓦沟纹。其中一件通高 16.8 厘米，口长 22.2 厘米，口宽 14.8 厘米，腹深 8.6 厘米，重 3.3 千克。两件伯寞父盨现收藏于岐山县博物馆。

该器不仅文字铸造精美，更因其铭文有明确纪年，对研究西周历史具有极其重要的意义。两件伯寞父盨铭文相同，器、盖各铸 4 行 27 字。每一件盨的器、盖铭文也相同，只是行款略有差异。

在西周铜器中，盨的出现是较晚的，目前时代最早的一件盨是 1976 年扶

伯寞父盨

凤县庄白一号窖藏中出土的痰盨，为懿王四年（前 896 年）制作。伯寞父盨的形制与痰盨相距较远，显然不是西周早期制作。伯寞父盨铭文首句为"唯

伯冤父盨铭拓

三十三年八月既死辛卯"，按照早期文献记载，恭王以后周王在位三十年以上
的只有周厉王和周宣王，因此，伯冤父盨不是周厉王时制作的，就是周宣王时
制作的。

　　伯冤父盨铭文中有年、月、月相和日的干支四个项目的记载。自北宋以来，
有这四项记载的青铜器只有数十件，所以伯冤父盨的发现为研究西周纪年提供了
重要资料。刘启益先生认为伯冤父盨是周厉王三十三年（前846年）制作的，
其铭文中的"既死"应为"既望"之误；并根据伯冤父盨铭文与成组周厉王铜
器的研究，认为周厉王在位年数应为三十七年。① 《夏商周断代工程1996~2000
年阶段成果报告·简本》和王世民、陈公柔、张长寿《西周青铜器分期断代研
究》断伯冤父盨为夷厉前后器。

---

　　① 刘启益：《伯冤父盨铭与厉王在位年数》，《文物》1979年第11期。

驹父盨盖

——西周王朝征伐南淮夷的实录

1974 年 2 月 8 日，武功县苏坊公社金龙大队回龙生产队社员在村西平整土地时，发现一件青铜盨盖。器物出土时上面放置残编钟和粗绳纹陶罐各一件，附近还出土一件玉璧。据考古人员勘察，此处为一西周时期遗址，器物在距地表约一米许出土，周围为夯土层，从土层断面上可以看到遗址文化层下有一层厚约 30 厘米的碎石铺筑层，其四至不明，石子有三分之一是经过加工的，大小基本一致，约 3 至 4 厘米。[①]

驹父盨盖

盨盖高 8 厘米，口径纵 25 厘米、横 17 厘米，盖深 5 厘米，重 1.7 千克。口沿饰重环纹，腹部饰瓦纹，顶饰蟠夔纹，钮作四扁足，足饰卷云纹，顶部中央有

---

① 吴大焱、罗英杰：《陕西武功县出土驹父盨盖》，《文物》1976 年第 5 期。

驹父盨盖铭拓

一凸出的椭圆形点。盖内铸铭文9行82字，第六行最后一字为合文。作器者为驹父，故命名为驹父盨盖。出土后为武功县文化馆征集收藏，1986年调拨到陕西历史博物馆。

　　铭文内容记述的是，周王十八年正月，执政大臣南仲邦父派遣驹父出使南方小国，率领高父等到南淮夷索收贡赋，告诫驹父要遵循南淮夷风俗习惯。南淮夷对王命表示敬畏，恭敬迎见了驹父，献纳了贡物。四月，驹父返回上蔡，制作了此盨。

　　从器形和纹饰看，驹父盨盖属西周晚期器物。南仲其人曾见于宣王时的无惠鼎，郭沫若先生考证即《小雅·出车》《大雅·常武》的南仲，① 此盨盖铭文中的南仲邦父与无惠鼎之南仲应是一人。唐兰、吴镇烽、王辉、黄盛璋、李仲操、

---

　　① 郭沫若：《两周金文辞大系图录考释》，《郭沫若全集·考古编》，科学出版社，1982年。

黄德宽、吴大焱、罗英杰等均考证驹父盨盖为周宣王十八年时器。

此盨盖为研究西周晚期与东南的关系、地理沿革及贡纳提供了线索。淮夷又称南淮夷，是我因古老的民族，分布在淮河流域。从驹父盨盖铭可知，南淮夷不是一个国家，而是淮水地区若干国的总称。从兮甲盘铭文可知，淮夷必须向周王朝按时交纳布帛和其他贡物，还要提供劳动力。在周王朝奴隶主的压迫下，淮夷人民多次进行反抗。戏簋、戏方鼎、禹鼎、虢仲盨、录卣、兮甲盘等青铜器铭文，都反映了周王朝派兵防守淮夷和征伐淮夷的情况。[①]《后汉书·东夷传》载："厉王无道，淮夷入寇，王命虢仲征之，不克。宣王复命召公伐而平之。"传言召公而不及南仲，但统帅在几次战役中绝非只是一人，召公、南仲可能都是统帅之一。[②]

《史记·周本纪》载："宣王即位，二相辅王，修政，法文武成康之遗风，诸侯复宗周。十二年鲁武公来朝。"这当是"宣王中兴"的写照，此时"诸侯复宗周"，连久已不朝王室的鲁武公也来朝了。宣王十八年距十二年仅 6 年时间，也应当是在宣王兴盛的时期，但这时南淮夷仍不纳献贡服，所以南仲邦父才派驹父去见南淮夷。由于这时周室的威望较前提高了，南淮夷也不敢违抗王命，当驹父到时就献出了贡服，驹父盨盖铭文的这些记载，与传世文献"宣王中兴"的记载可相互印证。

---

① 吴镇烽：《陕西出土商周青铜器概述》，《陕西出土商周青铜器》第 1 册，文物出版社，1979。

② 王辉：《驹父盨盖铭试释》，《考古与文物》1982 年第 5 期。

钟

　　钟乃众乐之首，它在青铜乐器中的地位与鼎在青铜礼器中的地位相仿，都可作为各自的典型代表。在青铜乐器中，它流行的年代最久、地域最广，既可在欢娱喜庆的场合宴乐父兄宾朋，也可在庄严肃穆的宗庙祭祀先祖神灵，同时还是统治阶级财富、身份、等级、地位的象征，因而倍受重视。"在周代礼乐制度中，礼以鼎为中心，乐以钟为中心；与列鼎制度同样重要的就是编钟制度"，可谓学术界的一般共识。

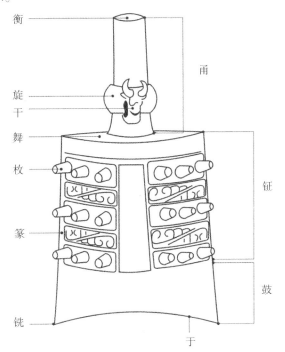

钟部位示意图

西周青铜编钟拥有独特的声学原理，其合瓦形的结构特征使同一钟体产生两种不同的振动模式，获得了"一钟双音"的神奇效果。所谓"双音"，是指在同一青铜乐钟的正鼓部和侧鼓部击奏，分别得到两个不同高度的乐音。从物理声学的角度来说，即在一个钟上可以产生两个高度不同的基频。古代铸钟师通过锉磨振动节线，调整钟腔内壁的厚薄，调节声音频率，满足了人们旋宫转调、演奏音乐的需求。"双音钟"被认为是"中国青铜时代科技和艺术含量最高的发明，是值得中国人自豪的重要文化遗产"。

师丞钟

——国内最大的西周青铜钟

师丞钟又名师虘钟，1974年与师𩵥鼎同出土于扶风县黄堆镇强家村西周青铜器窖藏，现藏于陕西历史博物馆。

在古代，世界各地都有钟，但它们都没有成为乐器，这是因为，这些钟的截面是正圆形的，声音持续时间太长，唯独中国的编钟，它的截面像两片瓦合在一起，因为钟体扁圆，边角有棱，声音的衰减较快，所以能编列成组，作为旋律乐器使用。编钟的发声原理大体是，编钟的钟体小，音调就高，音量也小；钟体大，音调就低，音量也大，所以铸造时的尺寸和形状，对编钟有重要的影响。

钟演奏时敲击中间和转角两处，中间敲出的音称为隧音，两角敲出的为鼓音，两个音相差大三度或小三度。钟的内壁还有调音高的调音槽。乐器作为青铜礼器的一部分，在当时的社会生活中占有极其重要的地位。所谓"礼非乐不履"，就是说没有音乐的配合，礼就难以体现出来。达官贵人们就连平时吃饭也要列鼎而食，鸣钟佐餐，"钟鸣鼎食"形容的就是这种奢华场面。钟也就成为祭祀和宴飨时必不

师丞钟

可少的重要礼器。不过当时的编钟只能发中国音律中的五音，称为：宫、商、角
[jué]、徵[zhǐ]、羽，也就是：do1、re2、mi3、so5、la6，没有 fa4 和 xi7 这两
个半音，周人因第二音节读"商"，故弃之，只用其余四音。成语"五音不全"
就指的是唱不齐这五个音。

中国古代的青铜钟，最初是由商代的铜铙演变而来，主要用于祭祀或宴饮
时。古人把不同的钟按照音调高低的次序排列起来，悬挂在钟架上，用木槌敲
击，演奏乐曲。钟可分特钟和编钟两种，单独悬挂的叫"特钟"，大小相次排列
的叫"编钟"。编钟按其形制和悬挂方式分为甬钟、钮钟、镈钟等。师丞钟为
"特钟"，体较宽，枚较高，干饰兽面纹，鼓部饰云纹和鸾鸟纹，舞上饰大窃曲
纹，篆间饰斜角双头兽纹。

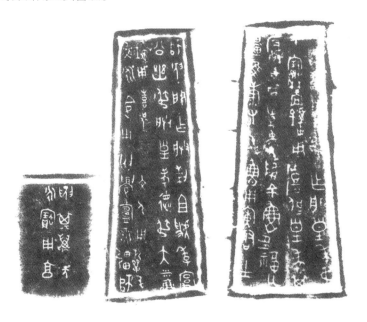

师丞钟铭拓

师丞钟也属于甬钟，为合瓦形结构。甬钟因最上面的平面"舞部"之上立有
"甬柱"而区别于舞部上立有悬钮的钮钟而得名。甬钟主要由舞部、篆部、钲部、
鼓部、枚、铣组成。舞部为甬钟最上端的平面，篆部为甬钟立面中部狭长条状区，
钲部为篆部两侧，鼓部为篆部下方，枚为钟面上的乳丁状突起，铣为钟下两角。西

周甬钟五音缺商，表现出周人对殷商的否定态度。甬钟按大小，从音乐性能上考虑，大钟发出的声音震荡时间长，因此不专设敲击点，而小钟则往往在鼓部设置敲击点，因此甬钟往往有音高准确的正鼓音和侧鼓音。

师丞钟通高 76.5 厘米，甬长 25.5 厘米，铣间 43 厘米，鼓间 29.5 厘米，舞修 35.5 厘米，舞广 25 厘米，重 90 千克，为国内迄今发现最大的一件西周青铜钟，仅比现存纽约的大镛钟小一点。

师丞钟钲间和鼓部左侧共有铭文 48 字，铭文大意为，师丞为祭祀先祖，作出大钟，用以祈求长寿多福。

逨　钟

——西周单氏家族的礼制乐器

1985 年 8 月 26 日上午，眉县马家镇杨家村十几个年轻人为村办砖厂取土。中午时分，大伙儿陆续回家吃饭，一直在半坡挖土的李全正也准备走，谁知最后那一镢头挖出一个铜器。这时，村民张乖乾过来给自家捎车土，二人一看这里有宝贝，便接着挖，一下子挖出好几个。他们知道这是珍贵的文物，便商议由张乖乾把这些器物拉到家。

二人本想保密，但消息不胫而走。前来观看的人中有以放映电影为职业并身兼文物保护员的王宽礼，随即向县文化馆作了电话报告。眉县文化馆杨益民馆长接到了王宽礼的电话后，立即指派文物专干刘怀君骑上自行车赶往杨家村。

刘怀君赶到杨家村时，王宽礼已在村口等他多时。在王宽礼的带领下，刘怀君来到张乖乾家。这时天色已晚，张乖乾在院子吊了一个 500 瓦的大灯泡，大件文物放在房檐下的台阶上，小件文物放在房子里的柜台上，院子里围了一大群看热闹的村民。刘怀君出示了证件，然后用手铲在器物上轻轻地刮了一下，露出现"天子壶"三个字。起初他认为是"天子王"三字，内心非常激动，却外表如常。他借口出门有点事，便急忙骑自行车直奔邮电所，用加急电话告诉杨益民馆长："器物共13件，估计总重量达700斤左右，事情特别重要，东西不能在此过夜，须马上来人。"

杨益民馆长接到电话，急忙与县文教局文化股干部汪积友一起到县政府，向正在值班的副县长廉惠民做了汇报。廉惠民当即指派县政府办公室调集车辆，组织人员。凌晨1时半，县上一行8人赶到了杨家村，这时，乡上和村上的干部也闻讯赶到了张乖乾家，大家向在场的人宣讲了文物法规和有关奖励政策，在发现人和其他村民的积极配合下，13件文物被逐一登记并装上了汽车，然后连夜运回了县文化馆入库保管。

第二天，县文教局向宝鸡市文化局文物科作了电话报告。随后又写了专题报告，请求尽快拨付专项奖励资金。10月底，市上拨下奖励经费2500元。11月2日，眉县政府在杨家村召开了表彰奖励大会，给予发现者300—500元奖励，给协助清理文物的农民和村干部每人200元和一个被面，并给村上奖励200元。1986年春，经上级批准，在杨家村古庙会上展示了这13件文物。1993年，国家文物局在上海举办全国文物精品展，杨家村出土的3件编钟入选。2002年，这3件编钟又被选送参加了南美洲国家巴西举办的"五千年中华文明之光"文物展览。

经文物部门鉴定，这些文物是西周礼制乐器，其中编钟10件、铜镈3件，造型极其精美也具有极高价值，为文物界和音乐界学术研究提供了宝贵的实物资料。编钟10件中有4件铸有铭文，3件较大，铭文一致，都是15行129字，但每行字数稍有差别。最大的一件编钟通高65.5厘米，甬高23厘米，钲间24.5厘米，鼓间18厘米，舞部修31厘米，舞部广21厘米，枚高3.5厘米，篆长14厘米，篆宽3.5厘米，口径长37厘米，口径宽25.5厘米，壁厚2厘米，重50.5千克。

这篇铭文的大意是：逨的祖先曾事先王并受恩惠，逨受天子赐任虞林一职。逨弘扬天子美德，为纪念其父龚叔而制造了这套编钟，用来祭祀祖先，以求保佑长命福禄，子子孙孙永宝用之。

编钟器主名逨，与2003年杨家村窖藏出土的逨盘为同一主人。逨所任虞林，是掌管农事和林业的职官，属于王室重臣。据逨盘铭文可知，逨是单氏家族成员的第八代。又据四十三年逨鼎铭文，其时逨已升任历人职务，官位相当于大夫一级。逨鼎作于周宣王四十三年，即公元前784年。逨钟与逨鼎虽然同属西周宣王时期的作品，但逨钟的铸作时间应早于逨鼎，因为当时逨出任虞林，其职位尚未升迁。

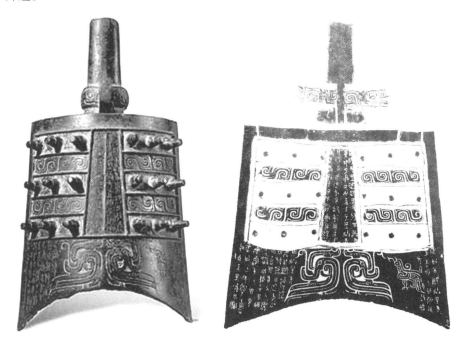

逨钟及其拓片

编钟本应是成组成套的，一般一组为3件或6件。考古人员当时在清理研究中发现，13件器物从其形制、纹饰看，可分为4组，其中编镈3件，窃曲纹钟4件，云雷纹钟2件，逨钟4件，而且逨钟上的铭文不全。按礼制这四组应为18件，到底是只出了这13件，还是出土后散失了呢？虽经一再询问，发现文物的李全正和把文物拉到家的张乖乾都说就这么多。文物组合如此不完整，实在令人遗憾。

编钟出土和表彰大会后，杨家村又恢复了往日的平静。几个月后，村办砖厂的会计李仁芳买了一辆崭新漂亮的摩托车，来回在村子周围兜风。这在当时刚解决温饱的西部农村，确实少见，令人惊奇，于是引起人们种种猜测。1987

年 3 月 3 日，公安警车开进了杨家村，砖厂会计李仁芳等七八个年轻人被逮捕了。

原来编钟出土那天，张乖乾拉走第一车器物后，李全正的族侄李仁芳来到现场，他见出土一堆文物，认为这是发财的好机会，于是怂恿李全正藏匿部分器物。李全正经不住蛊惑，也就同意了。李仁芳和随后来到的李忠林、李展劳将 5 件编钟藏到玉米地里。后又经几次转移集中到李仁芳家里。此后，李仁芳通过两人找到有走私经历的曹继安寻找卖主。数日后，曹又辗转通过四人从中联络牵线，与西安为澳门不法分子郭裕隆、郭裕浙帮忙收购文物的赵明慧结识。在两个月内，他们分四次将 5 件编钟卖给赵明慧，共得赃款 2 万元。

1988 年 10 月 16 日，眉县人民法院对李仁芳、曹继安等 11 人分别被判处死缓、无期和有期徒刑，其中涉案的杨家村村民有 4 人，李仁芳被判处死缓，后减刑为 18 年。当年，郭裕隆、郭裕浙将 5 件编钟盗运出境于澳门，后收藏于美国俄亥俄州克里弗兰博物馆。据现存 4 枚逑钟的音域组合推测，此编钟还缺少 4 枚，美国克里弗兰博物馆藏的 1 枚应为第 2 枚。

杨家村出土的 18 件青铜乐器中，还有 3 件青铜镈。镈在乐器中起定音作用，过去发现的镈都是单件出土的，如上海博物馆的四虎镈和传世的克镈。这次发现的编镈为我们认识西周时期的青铜铸造以及青铜组合提供了珍贵资料，具有重要的研究价值。这 3 件镈形制相同，大小不一，依次相差 6 厘米，其中最大一件通高 63.5 厘米。

南宫乎钟
——西周晚期的乐器精品

1975 年 5 月 5 日，扶风县城关公社民工在南阳公社五岭大队豹子沟修公路时，用炸药炸掉了大山一角，从中出土了完整无损的甬钟一件，经扶风县图书博物馆工作人员现场勘察，此处为西周窖藏遗址。

甬钟名为南宫乎钟，通高 52 厘米，甬高 20 厘米，鼓间 20 厘米，铣间 28.7 厘米，重 28.75 千克。南宫乎钟是一件装饰华丽的甬钟，通体翠绿色，偶有赭色铁质锈斑。甬饰环带纹，旋饰窃曲纹，舞部饰双头兽纹，篆间饰窃曲纹，鼓部饰大变形夔纹一对，右下角增饰小变形夔纹一个。甬上、钲间及左鼓铸有铭文三段，共68字，互不连贯，大意是说司徒南宫乎铸造了一套大林钟，此钟名叫"无斁"，用以祭祀先祖，祈求长寿。从铭文上下文未完看，这是一套编钟中的一件。

南宫乎钟的铸造年代根据花纹的特点可定为西周晚期偏晚。此钟的铭文与常见的西周钟铭有所不同，即它有两篇相互之间不连贯的铭文。其一位于钟体的正面钲部和左鼓，即西周钟铭常见的位置。这篇铭文的内容牵涉到作器者南宫乎的家庭历史，有"先祖南公，亚祖公仲必父"等字。第二处铭文的位于甬上，此处一般很少见铭文。目前所知，甬部有铭文的西周青铜钟只有一件，即日本京都泉屋博古馆的虢钟乙，且甬部的铭文与钟体的铭文是连贯的。

南宫乎钟

南宫乎钟铭有"兹钟名曰无臭钟"的记载。"无臭"即"无斁"，也就是黄钟十二律中的"无射"，既是西周金文中常见的宫廷套语，也是中国传统音乐理论的用语，即先秦文献中所传的十二律之一。据有关资料记载，"无射"的音阶是现代的 bB。

经北京音乐学院测音表明，南宫乎钟可发两个音：鼓部为 b1 - 14，铣部为 d2 + 29。与现代的标准仅差半音，可见西周乐律之精确，乐器制作水平之高超达到了惊人的程度。南宫乎钟虽仅存一件且铭文不完整，但据其鼓右鸟纹和测音结果可推知它是原套的第五钟，原套为八件或六件。①

周原一带出土含有"南宫"铭文的青铜器有南宫柳鼎、大盂鼎等。其中，南宫柳鼎出土于宝鸡市陈仓区虢镇，从形制、纹饰看，南宫乎钟、南宫柳鼎都是西周晚期物。南宫柳和南宫乎可能都是周武

南宫乎钟拓

王的重臣南宫适的后代。大盂鼎相传清道光年间出土于岐山县礼村，铭文中三次出现了"南公"，从铭文内容可知，盂应是"南公"之孙，而"南公"与康王也应有至亲关系。大盂鼎铭文所反映的康王与盂的关系非同一般。

"南宫"在西周金文中多见，早在宋代出土的"安州六器"的中方鼎和中觯中就有发现。此外还见于静乍父已觯、叔肇作南宫鼎、吴王姬鼎、白乍南公簋等，晋侯墓地 M6081 还见有两件南宫姬鼎。在河南平顶山应国墓地 M242 的"柞伯簋"上也见有"南宫"的铭刻，这些"南宫"和"南公"铭文出土地域不同，分属不同的时代，所指是否为一人或一族尚值得研究。②

① 罗西章：《扶风出土的商周青铜器》，《考古与文物》1984 年第 4 期。
② 黄凤春、胡刚：《说西周金文中的"南公"》，《江汉考古》2014 年第 2 期。

柞 钟

——件数较多的一组西周编钟

　　1949 年后，扶风、岐山一带经常有文物出土，当地农民不断将发现文物情况向政府汇报，经陕西省文管会和陕西省博物馆多次派人前往调查，征集和采集到不少铜器、陶器、玉器等文物，在初步研究之后，考古工作者认为很有必要进行详细调查。

柞钟

　　1960 年 7 月，陕西省文管会和陕西省博物馆派人到贺家、李家、齐家、白家、任家、陈家、康家等 13 个村调查遗址分布和文化层堆积情况，并在遗址边沿地区进行钻探。10 月 11 日，考古人员在扶风县黄堆乡齐家村东南 100 米处钻探时发现一处青铜器窖藏，窖口距地表 1.1 米，呈圆袋状，出土青铜器 39 件，其中有铭文的 24 件，最重要的是柞［zuò］钟和几父壶。这批青铜器后来全部入藏陕西历史博物馆。

　　此次窖藏出土的柞钟一套八件，形制、纹饰基本相同，大小依次递减，为当时发现西周个数较多的一组编钟。柞钟为甬钟，柞为铸钟主人的名字。柞钟甲通高 52 厘米，鼓间 24.5 厘米，铣间 33 厘米，重量 26.65 千克；柞钟乙通高 50 厘米，鼓间 22.6 厘米，铣间 32.8 厘米，重量 22.5 千克；柞钟丙通高 49 厘米，鼓间 22.5 厘米，铣间 32.8 厘米，重量 28 千克；柞钟丁通高 46.9 厘米，鼓间 21 厘米，铣间 20 厘米，重量 26.75 千克；柞钟戊通高 34 厘米，鼓间 15 厘米，铣间 20 厘米，重量 10.3 千克；柞钟己通高 29 厘米，鼓间 12 厘米，铣间 18 厘米，重量 6.6 千克；柞钟庚通高 25.5 厘米，鼓间 10 厘米，铣间 13.5 厘米，重量 3.26 千克；柞钟辛通高 21 厘米，鼓间 8.4 厘米，铣间 12 厘米，重量 3.25 千克。

柞钟钟体横截面呈椭圆形，甬中空，两面各饰枚六组。鼓部饰回首夔龙纹，篆间饰双头兽纹，舞上饰粗线云纹。

柞钟铭拓

柞钟前四件各铸一篇铭文 6 行 48 字，后四件合铸一篇铭文，内容相同，大意为柞在三年四月甲寅这一天受到周王的册命和赏赐，感到非常荣幸，因此铸钟纪念。

柞钟的类型学特征不是很明显，陈梦家先生将其年代断为中期后段夷王世，[①] 张闻玉先生断为懿王世器，[②] 断代工程组将其年代断为晚期幽王世，[③] 吴镇烽先生亦断其为晚期器。[④] 王世民、陈公柔、张长寿《西周青铜器分期断代研究》断为厉王前后器。

秦公钟

——秦武公称雄关陇的实物例证

1978 年 1 月，宝鸡县杨家沟公社太公庙大队（今宝鸡市陈仓区东关街道太公庙村）社员在村中取土时，发现了一个青铜器窖藏。窖穴距地面约 3 米，位于村前老城墙外的一处断崖上。

窖穴内发现有 8 件青铜器，其中钟 5 件、镈 3 件，均保存完好。5 件青铜钟在窖内呈"一"字形排列，3 件铜镈围绕铜钟作半圆状，坑内尚有炭灰及少量兽骨。附近发现有不少灰坑和烧土层，地表上散布有春秋时期的陶片。

太公庙出土的 8 件铜器为秦宫室乐器，分别命名为秦公钟和秦公镈。5 件秦公钟为一组编钟，形制一致，大小不同。最大的通高 48 厘米，重 24 千克；最小的通高 27.6 厘米，重 6 千克。秦公钟钟体呈合瓦状，纹饰相同，甬上饰四条小龙，带上有四组变形雷纹，旋部饰重环纹，舞部纹饰可分四个区段，每一区段内有三条变体夔纹相绕。钲部可分五个区段，内饰两条双身夔纹。鼓部饰相向而立的凤鸟一对。整个钟可以敲击出两个音阶，一个在鼓的中心位置，一个在鼓右

① 陈梦家：《西周铜器断代》，中华书局，2004 年。
② 张闻玉：《古代天文历法讲座·伯吕父盨的王年》，广西师范大学出版社，2017 年。
③ 夏商周断代工程专家组：《夏商周断代工程 1996～2000 年阶段成果报告·简本》，世界图书出版公司北京分公司，2000 年。
④ 吴镇烽：《商周青铜器铭文暨图像集成》，上海古籍出版社，2012 年。

侧，右侧小鸟即为第二音阶标志。

铸是一种古代大型单体打击乐器，形制如编钟，只是口缘平，器形巨大，有钮、可特悬（单独悬挂）在钟悬上，又称特钟。它相对编钟言，后者为编悬，前者为特

秦公钟和秦公铸

悬。太公庙出土的3件秦公铸形制基本一致，只是大小有所不同。最大的通高75.1厘米，身高53厘米，舞宽30.4~26厘米，重62.5千克。最小的通高64.2厘米，身高46厘米，舞宽26.6~22.4厘米，重46.5千克。3件铸花纹一致，铸身上下各有一条由变形蝉纹、窃曲纹和菱形纹组成的条带纹，条带纹中间纹饰分为四个区段，每一区段有6条飞龙勾连，龙身线条流畅，布局疏密得当。舞部纹饰可分四个区段，每一区段内有两龙相绕，旁有一小凤鸟，舞部正中有一圆孔。

5件青铜钟均有铭文，按其连读关系，可分为两组。其中前两件钟铭文合成一篇文章，应为一组；后3件钟铭文连读合成一篇文章，应为另一组。后3件钟的铭文内容与前两件钟完全相同，只是行款有所不同。最后一件钟与前两件钟铭文对照，尚缺最后一段。由此可看出，窖藏内应缺一钟，后一组钟应为4件。由于文物是村民挖土时挖出，当时村民将文物装到架子车内用土掩盖准备拉回家，因青铜器体积太大，舞钮部分露出，被人发现，才报告了文物部门。后经做工作，器物才被文物部门收回。因此，缺失的一件是出土前就缺失，还是出土后缺

秦公钟铭拓

失，已无法得知。

3件青铜镈皆有铭文，每一件镈的铭文，与前两件钟的铭文完全相同，只是行款有所差异。铭文风格相近，或为一人所书。其中，秦公钟铭文零散分布在器物纹饰的空隙中，局部空间相对狭窄，故而行列紧凑、字法则端严整饬。秦公镈铭文居于镈的环形带状部位，空间较为宽松，行列随之疏朗，字法亦流美遒婉。若能相互参照，详加比较，自然会有更多细微体会。

1978年，上海博物馆为宝鸡新出土的秦公钟作除锈工作后，发现这组编钟音色异常的纯正清亮，而且很清楚地听到一个钟有两个完全不同的声音，也就是文献中提到的双音钟。秦公钟之所以有如此奇特的双音效果，与它高超的制造工艺分不开。秦公钟外形是扁圆的，形成了一个非常出色的共鸣箱，有两个共振模式。最不可思议的是，工匠们在制作这些青铜钟的时候，对于每个沟槽的深度和宽度把握的非常好，似乎早就计算好了哪种沟槽会发什么样的音。

秦公钟、秦公镈全篇铭文共135字，铭文笔道纤细，劲秀隽美，是春秋时期秦国具有代表性的书体，堪为学习大篆书法的上佳范本。135个字大小一致，间距拉开，布局疏朗。字体瘦长，笔画纤细，同周金文俨然不同，属于秦金文的开篇之作。所以，从文体风格到铭刻技术都表现出秦文化已走上了自己的发展轨道。

秦公钟铭文，是我国现存的最早的青铜刻铭。铭中开首有"秦公曰：我先祖受天命，赏宅受或（国）。烈烈昭文公、静公、宪公不坠于上，昭合皇天，以虩事蛮方"的句子。"先祖"既"受天命"又"赏宅受国"则非秦襄公莫属。先祖之下紧接着是文公、静公和宪公三世。其中静公"不享国而死"，宪公在《史记·秦本纪》中作宁公，这与秦世系相吻合。从铭文仅叙到宪公，可见作器者当秦宪公之子。而秦宪公生武公、德公和出子共三子。既在平阳作此"国之重器"，显然只有东征彭戏氏至华山、诛三父夷三族、西伐邽冀之戎、县杜郑、灭小虢的秦武公了。因此，这8件钟、镈也名为秦武公钟、秦武公镈。同时，铭文也印证了《史记·秦本纪》与《史记·十二诸侯年表》中"浮公"应为"静公"之误，"宁公"应为"宪公"之误。

秦武公铸作的这一组大型礼乐器，对创业的历代祖先伐功勒铭是"设史记事"以来的第一次。以"先祖受天命"开头，自非子封"秦"、襄公立国的"赏宅受国"，就威威烈烈文公、静公与宪公继之于后，文治武功也"不坠于上"。完全是有了文化修养又目空一切的秦人口气，同昔日唯命听从周王的谦恭态度截然不同。

这套秦公编钟的发现为研究秦国早期历史和确定"平阳"都邑地点提供了难得的资料。《史记·秦本纪》载："宁（宪）公二年（前714年），公徙居平阳。"青铜镈和青铜钟出土地东距今宝鸡市陈仓区阳平镇7里多，南临渭水，北倚凤翔塬，为渭水北岸第一阶地。这片台地西起宝鸡陈仓区虢镇，东至今陈仓区宁王村一带，东西长约30里，南北宽2里余，考古调查和发掘表明，在这一台地范围内有堆积丰富的春秋、战国及秦的遗物。

2013年初，陕西省考古研究院在太公庙村一带进行了勘探，共确定了11座墓葬，其中最大的一座为"中"字形，全长106米，墓室宽20米、长46米。大墓东南侧还勘探出"凸"字形车马坑，全长72.5米，在其东西两侧还分别发现了疑似陵园兆沟的设施，该大墓的发现证明了平阳秦公陵园的存在。根据秦人陵随都移的习俗和众多考古发现，以及史料中关于平阳宫的记载，说明秦的第五处都邑——平阳就在太公庙村一带。

钟

禁

　　禁为承酒尊的器座，有方形和长方形的两种形式，四面有壁，并有长方孔。有人称之为"俎"，美国译为"祭坛"，日本人称其为"柸禁"，民间称为"铜桌子"，因其上面饰有夔纹，学术界又称其为夔纹禁。《礼仪·士冠礼》："尊于房户之间，两庑有禁，注：禁，承尊之器也。"说明禁是一种专门盛放酒器的器座。

　　在我国古代，放置酒器的几案为什么被称作禁呢？对此人们一直众说纷纭，郑玄："禁，承尊之器也，名之为禁者，因为酒戒也。"也就是说，禁这个名称其实源于戒酒，告诫人们喝酒要有度，故为禁。文献记载，商人嗜酒成风，到商纣王时期达到顶峰。纣王在国都附近的朝歌（今河南淇县）修建了离宫别馆，又作"酒池肉林"，日夜和他宠爱的妃子妲己以及一些贵族幸臣们酗酒玩乐。荒淫无度的奢靡生活导致了商王朝的灭亡。西周立国后，总结前朝的经验教训，认为商亡国的原因之一就是商人嗜酒酗酒。西周王朝为维护其长期统治，坚决禁止周人酗酒。酒要饮，又不能失度，所以，就把这种盛放酒器的案子称为"禁"。

西周铜禁

——西周青铜器中的罕品

传世和出土的铜禁极少，迄今出土的禁共有8件，其中青铜禁7件，漆木禁1件。青铜禁中西周时期的青铜禁5件，全部出土自宝鸡市区渭河两岸，其中，斗鸡台出土两批4件，宝鸡石鼓山出土1件。5件西周青铜禁现存世3件，一件藏美国大都会博物馆，一件藏天津博物馆，一件藏宝鸡青铜器博物院。春秋战国时期的禁有3件，一件为河南淅川下寺M2出土的春秋铜禁，一件为湖北随州曾侯乙墓出土的战国铜禁，另一件为湖北江陵望山楚墓出土的战国漆木禁。

在清末宝鸡戴家湾的青铜禁发现以前，人们还不认识这种器物，只在文献中

现藏美国纽约大都会博物馆的青铜禁组器

见到过记载。禁的首次发现，是清光绪二十七年（1901年），宝鸡戴家湾村一农民挖出一件，被陕西巡抚端方收藏，端方死后被其后人卖给美国人，现被美国纽

约大都会艺术博物馆收藏。

美国大都会艺术博物馆藏的这件青铜禁是目前出土铜禁和共存酒器均保存完整的唯一成套青铜器，具有较高的学术价值和欣赏价值。这件禁长 87.6 厘米，宽 46 厘米，高 18.7 厘米，为一长方形台座，两侧有上下各四组八个长方形孔，两端有上下各两组四个长方形孔，其间隔梁和边框，饰瘦长型尖角龙纹。

据传 1927 年，党玉琨在斗鸡台盗宝时出土三件禁，形状相同，唯大小有别，最大者长 140 厘米、宽 70 厘米、高 60 厘米。这三件禁两件下落不明，最小者新中国成立后被天津博物馆收藏。

党玉琨又作党毓坤，为民国初期盘踞陕西凤翔的土著军阀，他早年曾在北京

端方与同僚欣赏青铜禁组器

古玩店当过学徒，后混迹于东府大刀客杨生娃手下，因械斗中伤及右股，又被称为"党拐子"。他在同乡有个莫逆之交武观石，此人知识渊博，对书画、碑碣、金石等古物鉴别能力较强。党玉琨在他的熏陶下，逐步学会了一些辨识古董的技能。他时常说："古董为天下之宝，以之馈赠，可以讨对方欢心，以之出售，可换回枪支弹药。"他盘踞凤翔，自称司令，盗掘戴家湾文物就是出于上述两个目的。

当时被党玉琨指派做盗挖指导的郑郁文先生，新中国成立后在陕西博物馆工作，其父亲曾为古董商，与党玉琨有过接触，他后来回忆铜禁的出土情况时说："党毓琨在斗鸡台先后盗掘铜禁三件，均在当时依次送回凤翔城，三件铜禁中最

大一件出于圆形大墓，陈放于墓室棺椁之南部，大致长约四尺，高约一尺，其上陈放有鼎、罍、壶等。另外两件铜禁虽形制较小，但色泽远胜过大铜禁，出土时间在 1928 年春季，其中一件被塌坏变形，颇难修整。这两件铜禁均长约三尺，高约一尺，上面放有罍、爵、圆鼎三件器物，圆鼎外施夔龙花纹。上述三件铜禁桌案上均有凹下之套榫，用以搁放器物的足部，各器物内部均有铭文，尤以大禁之上为最。"

美国纽约大都会博物馆藏青铜禁

最大的青铜禁能放置十多个酒器，党玉琨亦知其珍贵，遂于 1927 冬天，将包括大铜禁在内的十几件珍贵文物秘密埋藏于凤翔城一处空院的防空洞内。该洞漫道长约百米，顺漫道下去，于最深处一侧洞壁上再凿暗洞一处，次日黎明后再命兵士把这处防空洞全部用土塞实，未留任何蛛丝马迹，至今没有找到。另外一个三孔铜禁因出土时已破碎成长铜片，被弃。

天津市博物馆所藏的这件铜禁，通高 23 厘米，长 126 厘米，宽 46.6 厘米，前后壁各有 16 个长方孔，左右壁各有 4 个长方孔，禁四周饰夔纹一道，前后左右四面也都饰有夔纹一道。铜禁上面突起三个椭圆形中空的孔，孔有周边，用以稳定上方所置器物。中间的孔较大，外径长 19.5 厘米，宽 16.5 厘米，高 1.5 厘米；左右两个孔大小相同，外径长 18.8 厘米，宽 17.4 厘米，高 1.3 厘米。[1] 由

---

① 天津市文物管理处：《西周夔纹铜禁》，《文物》1975 年第 3 期。

天津博物馆藏西周青铜禁

其形状可知为承卣之禁，因为当时的卣圈足为椭圆形。这件铜禁是时任陕西省政府主席宋哲元围剿党玉琨后收缴文物之一。对于盗掘的文物，党玉琨大部分拍照上缴，还有一部分赠送他人。他曾送给上司冯玉祥将军水鼎一只，新中国成立后由冯玉祥的夫人李德全捐献给北京故宫博物院。铜禁没有造册登记拍照，在宋离陕时，由心腹萧振瀛（当时赴任天津市长）和宋的小老婆带到天津，存放在英租界的宋哲元家中。1941 年日本发动太平洋战争后不久，占领了天津的英租界。由于日军痛恨宋哲元，遂抄了他的家，这些文物也就落入日军之手。后来，宋哲元的三弟宋慧泉等通过请客、送礼、托人等方式，又从日军手中拉回了部分文物，其中包括这件西周夔纹禁。新中国成立后，宋慧泉的两个老婆分家，这件夔纹禁及其他一些文物分归王玉荣所有。王怕再次被盗，就故意很随便地放在屋前公共走廊的一个脏旧木箱内，再往青铜禁内放了不少的煤球，1966 年红卫兵抄了王家时没有被发现。直到 1968 年，天津市革命委员会文物清理小组在接收王玉荣的文物时，才发现了它。但遗憾的是，这件珍贵的西周夔纹禁已经被砸坏了，当时只尽力收集到 50 余片碎铜片。根据当事人提供的情况，可知一部分铜片已被当作废品卖掉了，天津市文物清理组又跟踪寻找，最后总算从天津市炼铜厂又追回了一块，经拼对确系这件夔纹禁的一部分。这件青铜禁和另两件青铜器，经当时在北京的容庚和唐兰先生进行了鉴定，被认作国家一级珍宝，并于1972 年 5 月专门运送到北京中国历史博物馆，由高英、张兰惠师傅进行了修复。

2012 年，宝鸡石嘴头发现的西周铜禁，是新中国成立后的首次发现，也是

宝鸡石鼓山出土青铜禁

宝鸡石鼓山青铜禁出土原貌

经过考古手段获得的最为重要的一件青铜禁。此次出土的青铜禁为长方体，命名
为夔纹禁，长 95 厘米，宽 45 厘米，高 21 厘米，器壁饰直棱纹，四周饰夔纹一
圈。禁面上承放 2 件卣和 1 件方彝，其形状大小仅次于藏于美国的铜禁，但精美
程度算是最好的。此次出土的铜禁、铜卣等文物风格与党玉琨盗掘出土文物风格
相近。

　　在商周时代，青铜礼器是权力和地位的象征，青铜禁作为一种大型礼器，不
是一般的贵族所能使用的，只有王室才能用，因此在考古发掘中极为罕见。目前

所出土的西周禁全部出土于宝鸡市区，而西周时期周人的主要活动范围在周原，宝鸡市区已经超出了周原范围，但却出土这么多西周时代的重器，足以引起考古界和学术界的重视。

2014 年 11 月 12 日至 2015 年 3 月 1 日，上海博物馆举办了《周野鹿鸣——陕西宝鸡石鼓山西周墓葬出土文物特展》，考虑到石鼓山西周贵族墓出土的部分青铜器与 20 世纪初在宝鸡戴家湾（斗鸡台）被盗掘的青铜器存在着诸多相似之处，本次展览还特别借展了部分最具代表性的宝鸡戴家湾出土青铜器，包括现藏美国大都会博物馆的柉禁组器一套以及现藏天津博物馆的龙纹禁一件。使同一个地方出土，收藏于国内外不同博物馆的 3 件西周铜禁第一次相聚，与观众见面。

其　他

除了青铜礼器，陕西出土的青铜器当中，还有诸多生活用具和车马器、兵器等种类，这些青铜器中不乏国之重器，很多亦是艺术精品，是青铜时代的代表之作。如陕西历史博物馆、西安博物院、西北大学博物馆收藏的鎏金铜蚕，见证了2000多年前先辈开辟丝绸之路的历史；西安出土的杜虎符，为我国现存最早的一件调兵凭证；雍城出土的青铜构件，为我国古代雕梁画栋的前身；秦始皇帝博物院发掘的铜车马，为结构最为复杂、形体最为庞大的古代青铜器，被誉为中国古代的"青铜之冠"。

凤鸟衔环铜熏炉

——失蜡法成型工艺的代表之作

　　1995 年 5 月的一天，凤翔县城刚刚下过一场大雨，石家营乡（今城关镇）豆腐村一名12 岁的男孩方国强在上学途中，路过姚家岗建筑遗址附近时，偶然发现路边的土坡被雨水冲刷后，有一件暴露在外的金属器物，上面布满了铜绿。这时已经快到上课时间，他就先用土把这件东西掩盖起来，然后就上学去了。

　　放学后，方国强等别的同学都回家后，来到发现文物的地方，用手将那件金属器物刨了出来，原来是一件球形的青铜器。在这件器物不到一尺的地方，他又刨到了一个铜质的器物底座，当时方国强还不知道这两件器物是铜熏炉的两个组成部分，以为自己挖了两件宝贝，高兴地跑回家，把这两件铜器交给了母亲李喜凤。

　　看到儿子拿回来两个沾满泥土的铜疙瘩，李喜凤一愣，按照农村人传统的观念，挖到文物的人一般境遇都不好，所以李喜凤认为这是个不吉利的东西，顺手就把其中一个铜器扔到了院内的墙角。方国强看到母亲不高兴，就把母亲扔掉的铜器捡了回来，抱进屋子存放了起来。

　　尽管李喜凤不喜欢儿子挖的宝物，但方国强挖到宝贝的消息还是在村内传开了，晚上就先后有三个文物贩子来到她家，其中一人愿出价一万元买下这两件宝物，另一个愿给她家盖二层楼房。李喜凤家是村里的贫困户，住着土坯房，丈夫因病去世，家中负债累累，李喜凤与三个孩子相依为命。但她并没有为金钱所动，没有将文物卖给来路不明的人。在方国强伯父的帮助下，李喜凤决定将文物交给国家，并专程赶到乡政府，向乡上说明了情况。几天后，凤翔县博物馆的干部和石家营乡文化专干、乡派出所的同志来到她家，宣传了国家文物保护法规，并对他们保护文物的做法给予了充分肯定。后来，陕西省文物局对李喜凤母子进行了奖励，《中国文物报》和《文博》

等报刊对其事迹进行了报道。

经陕西省考古研究所文物专家进行除锈修复，方国强所挖的两件器物，原来是一件精美的铜熏炉，专家命名为凤鸟衔环铜熏炉。熏炉是古时用来熏香和取暖的炉子。使用时在里面点燃炭火，撒上香料或散香。春秋战国时期，人们已将薰草、古兰、郁金、茅香等香草用于香身、熏香、辟秽、祛虫、医疗养生等许多领域，并有佩带、熏烧、熏浴、饮服等多种用法，插戴香草、佩带香囊、沐浴香汤等做法渐次兴起。随着熏香风气的逐渐流行，专门用以熏香的熏炉也应运而生。凤鸟衔环铜熏炉的出土说明，最迟在战国时，熏香已在中国的上层社会流行开来。雍城遗址这件凤鸟衔环铜熏炉制作精美，造型奇特，在当时的同类器物中堪称杰作。从1996年起，这件铜熏炉随秦俑等文物先后赴英、法、美、意、日等国展出。

凤鸟衔环铜熏炉器身通体为镂空花纹，高35.5厘米，重4千克，由覆斗形底座、空心斜角方柱和带衔环凤鸟的椭球形炉体三部分组成。覆斗形底座纹饰为一次铸成的镂空高浮雕图案，四个正立面纹饰相同，构图可分上下两层，每面有三只虎纹，上层一只正立，两只同向倒立，上层虎纹两侧各有一持盾俯视的小人。其外侧为夔凤纹，下层两只虎纹中间夹一正视持盾的小人。外侧铸有纵向爬行的小兽，虎纹圆目突出，通体浮雕，生动活泼。夔凤纹突出圆目，目中部凹下，翅羽上振，似欲飞之状。三个小人形体矮小，面目清楚。与正立面相接的四个坡面纹饰也相同，并与正立面纹饰大部分一致，但无夔凤纹与小兽，其余部分完全吻合。底座顶部的正方形平台中间为黏合在上面的立柱，由平台中心向四边中点将平台分成四个小正方形，每个正方形中都有一个镂空浮雕夔凤纹，底座边长18.5厘米，高9.8厘米。

炉体成球形，顶部有一展翅欲飞的凤鸟立于上，凤鸟高冠长颈，双目突出，双翅展开，作飞行状，口衔一圆环。凤鸟与炉体通过一个空心圆柱铸为一体，凤鸟与空心圆柱上勾勒有收缩的凤足，体现其处于飞行状态。凤鸟背部铸有一0.7厘米圆孔与炉腔相通。炉体分内外两层，腹部有四个两两相对的歧角兽首，外层从炉体中腰，由水平方向又分上下两半，均由直径0.3厘米的铜丝弯成S形，相互缠绕编织而成，似为蟠虺。铜丝上下两端分别焊接于两个半球的上下边沿。炉体内层为椭圆形炉壁，下部向外凸出一直径6.9厘米的圆形平底，刚好置于外层底部的圆洞中，底中央有一直径0.7厘米的圆孔与炉腔相通。

炉体与底座由一底部为覆斗形的斜角空心方柱相连接，取意天圆地方。整个器物利用了浇铸、编织、铆锻、镂空等多种工艺，主体采用失蜡法浇铸而成，这种铸法铸造出的器物表面光洁，尺寸准确，现代多用来铸造航空发动机、导弹和精密仪表等。其工艺的程序，先是用蜡料制成蜡模，再于表面用细泥浆多次浇淋，涂上耐火材料，制成铸型模具，再经烘烤化蜡，使蜡油流出，浇注铜液，即可获得铸件。凤鸟衔环铜熏炉造型独特，纹饰生动，工艺精巧，珍奇罕见，就是现代工艺也很难仿制，堪称失蜡法成型工艺的代表作。

凤鸟衔环铜熏炉

阳　燧

——人类最早的金属取火工具

阳燧又名火燧、夫燧、金燧、火镜等，是古人利用太阳光取火的青铜工具，可以说是中国古代的打火机。

1972年12月，扶风县刘家沟水库大坝工程修筑期间，天度公社民工王太川在挖填坝用土时，从刘家村北土壕的一个西周灰坑内发现 3 件青铜器：1 件编钟、1 件兽首形车辖和 1 件像杯盖的圆形凹面、背面中央有纽的铜器。扶风县文化馆收藏后，经罗西章先生初步研究，在《考古与文物》上发表时，编辑将其所定之名"器盖"改为"铜镜"。但罗西章对这凹面镜一直疑惑不解，此后颇为留心有关资料，渐渐怀疑这件铜器可能另有用途，是否为古人所谓的阳燧呢？

阳燧是中国古代先民发明的从太阳光中取火的取火工具，其形似呈球面形内凹的青铜镜，当用它对着阳光时，射入阳燧凹面的全部阳光被阳燧球面形凹面聚焦到焦点上，使焦点上温度快速升高，达到可以点燃易燃物。阳燧取火的过程，实际上是能量转换的过程，即将光能转换成热能。阳燧是古代中国人有意识利用太阳能的最早工具。

最早记载阳燧的资料是春秋时期《周礼·秋官》中"司烜氏掌以夫燧取明火于日"和《周礼·疏》中"以其日者太阳之精，取火于日，故名阳燧。"《淮南子·天文训》说："故阳燧见日，则燃而为火。"王充的《论衡》中也有"验日阳燧，火从天降"的记载。崔豹《古今注·杂注》载："阳燧以铜为之，形如镜，照物则影倒，向日则生火，以艾炷之则得火。"这些典籍对阳燧的质地、形状及特性作了全面介绍。从考古发掘来看，早在西周时期，中国先民已经开始使用阳燧取火。

1995 年 4 月 14 日，周原博物馆对已遭盗掘的扶风黄堆 60 号西周墓葬进行抢救性发掘。该墓葬为长方形土圹竖穴，长 3.5 米、深 6 米，与其他西周墓葬一样，没有什么特别之处，属于一般中型墓葬，显示墓葬主人地位不高。在开挖过程中，考古工作者看到墓葬东北角有一盗洞，一直延伸到了墓室。墓室中散落着人和动物的残骸，腹部以上的尸体骨架散乱无序，目睹这场景，考古工作者怅然若失。但经过认真清理，墓葬中还是发现了铜泡、蚌泡等小件文物，在一架尸骨右臂下还发现了一件龙凤玉璧以及一件柄形器状的玉钺，一件通体布满了翠绿色铜锈的凹面铜镜，这些使得考古工作人员得到了一点慰藉。

这件凹面铜镜重约 100 克，背部有一桥形小纽，沿纽方向面径 8.9 厘米，垂直于纽方向面径 8.8 厘米；纽长 1.9 厘米，宽 0.4 厘米，高 0.9 厘米；穿为长方形，其长为 0.7 厘米，高 0.3 厘米。这个形似凹面铜镜的青铜器是什么呢？如果

阳燧正面

阳燧背面

是铜镜为何会做成凹面？桥形纽的穿孔呈规则的长方形，显然系便于装柄或穿绳携带，而这又不同于常见的青铜镜。

为了弄清这件青铜器的名称和作用，周原博物馆馆长罗西章开始着手在浩如烟海的历史文献中寻找蛛丝马迹，以期破解这个难题。一次他在翻阅《周礼·

秋官·司烜氏》时，看到了关于夫燧的记载，使他产生了这件青铜器是否为阳燧的想法。

后来，陕西省考古研究所研究员吴镇烽来到了周原博物馆，当他看到这件凹面铜镜时，联想到陕西历史博物馆收藏的同一类镜子，与罗西章的想法不谋而合，也认为此物可能就是史书上记载的阳燧。

阳燧的作用是聚光取火，如果这件凹面铜镜是阳燧，那么他就能聚光取火。从外形来看，这件青铜器凹进去的部分为球面形，基本具备聚光的条件。但这件青铜器布满铜锈，已无法进行聚光试验，而且文物不能打磨抛光。

为了揭开这个谜底，罗西章决心按原物复制一件青铜器进行试验。在专家的指导下，经过一年多的努力，他们终于复制出同样的一件凹面铜镜。1995 年 9 月 6日，他们把这件与原件基本一样的凹面铜镜放在阳光一照，果然凹镜下聚合出一个灼人的光点，不久就点燃了工作人员手中的棉絮。此后他们又经过了多次试验，对揉搓了的干艾叶、写过字的黑色宣纸、香烟等都进行了试验，均获得了成功。

但严谨的罗西章并没有欣喜若狂，而是将这件出土的凹面铜镜送到西安光学仪器厂进行检测，检测结果是这件凹面铜镜曲率半径为 198～200 毫米，这是一个聚光的理想数据，此时的罗西章才长长松了口气。这一谜底终于揭开了，这件凹面铜镜就是史书中记载的"阳燧"。

1995 年底，宝鸡电视台闻讯后，及时赶赴周原博物馆，拍摄下了这个考古界的重大新闻。新闻播出后，陕西电视台进行了转播，中央电视台随后则在晚间新闻中作了介绍。中央电视台《焦点访谈》节目组还专门赶到周原博物馆，进行了专题访谈。一时，海内外媒体纷纷报道，高度评价这件青铜阳燧，认为它是迄今为止人类取火最早的实物工具，是人类使用火的重要里程碑。

根据墓的形制和出土文物，黄堆 60 号墓为西周中期墓，由此，该墓出土阳燧至迟制作于西周中期。这件阳燧出土时处在墓主人弯曲于腹部的右臂骨架之下，和阳燧同出的还有龙纹玉璧和玉钺，这在当时都是有一定身份和等级的用器，墓主很可能就是掌管阳燧的"司烜氏"官员。

目前国内出土的西周时期阳燧共有 6 件，宝鸡出土两件，其他 4 件分别由陕西长安县张家坡西周墓地 M170 号墓和 M303 号墓各出土一件，北京昌平白浮 2

号和 3 号西周墓各出土一件。

阳燧的出现，是人们对火的认识和使用的一种升华。当我国早在距今 3000 多年前的西周时期就发现和使用阳燧，并有了专门以阳燧取火的"司烜氏"时，世界上许多民族还处在钻木取火、摩擦或击石取火的时代，勤劳智慧的华夏民族发明利用太阳能取火的工具，为人类的文明做出了卓越的贡献。

西汉彩绘车马人物镜

——最著名的彩绘铜镜

铜镜又称青铜镜，一般是由含锡量较高的青铜铸造。目前考古发现最早的铜镜是距今约 4000 年前在甘肃、青海的齐家文化墓葬中出土的铜镜。在商代，铜镜是用来祭祀的礼器；春秋战国至秦代，铜镜一般都是王和贵族才能享用；西汉末期，青铜器逐渐衰落，但铜镜却出现了前所未有的繁荣和发展，并逐渐走向民间，成为人们的日常生活用具。

铜镜制作精良，形态美观，图纹华丽，铭文丰富，是中国古代青铜艺术文化遗产中的瑰宝。陕西地区出土的铜镜数量巨大，仅次于铜钱，但大多散落于民间收藏。尽管铜镜数量较大，但彩绘铜镜却难得一见，目前所见也不过数十件。彩绘铜镜流行于战国早期至西汉晚期，考古发现时代最早的彩绘铜镜是战国早期的。彩绘铜镜中最著名的为西安红庙坡村出土的西汉彩绘人物车马镜。

1963 年 9 月，西安市百货公司在红庙坡村西端修筑仓库时，于距地表深约 6 米的土层中发现彩绘铜镜一面。铜镜的出土地点位于秦兴乐宫和汉长安城遗址以南二公里处，这一地区曾发现过不少西汉早期的墓葬，这面铜镜很有可能也是随葬之物。从铜镜的胎质、造型、纹饰和彩绘的题材、绘画的技法等来看，基本上保持了战国末期秦国的一些特点，但同时也具有西汉初年的某些特征，考古人员暂定为汉初之物。[①]

镜体为圆形，直径28.2厘米，边厚0.45厘米，重1.47千克，镜面上有锈斑和丝织物的遗痕，镜背为彩绘纹饰。三轮复瓦纹钮，圆形钮座，座底涂有朱红颜色，钮底外的环带将镜背彩绘分为两区，内区涂浅绿色地纹，上涂深绿色云纹，间以四朵红色团花，又以白色在红花绿云上勾勒点画，整幅画面清新醒目，且有很强的装饰感。

外区施朱红色为底色，其上规律分布四个类似圆璧的图案，周围烘托以云纹。璧形图案将外区划分为四区，分别描绘四组极富故事情节的画面：谒见、对语、射猎、归游，共绘19个人物、7匹马、6棵树、1辆车，刻画细致入微，人物车马形象生动，神采飞扬，整幅画面色调明快朴素，构图疏密得当。镜缘选用汉代盛行的十六内向连弧纹，似光芒四射，于绚烂之中增添了几分厚重。

彩绘车马人物镜的四组人物与西汉晚期的画像石内容基本吻合，是古代现实生活的一个缩影。在布局方面，全部人物和动物都左向旋转，这也与西汉晚期画像石的方向相一致。据此，画面中的车马出行应该是回归，因为紧接着的人物就是迎归场面，一位佩剑者自左而右迎接来客，这又和长沙马王堆帛画迎候的形式完全一样。由此推断，左向而来的人物应该是墓主及其随从。第四组画像中，墓主已经高踞左侧上位，接受着晚辈或僚属们的拜谒了。全部图像显示的主题应该与死者有关。其中，车马是死者走向阴间的交通工具，拜谒图则是黄泉世界的使者代表"墓伯"或地下统治者欢迎死者的光临，狩猎和接受朝拜则是地下幸福生活的理想追求。这也是两汉画像石永恒不变的主题。设计这些生活题材的目的就是安慰死者，埋到地下后，不但不会寂寞，没有人照料，而且还会比生前的生活还舒适。可能生前并没有车子可乘，但死后既有宝马香车，也有狩猎这样的贵族消遣享受，还有宾客拜谒。

在素镜背上施以彩绘作为装饰的铜镜是彩绘镜，出土数量极少，属铜镜中的罕见品类。在我国古代铜镜发展史上，彩绘镜流行的时期甚短，目前能见到的实物也为数不多，且多集中在战国时期。西安红庙坡村出土的这枚西汉彩绘车马人物镜与战国镜风格迥异，不仅纹样布局、装饰手法大相径庭，而且在颜料的选用

① 傅嘉仪：《西安市文管处所藏两面汉代铜镜》，《文物》1979年第2期。

西汉彩绘车马人物镜

上也与战国相异。此镜的颜料选用矿物质原料，虽历经千年，出土时色彩仍旧鲜亮明丽，与同时期的帛画、彩陶相比毫不逊色。

西汉彩绘车马人物镜现藏西安博物院，2013 年被国家文物局公布为第三批永久禁止出境展览文物。

爬 龙

——中华青铜第一龙

1992 年 9 月 30 日上午，扶风县召公镇巨良村海家自然村村民解有娃给弟弟解有祥家填庄基，在土壕内取土时发现一件西周时期的巨型青铜爬龙。当时，解有娃不知何物，就抱回了家。下午，村民海万军又在他挖出青铜爬龙的地方下挖出了一件甬钟，另一村民则在距青铜爬龙出土约80厘米处挖出了两件甬钟。

当天下午，海家村出土文物的消息就传到了西安，文物贩子乘出租车已赶到村里。就在解有娃纠结是将爬龙卖给文物贩子，还是交给政府时，扶风县文化局长马俊义、博物馆馆长窦智礼等人乘一辆吉普车停在了村主任家，村主任赶忙迎上前去说："多亏县上同志来，要不我晚上是睡不着的，现在因文物出事的不少，前几天邻村有个村民挖出文物，与文物贩子谈好价钱，走到半路被抢走文物，把人推下了引渭渠，差点把命丢了。"马俊义接过话道："咱们这里干部群众觉悟就是高，文物一出土就给县上报告，这应归功于你啊！今晚还得依靠你，你想今晚睡好觉，我也想啊！"最后大家商定，先把解万军、解有娃等三位当事者叫来，避免人多嘴杂。

三位村民一进村长家，马俊义就对他们说："你们为国家立了大功，这文物在地下埋了三千多年，可偏偏让你们给发现了，这是缘分，也是福分，你们把文物交给国家，你们光荣，全村人光荣。"解有娃听后赶紧说，我正准备交公呢，你们来了，也省得我跑几十里路。随后，村民海万军也交出了甬钟。十多天后，国家给村上奖励了2000元，给解有娃奖励了500元，海万军140元。

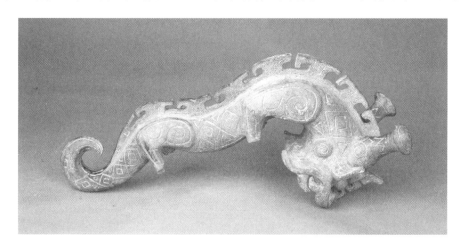

爬龙

这件西周早期的爬龙，是西周时代罕见的大型青铜艺术珍品。爬龙通长60厘米，重19千克，后来被鉴定为国家一级文物，现收藏于扶风县博物馆。龙身

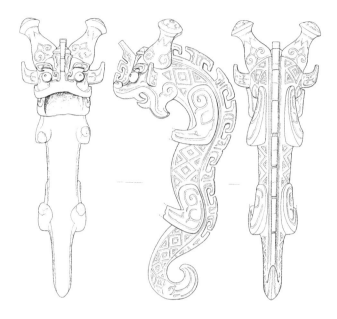

爬龙线图

呈S形，首部较大，腰部下垂，尾上卷，作爬行状。龙两角粗壮，对称向外斜出，双目圆鼓，呈短刀形突起，暴起龙睛，双耳上折，角顶上饰阴刻火纹，角柱上饰斜折线纹、弦纹及圆涡斜折线纹，面饰云纹。龙嘴大张，卷唇，上下齿相合，鼻梁斜挺，鼻翼呈二圆涡纹凸钉。龙身饰菱格纹。高挺的龙脊由尾直通顶部，随体呈曲线变化，四足呈钩状，其上饰云纹，显得苍劲有力。

龙四足本与它物铸接，现存残断痕迹，露出内部的泥痕。在其突起的龙脊内侧有一道从头到尾未打磨掉的范线痕迹。爬龙造型刚劲有力，其脊镂空处勾转的风格以及阴刻线纹折转之处，与商代晚期玉器的造型特点极似，可见青铜时代的艺术风格在不同材质上表现出的一致性。

从爬龙足部残断的痕迹判断，这件爬龙当为一特大型青铜器上的附件。这件爬龙与大保方鼎、成王方鼎鼎耳上对称之爬龙相近，别的器类上目前还未发现，可能是一鼎耳或附件。目前发现西周时期最大的铜鼎为淳化大鼎，高122厘米，重226千克，其耳部高也不过只有28.6厘米。而这件爬龙长达60厘米，可以想象，所饰这件爬龙的鼎又该有多大呢？难怪人们将这件爬龙称为"中国青铜第一龙"！若说它是其青铜器上的附件，如簋耳，现在也没有发现造型相似的例证。如此看来，装饰这件爬龙的青铜器，体积恐怕已远远超过了一般的西周青铜器。

以龙的形象作题材的遗存在考古工作中屡有发现。如 1987 年河南濮阳西水坡遗址上清理到一条白色蚌壳摆塑的"龙"形图案；1994 年在湖北黄梅县白湖乡焦墩遗址，清理到一条长 4.4 米的卵石摆塑龙；1995 年辽西阜新县色拉乡查海遗址，清理到一条长 19.7 米的红石堆塑龙。如此繁多的龙形的发现，说明早在新石器时代早期，先民就已有了崇龙的习俗。商周时期青铜器上这种特别巨大的龙的造型令人震撼！到秦汉时，龙的样子逐渐统一固定下来，直到今天，其模样都在此基础上进行加减、变衍和发展。上下数千年，龙已渗透在中国社会的各个方面，成为一种文化的凝聚和积淀，成了中国的象征、中华民族的象征、中国文化的象征。对每一个炎黄子孙来说，龙的形象是一种符号、更是一种血肉相连的情感！"龙的子孙""龙的传人"这些称谓，常令我们激动、奋发、自豪。龙的文化除了在中华大地上传播承继外，还被远渡海外的华人带到了世界各地，各国的华人居住区或中国城内，最多和最引人注目的饰物仍然是龙。因而，"龙的传人""龙的国度"也获得了世界的认同。

鎏金铜蚕

——丝绸之路的历史见证

1984 年 12 月 20 日，石泉县谭家湾农民谭福全像往常一样带着大儿子谭可宝、二女儿谭可春和三女儿谭可辉到池河边淘金。他们先在河岸边挖了一个两米多深的"金窝子"，开始淘取沙金。下午三点多，二女儿谭可春在沙篓里发现了一个金光灿灿的东西，仔细一看与家里养的蚕子一模一样，当时一同淘到的还有数枚五铢钱。

谭家淘到宝贝的消息很快就传遍了十里八乡，第二天，一名县领导在镇干部陪同下赶到谭福全家，查看了鎏金铜蚕，承诺联系省里专家来鉴定。临走时，县镇领导还反复叮咛谭福全要把鎏金铜蚕保管好，要求一不能丢，二不能卖。谭福全当即表示，如果鎏金铜蚕是文物，就把鎏金铜蚕捐献给国家。当天晚上，石泉县广播电台报道了挖掘出土鎏金铜蚕的消息。

石泉县广播电台报道了金蚕出土的消息后，好多文物贩子跑到谭福全家里来，要收购这件"宝物"，出价最高的达到了 8000 元。但谭福全一家人根本就没有卖金蚕的念头。谭家老小高兴了几个月，也忐忑了几个月。最后，谭福全决定到西安去鉴定一下金蚕。

1985 年 9 月 23 日，在时任石泉县计划委员会主任胡仕佳的引导下，谭福全

陕西历史博物馆鎏金铜蚕

从堂妹谭福兰手中借来 50 元路费，怀揣鎏金铜蚕搭乘车赶往西安，将鎏金铜蚕捐献给陕西省博物馆（今陕西历史博物馆）。省博物馆领导告诉谭福全，这枚鎏金铜蚕是一件非常有价值的出土文物。省博物馆的一领导得知谭福全借钱作路费的情况后颇为感动，还为他添了 30 元钱的路费。回到家里，谭福全长长松了口气说："交给国家就安心了。"

1986 年夏天，谭福全到石泉县城探视胡仕佳时，得知他上交给省博物馆的鎏金铜蚕经考古专家鉴定，为汉代遗物，以红铜铸造后施以鎏金工艺，在全国是首次发现，弥足珍贵①。

这枚鎏金铜蚕，长 5.6 厘米，胸高 1.8 厘米，胸围 1.9 厘米，全身共有 9 个腹节，呈昂首吐丝状，栩栩如生。头部中间浮雕 2 个圆眼，尾部翘起，腹部素面

---

① 李域铮：《石泉县首次发现汉鎏金蚕》，《文博》1986 年第 2 期。

无纹，刻工精致。历经两千年风雨，胸足、腹足、尾足完整无损。

鎏金铜蚕体现着中国先辈的智慧。鎏金是一种给金属表面涂金的加工工艺，这一技术在战国时期就已非常成熟，在汉代使用普遍。将金箔融化于汞，再涂于器物表面，经过加热汞会蒸发掉，金就贴于器物之上。

在中国历史典籍中，很早就有关于金蚕的记载，晋陆翙《邺中记》提到，永嘉末年，在齐桓公墓中发现"金蚕数十箔，珠襦、玉匣……不可胜数"；南朝梁任昉《述异记》中记载吴王阖闾夫人墓中发现"金蚕玉燕千余双"；北宋李昉《太平御览》中提到秦始皇帝陵里"以明珠为日月，鱼膏为脂烛，金银为凫雁，金蚕三十箱"……而这些史传笔记中所提到的"金蚕"究竟长什么样子，一直到这只汉代鎏金铜蚕的出土，才算有了实物佐证。

作为蚕丝的发源地，从史前到汉代，中国一直是世界唯一生产丝绸的国家。"鎏金铜蚕"的发现，说明汉代陕西汉中地区的养蚕活动已经形成了相当规模。张骞"凿空"西域之后，在汉代"丝绸之路"上向西方诸国输出的商品，也主要是丝绸。

"鎏金铜蚕"可谓丝绸之路在中外经济文化交流中纽带作用的标志，集中体现了中国古代养蚕缫丝技术和丝织品贸易在汉代中西贸易交流中的重要地位。2017年5月14日上午9点，国家主席习近平在"一带一路"国际合作高峰论坛开幕式发表的主旨演讲中提到了珍藏在陕西历史博物馆的"鎏金铜蚕"，见证了2000多年前先辈开辟丝绸之路的历史。

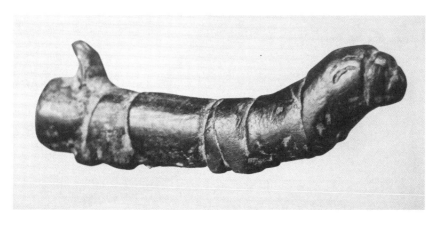

西安博物院鎏金铜蚕

西北大学博物馆鎏金铜蚕

此外，西北大学博物馆和西安博物院也分别珍藏一件鎏金铜蚕。西北大学博物馆鎏金铜蚕通长4.9厘米，最大直径约1厘米，重19.5克，保存非常完整。铜蚕首尾共九节，有8对胸脚、腹脚和尾脚，有一尾刺，嘴部的十字分界都淋漓尽致表现了出来。该铜蚕原本周身鎏金，因出土时间较早且经人把玩过，鎏金绝大部分已脱落，唯腹部及凹陷处还能看到部分残余鎏金。西安博物院鎏金铜蚕通长5.1厘米，有尾刺，首尾共六节，鎏金大部脱落，尾部有残余鎏金，为1974年西安北郊大白杨征集。陕西历史博物馆的鎏金铜蚕头胸部昂起，没有尾刺，似在吐丝；西北大学博物馆和西安博物院收藏的鎏金铜蚕呈柱状，有尾刺，是蚕的中壮年时代，尚未吐丝。

铜舞人

——古代地域文化交融的实物印证

1974年出土于宝鸡市茹家庄遗址出土一对男女铜舞人，男高17.9厘米，女高11.6厘米。男舞人出土于茹家庄1号墓乙椁室，呈立状，光头、圆脸，颧骨突出，额头较窄，眉细而弯，双目圆睁。鼻大而宽，两耳高过眼部。双臂弯曲，两手握拳一前一后置右肩前方，两手持有物。身着窄袖长袍，平领露肩，有一截下垂的交襟，腰束宽带。袍服下缘平齐，遮及足踝，前腹悬长条形蔽膝。女舞人出土于茹家庄 2 号墓，亦呈立姿，面部形象与男舞人相似，双耳显得更大，头顶硕大的三叉形发饰。袍服亦与男舞人相同，唯腰部无带。双手空握，左手上举，右手下伸，作舞蹈动作。铜舞人中空，背有钉孔，原来可能插在木座上。

舞人出土时放在棺椁之间头向处，与青铜礼器在一起，说明舞人决非普通装饰品，一般认为与祭祀有关。民族学相关研究表明，古代祭天地、祈丰年、求子孙之类仪式中都有巫觋之舞。从青海大通县马家窑文化彩陶盆上就已看到这种祭祀舞蹈的滥觞。商周时代舞仍是重要祭祀仪式，《周礼·春官·司巫》记"若大旱，则帅巫而舞"，在葬礼中则有方相氏之舞。舞还是周代士人必须学习的技艺，少学文舞，谓之舞勺，长而习武舞，谓之舞象。舞蹈成为普遍的用以抒发情感的艺术形式。《小雅·宾之初筵》即描绘了在祭祖、行射礼时人们喝醉了酒，"屡舞傞傞"的有趣情景。也有专家认为这些手里握物的立人像可能是祭司的形象，用来表现当时的宗教行为。至于双手中空成环状，似紧握着某项物品，有可能是玉琮、权杖等用以象征神权的圣物，也可能是祭祀用的物品。

古弢国的族属、文化源头等问题一直存在很多争议，铜舞人出土 12 年后的 1986 年，三星堆青铜大立人在二号祭祀坑出土，他的双手伸在胸前，似乎握着某件物品，看来正陶醉于一场盛大的祭祀仪式中。考古学家发现，弢国墓地出土的青铜人，双手也是极不成比例地握成一圈。青铜大立人与弢国青铜人似乎拥有着相同的身份。

两地出土的铜舞人很相像，尤其是持物的环形双手如出一辙，二者之间显然存在着一些联系。它们的区别在于三星堆铜人体量与真人同大，制作精美，神情肃穆，而茹家庄铜人则小而粗简，

男舞人

女舞人

面部表情较自然，这应该是北迁后被先进的周文化所融合，本族文化退化的结果，但宝鸡铜舞人已有男女之分。

有专家认为这些手里握物的立人像可能是祭司的形象，用来表现当时的宗教行为。另外三星堆铜人身穿左衽长袍，是古巴蜀人"披发左衽"形象的写照，茹家庄铜人的衣服为对襟式，细究则可归为右衽，明显是受华夏影响。小小的铜人身上蕴含着许多复杂的文化因素，还有更多的秘密有待揭开。

由于青铜材质比一般石头更加坚硬，再加上制作过程中以高温铜液浇铸器形的特性，让艺术家更能自由挥洒，创造出比石雕更为写实、复杂的人物造型和姿态，因此，在西方的近东、希腊、罗马等地区，青铜人像一直居于青铜艺术品的主流地位。然而，除三星堆遗址和弦国墓地外，在我国其他地区很少发现青铜铸造的人形造像，反映了文化的独特性。

青铜建筑构件

——我国古代雕梁画栋的前身

1973 年 5 月中旬，凤翔县石家营公社（今城关镇）豆腐村大队姚家岗生产队社员姚荣贵在村东南的土场挖土时，他的镢头抡下去后，感觉碰到了一件硬物上，沉重的铁镢被弹了回来，好奇心促使他慢慢地将周围的土刨了出来，一件布满绿锈的青铜器从土中露了出来。他估计这是一件古代的宝贝，便向当时的生产队长报告了此事，生产队长感觉此事重大，便立即派人到县文化馆报告。凤翔县文化馆曹明檀同志获悉后及时赶到文物出土现场，进行了抢救性发掘，发现了16 件青铜构件。

同年 8 月 23 日，姚家岗生产队的一匹马不治而亡，村民们把它拖到村南的土场内进行宰杀，分割马肉。村民侯建勤干活累了，就想坐在地上休息一下，谁知屁股刚一着地，他就"哎哟"一声从地上跳了起来，大喊一声："啥把我扎了一下！"大伙儿朝他刚坐的地上看去，一个尖尖的东西从土中露了出来，村民们立即围了上去，用手一刨，竟是与上次姚荣贵发现的青铜构件一模一样，两个出土地点相距约 10 米，村民们一口气在此挖出了 21 件青铜构件。第二天，生产队把这 21 件青铜构件上交给了凤翔县文化馆。

这两批青铜构件的出土，引起了文物部门的高度重视。1973 年 12 月至 1974年 1 月，陕西省文管会和凤翔县文化馆组成联合考古发掘队，对姚家岗村一带进行了钻探发掘，发现了一处建筑遗址，即姚家岗建筑遗址。在发掘过程中，考古工作者又发现第三处窖穴，出土了 27 件青铜构件，使发现的铜质建筑构件达到了 64 件。

这些青铜构件也称"釭"，或"金釭"，出土时，有些里面还残存有朽木，有些有"薄绢"的垫层，据此，推测这种铜质建筑构件是安装在宫殿枋木转角

青铜构件

处、壁柱或门窗上的构件，里面发现的薄绢应是为了插承紧密而使用的垫层。原始社会，先民们用绳索扎结固定木头交接处。西周时期，屋面开始施瓦，房屋的质量和本身的重量都有了大幅提高，扎结的方法已经不能适应建筑的需要，便产生了青铜建筑构件，在建筑物的枋、梁之间交结处，可以垂直连接，也可以水平连接，起着加固和装饰作用，集实用性和装饰性为一体。这是建筑史上的一大进步，也为以后木质结构之间榫卯结构出现打下了基础。姚家岗出土的这些青铜建筑构件填补了我国建筑史上的空白，在我国建筑史上起着承前启后的重要作用。

　　使用这种青铜建筑构件，一方面是为加强木构架结构强度，另一方面也是因为这些铜构件精美的纹饰，为室内空间增加了精美的装饰性效果。春秋战国时期木结构技术有了进步，釭逐渐演变为一种柱与梁的纯装饰方式。这些釭上通常有精美的纹饰，具有很强的装饰性。榫卯结构技术成熟后，釭不再是必需的建筑用品，但作为一种装饰性用品却保留了下来，并发展为一种专门的建筑装饰性用品。

文献中记载的关于室内木构架上使用青铜建筑构件多见于汉代。据《汉书·外戚传》载："而弟绝辛为昭仪。居昭阳舍，其……壁带往往为黄金工、函蓝田壁、明珠、翠羽饰之。"班固《西都赋》中记载："雕玉填以居楹，裁金璧以饰珰。""金釭衔璧，是为列钱。"可见，春秋战国及其之后的秦汉两代奢华的宫殿建筑物中，流行用金釭作为木柱或横梁的装饰。

姚家岗出土的64件青铜建筑构件根据不同用途铸造而成，有曲尺形、单齿或双齿方筒形、双齿小拐头形等10种形式。纹饰与当时青铜礼器相似，均有秦人独特风格的纹饰，其外露的两面饰有蟠螭纹，饰件的一端为尖齿形，可能象征兽嘴。有一面有2个小钉孔，用于固定所嵌入的部位。饰件器壁坚厚，纹饰繁密，不仅能加固木制对象，还可以起到装饰效果。除2件小拐头外，其余均为大件，都是中空方筒型，截面方形，有一个或者两个面为一端有三角尖齿；另外两面或三面则为"日"字形骨架。雍城遗址出土的青铜构件数量大、样式多，表面纹饰瑰丽，足以说明当时雍城内宫殿的规模宏大、装饰豪华。

雍城出土的青铜构件是我国迄今所发现最早的青铜构件，考古专家认为，这些构件是我国古代雕梁画栋的前身。中国国家博物馆、陕西历史博物馆、宝鸡青铜器博物院和凤翔县博物馆均有藏品。

人头銎内钺

——古代王权的信物

钺是中国古代一种两角上翘、具有弧形阔刃的劈砍兵器。《说文解字》里说钺是斧之大者，是由作为复合生产工具带柄穿孔石斧发展而来的，在殷墟出土的早期甲骨文字中，王字写法有的像斧钺，王字字形系后来逐渐演变，距原来所象之物越来越远，但即使在后来的金文中，王字下面一横也有写作月牙形，正是钺刃口之象。"虢季子白盘"铭文中有"赐用戊（钺），用政（征）蛮方。"正因为钺是代表王权的信物，所以在后世帝王出巡的车驾中，也载以斧钺，以象征君王的威严。钺自古也用作仪仗，一直沿用到清朝末年。

1976年，宝鸡市竹园沟13号墓出土一件西周早期人头銎内钺。通长14.3厘米，刃宽7.8厘米，内长2.6厘米，内宽3.3厘米，銎径2.2~2.6厘米，重0.45千克，现藏宝鸡青铜器博物院。人头銎内钺作长方体，舌形刃较宽，銎内两端出齿作两肩。钺刃后部饰对称的两兽头，本部饰蛇纹。蛇昂首、屈体。钺体两侧有对称立虎，虎回首与钺两肩相连，卷尾与舌刃两端相接。虎身矫健，充满活力。内部两侧饰蛇首，蛇身屈于銎口之上。銎上齿端接有人头。人头中空，内有秘和钺身相连。人首为短方脸，面部微下凹，下颚突出，隆眉，双目竖起，短鼻，圆鼻头，大口微微张开，颈部有方孔可插秘，出土时钺銎内还残存一段木秘。

人头銎内钺线图

此钺人头圆宽，额前有刘海，脑后有发辫，8个发结清晰可见。人面部表情憨厚朴实。该钺华丽精美，更像是一件艺术品，而非实用的兵器。其面部有典型的西南人种的特点，辫发则是西南、西北地区羌人的特有习俗，这在《史记·西南夷列传》《魏略·西戎传》等书也有明确记载。另外，钺上所饰虎纹也是一种地域文化的标志，以虎纹装饰的兵器流行于陇东、宝鸡西部、汉水流域、巴蜀直至云南这一线，这种纹饰的源头还有待探讨。钺是杀伐权力的象征。《礼记·王制》记载："诸侯赐弓矢而后征，赐铁钺而后杀。"人头銎内钺出土于宝鸡竹园沟13号墓，墓主为一代强伯。商代的人虎主题多出现在青铜礼器上，到了西周时期，则多出现在兵器和车马器上。

杜虎符

——现存最早的一件调兵凭证

1975年冬，西安市郊区山门口公社（今西安市雁塔区电子城街道办）北沈家桥村一位少年杨东峰在村西平整土地时，无意中用铁锹挖出了一个拳头大小的金属疙瘩。当他把外面的泥土弄掉之后，露出了一件动物形状的铜质器物，有头有尾有腿，样子像猫又像虎。于是杨东峰就把它放在衣服口袋里带回了家，想拿去当废铜卖。但废品收购站的人说这东西太轻，值不了几个钱。杨东峰只好把它拿回家，随手扔在自家院中的窗台上。此后两年多的时间里，这只"铜老虎"整天被孩子们拿来做游戏。

这个小铜块被孩子们玩得时间长了，上面的泥土渐渐脱落，可以看出这是一只老虎的形象。后来，杨东峰发现"铜老虎"身体上渐渐露出了金黄色的文字。杨东峰想弄清楚这个东西的来历，就揣着这件神秘器物来到西安市文物商店，文物商店的人员无法鉴别这个器物，就让他到博物馆看看。

1978年11月30日，杨东峰来到了陕西省博物馆（今陕西历史博物馆），考古专家戴应新先生接待了他。戴应新先生仔细研究了"铜老虎"身上的铭文后认为，这是一枚战国时代的虎符，是一件非常有价值的稀世珍宝。当时杨东峰仅仅要求换一套红卫兵穿的军服，但博物馆没有军服，就给了他几十元钱。

　　杨东峰发现的这件虎符为左半符，虎作走形。根据其出土地名称，专家将其命名为杜虎符。符长9.5厘米，高4.4厘米，厚0.7厘米，正面突起如浮雕，背面有槽。虎身有错金铭文9行40字，器物铭文是在虎身镂刻阴文，再将金丝嵌入阴文之内，最后镂平打磨光亮，虽历经两千多年，仍熠熠闪光。字体大多为小篆，规整挺秀。

杜虎符

　　铭文大意为：这个兵符，右半存于君王处，左半在杜地的军事长官手中，凡是调兵超过50人，杜地将军的左符须与君王的右符契合验证无误，才能调兵行动。但如果遇到点燃烽火紧急情况，可以不必会合兵符即可行动。

　　从铭文看，这件虎符被掌握在杜地的军事长官手中。杜即是周代的杜伯国，秦武公十一年（前696年）成为秦国的杜县，在距虎符出土地北沈家桥村约2公里处，如今还有杜城村村名沿用至今。杜虎符出土地名为"南关道"，为北高南低高约 2 米的缓坡，符出土于坡坎半腰，距地表 30 厘米，当时地面上还散布着不少秦汉绳纹瓦及陶容器碎片。

杜虎符被发现的信息于 1979 年一经发布，立刻引起了海内外学术界和社会各界的重视关注。罗福颐等专家提出质疑，认为杜虎符系伪作。为此，戴应新先生专程到出土现场作了详细调查，找有关人员进行了座谈，专门撰文回答了有关学者的质疑。① 陈尊祥先生也曾专门撰文对罗福颐《商周秦汉青铜器辨伪录》中的几点论据进行了反驳。②

关于杜虎符的铸造年代，马非百先生认为惠文王更元称王，而此前的十三年皆称君，杜虎符铸于此间；③ 陈直先生认为，符上的"君"为始皇弟长安君成蟜，此符当为始皇八年以前之物，与新郪符时代相当；④ 朱捷元先生认为在秦惠文君称君的十三年间，即公元前 337 年至前 325 年；⑤ 胡顺利先生认为在称王前的十二年内；⑥ 曾维华先生认为杜虎符铸造年代的下限在惠文君十三年四月戊午，即公元前 325 年四月戊午日为妥。⑦ 2018 年初，中央电视台《国家宝藏》栏目对杜虎符进行了重点介绍，使杜虎符再次成为公众瞩目的青铜国宝。

"符"是中国古代常用的一种信物，一般分为两半，两半相合，就能作为办理某类事务的定约和践约的凭证。现代汉语中，"符合"一词及来源于此。战国、秦汉年间盛行虎符，地下出土和文献记载颇多，虎符是古代帝王授予臣属兵权和调兵遣将的信用物，多为伏虎形。《史记·孝文本纪》载："九月，初与郡国守相为铜虎符、竹使符。"应劭曰："铜虎符第一至第五，国家当发兵，遣使者至郡合符，符合乃听受之。"张晏："符以代古之珪璋，从简易也。铜，取其同心也"《索隐》曰：《汉旧仪》铜虎符发兵，长六寸。《说文》云符分而合之。

① 戴应新：《秦杜虎符的真伪及其有关问题》，《考古》1983 年第 11 期。
② 陈尊祥：《杜虎符真伪考辨》，《文博》1985 年第 6 期。
③ 马非百：《关于秦国杜虎符之铸造年代》，《史学月刊》1981 年第 1 期。
④ 陈直：《秦兵甲之符考》，《西北大学学报》1979 年第 1 期。
⑤ 朱捷元：《秦国杜虎符小议》，《西北大学学报》1983 年第 1 期。
⑥ 胡顺利：《关于秦国杜虎符的铸造年代》，《文物》1983 年第 8 期。
⑦ 曾维华：《秦国杜虎符之铸造年代考》，《学术月刊》1998 年第 5 期。

师古云："右留京师，左与之。"

虎符最早出现于春秋战国时期，当时采用青铜制成。从汉开始至隋朝之前，则为铜质，骑于中缝，只有合符后，才可通读。后来，兵符的形状有所变化，不再是老虎形状，改为麒麟的形状。唐代则改用鱼符或兔符，后又变为龟符。南宋时恢复使用虎符，元朝则用虎头牌，明清时逐渐演变成令牌，动物形状的兵符退出了历史舞台。

虎符的收藏和拓本较多，清代张燕昌《金石契——附石鼓文释存一卷》录乐安王、临袁侯符各一枚，吴云《两罍轩彝器图释》录张掖虎符、晋城邑男虎符各一枚，刘喜海《长安获古编》录有汉广阳虎符一枚，阮元《积古斋钟鼎款识》录南郡铜虎符、新莽武亭连率虎符各一枚，翁大年《古代兵符考略残稿》录汉上党守虎符、汉东莱太守虎符、汉酒泉太守铜虎符各一枚，施蛰存《北山集古录》录汉上郡太守虎符一枚，罗振玉《历代符牌图录》录有汉桂阳太守虎符、汉常山太守虎符、汉张掖太守虎符、汉渔阳太守虎符、汉长沙太守虎符、汉东莱太守虎符、汉广阳虎符，及新莽厌戎郡虎符、河平郡虎符、敦德郡虎符等，王国维《观堂集林》录有秦阳陵虎符、秦新郪虎符，马衡先生《北魏虎符跋》列有八件，可惜未见实物图形。新中国成立后各地也发现了不少秦汉时期的虎符，如秦金虎符、汉杜阳虎符、汉齐郡太守虎符、西汉堂阳侯错银铜虎符、西汉鲁王虎符等。

铜车马
——青铜之冠

在秦兵马俑发现之后，围绕秦始皇帝陵和兵马俑的考古钻探工作一直没有停息。1978 年六七月间，秦始皇陵考古发掘队的专家组织考古训练班的学员在秦始皇陵附近勘察。一天，秦俑考古队的程学华带领学员到秦陵调查，上午 10：

30 左右，队员杨续德从深入地下 6 米多的探铲中发现了一个手指头蛋大小的金泡，他急忙向现场指挥程学华做了汇报。程学华凭多年的考古经验一看便知这是一个车马饰件金泡，急忙问在哪发现的。程学华跟杨续德来到探孔处，详细察看了金泡出土的位置，拿起探铲再次伸入地下，一个银泡和一片金块显露出来。凭着多年考古所得的知识和经验，他预感到地下埋藏的可能是一件稀世之宝。当最后一块金丝灯笼穗出现在眼前时，他推测地下可能就是铜车马。

程学华当即将出土器物用手帕包好，急匆匆赶到秦俑博物馆馆长杨正卿的办公室汇报。为确切地证实铜车马的存在，杨正卿又找来袁仲一等专家进行辨别，结论完全同程学华所推断的一样。杨正卿立即将情况上报，同时又让程学华回陵园进一步钻探。

根据钻探情况，考古人员继续向下发掘，当挖到 7 米深的时候，先后发现了金泡、银泡、短剑、盖弓帽等车马饰。后又在其他地方钻探，探铲带上来一小块铜片，约有半个不掌那么大，上面有花纹。经过钻探很快便探明了基本情况，此处是一个大型陪葬坑，平面呈“巾”字形，长、宽各 55 米，总面积 3025 平方米，为秦始皇陵的一个车马房，里面储藏着金银装饰的铜车马。①

铜车马的发现立即引起各级领导和广大考古工作者的重视，国家文物局副局长孙轶青、中国社科院考古研究所副所长王廷芳专程赴陕考察铜车马的出土情况。时任陕西省委书记马文瑞、省长于明涛与孙轶青、王廷芳等人还专门就铜车马的提取、保护、修复等问题专门向中宣部等主管部门写了请示报告。中宣部等部门很快批示：迅速将铜车马迁移到秦俑博物馆，抓紧修复，并就地陈列展览。②

1980 年 10 月中旬，国家文物局局长任质彬来陕考察工作，10 月 15 日上午，任质彬局长在陕西省文物局局长杨达的陪同下来到秦俑博物馆视察，在听取了杨正卿馆长关于秦陵地区发掘工作的汇报后，任质彬仔细观看了陵西车马坑出土的金银构件，并对考古发掘工作提出了要求。

---

① 田静：《秦铜车马》，三秦出版社，2003 年。
② 杨正卿：《秦陵二号铜车马的发现》，《考古与文物丛刊第一号秦陵二号铜车马》1983 年 11 月。

铜车马发掘现场

　　为了进一步探明秦始皇帝陵园的布局和地下埋藏情况，陕西省考古研究所秦始皇陵考古队决定对陵区周围进行全面的钻探和普查。1980 年 10 月 24 日，考古人员开始对其中的一部分区域进行复探，复探工作由程学华负责。考古技术专家丁保乾带领 6 个技工从程学华先生确定的范围进行钻探，8 位考古工作者用了 3 天时间，就把坑的形制、隔梁位置、宽度、厚度等情况钻探清楚了。当他们在北部编号为第 5 过洞的探方内钻探作业时，发现有一个探孔打下去会出现探铲反弹现象，而且铲头什么也带不上来，考古人员估计可能碰到什么东西了。同一天，另外一个 6 米深的探孔内探上来几件青铜车马饰件，其中有一件长约 10 厘米的小铜棒，前端有一小圆孔。为了弄个清楚，丁保乾把发现的小铜棒用麻纸小心翼翼地包好，拿去问考古队的专家王玉清先生，王玉清看过后认为可能是车辕。丁保乾不解地问，如果这是车辕，那车得多大点呀！王玉清先生解释说，当时发现的铜车大多是二三十厘米，也没多大。

　　11 月 1 日，考古队员又在第二过洞一个 6 米深的探孔内带上来一件小金泡。金泡的形制和花纹与第五过洞发现的金泡完全相同。11 月 2 日，探孔全部打完。整个复探工作先后进行了 8 天时间，可以基本确定此处是一个车马坑，里面埋藏有大型车马。根据复探结果和对安全方面的考虑，考古队决定在北边的第一个过洞进行试掘。

11月3日上午，试掘工作正式展开。袁仲一和程学华根据钻探的情况，作了周密的计算，在铜车马的覆盖土层上划出一个长方形图路，让钻探小分队队员依照图路下挖。考古队从附近的岳家沟生产队雇了10位民工，当天就挖了50厘米。当考古人员挖至地表下2.4米深的时候，发现了一块完整的秦砖。再往下挖到4米深时，发现了棚木朽迹和下面的木椁。这些棚木和木椁年久腐朽后塌陷，压垮了里面的器物。考古人员只好按发掘程序一层层、一点点，认真细致地清理。

12月3日，在清理至5米多深的五花土中发现了青铜残片，考古人员轻轻剥去上面的土块，一个青铜车盖渐渐显露了出来。紧接着，露出了一个青铜马头，不久又露出了一个青铜俑。最后，两辆大型彩绘铜车，及8匹铜马、2个铜御手在7.8米深的地下逐渐显露出来。

两辆青铜车马埋藏在地面7米以下，一前一后置于同一木椁中，前面的一辆称为1号车，后面的一辆称为2号车。两辆铜车马出土时均已被压碎，1号车破碎成1325片，2号车破碎成1685片。为了便于更细致地清理和确保文物安全，考古人员决定将两乘铜车马在不改变出土现状的情况下，全部移入室内进行清理修复。考古人员先在铜车马四周挖出几条深达10米的宽沟，用木板将铜车马连同1米多厚的土层包裹起来，组成4个大型木箱。然后，将一个特制的特大钢板簸箕用吊车放入坑中，用千斤顶将钢簸箕一点一点地从铜车马的底层顶进去，使整个木箱进入簸箕，最后用吊车将夹裹着铜车马的木箱吊起来装入载重汽车的挂斗，小心翼翼地运往秦俑馆。

1981年1月，2号铜车马清理工作开始，修复组由秦俑考古队的杭德洲、袁仲一、程学华、柴忠言等及秦俑博物馆的吴永琪、杨廷龄与黄河机械厂的师傅夏文干、毛明富十多人组成。[①] 1983年10月1日，经过近两年的修复，2号铜车马修复完成，正式公开展出。1986年12月，1号铜车马开始修复；1988年4月30

---

① 陕西省地方志编纂委员会：《秦始皇帝陵志》，三秦出版社，1997年。

日，1 号铜车马修复完成，与 2 号铜车马一起公开展出。

铜车马 1 号车

1 号车通长 225 厘米，高 152 厘米，重 1061 千克，由 3064 个零部件组成。辕长 183.4 厘米，舆广 74 厘米，进深 48.5 厘米。舆的前、左、右三面立有栏板，前端有轼，后面有车门。舆内立"十"字形伞座，座上插一长柄铜伞，铜御官俑立于伞下。车上备有铜弩、铜箭、铜盾等兵器。

2 号车的车舆与 1 号车迥然不同，1 号车是敞篷的，2 号车却是密闭的车舆。1 号车属立乘，乘员一般是站着的，2 号车通长 3.17 米，高 1.06 米，比一号车重，达 1241 千克，由 3462 个零部件组成。分为前后两室，前室是御手坐的地方，面积狭小，有跽坐俑一个；后室是主人乘坐的地方，平面近似方形，车舆上部有一椭圆形的篷盖，把前后两室罩于篷盖之下。前室的舆、底同样有四轵，其左右侧和前面立有栏板。

两乘车均为单辕双轮，前驾四匹马。1 号车又称立车、戎车或高车，是驾驶人站着驾驶的一种车，是从过去的戎车，即作战用的车发展来的。1 号车上载有兵器，既可用作狩猎，也可用作安全守卫，为礼制上的"征伐"之象征。2 号车又称安车、辒辌车，为驾驶人坐着驾驶，前面有一个车厢半封闭，是驾车区；后

铜车马 2 号车

边还有一个封闭的车厢，是乘坐区。与 1 号车相比，更舒适宽敞，车厢上的篷盖，四周围蔽，前面及两侧均有窗。之所以叫辒辌车，是因为后面的车厢带有窗户，达到冬暖夏凉的效果。冬天关上窗户，可以保温；夏天打开窗户，可以通风。按照历史文献记载，这种车通常是身份比较高的贵族乘坐。秦始皇在出巡时，可能就是乘坐这种车。

两乘车均为方舆圆盖，车辐 30 根，车辕弯曲上翘，两位御官俑身穿长襦，头戴鹖冠，腰际佩剑，两眼平视前方，全神贯注。从装束来看，与秦俑坑中的将军俑完全一样，反映出御者的地位很高。

铜车马主体为青铜所铸，一些零部件为金银饰品。在塑形方面使用了圆雕、浮雕、錾刻、磋磨、冲凿等工艺。在铸造方法上，根据构件的大小、薄厚以及不同的形状，使用了多范合铸法、红套铸法、接铸、嵌铸、包铸等方法。如 2 号铜车马的椭圆形车盖，大径 178 厘米，小径 129 厘米，厚度仅 0.1～0.4 厘米，整体用浑铸法一次铸出，先将车盖浇铸成形，再经加热锻打成形。不要说在两千多年前，就是现在要铸成这么大而薄、均匀呈穹隆形的铜件也非易事。大型厚壁或长杆型铸件，则采用空心铸造，既减轻了重量，也节省了大量金属，还避免了铸件疏松、受热产生裂纹等缺陷。一些复杂构件则分解成简单的构件分别铸造，再合成一个完整的构件，这是秦代工艺的一大创新。

铜车马的连接工艺有套接、焊接、粘接、铆接、子母扣、纽环扣接、活页连接、销钉连接等，活页连接主要用在 2 号车上的门扇与门框、窗扇与窗框的连接上，活页的结构与现代活页几乎完全相同。子母扣加销钉连接方法在剃绳、辔绳、缰绳等鞁具上被广泛应用。制作时先把两个小构件的一端分别加工成凹凸状，再把一个小构件的凸状端插入另外一个小构件的凹状一端，使两个小构件完全契合，再在契合处加上一个销钉使之完全连接在一起，但又有一定的活动空间。至今，铜车马上的各种链条仍转动灵活，门、窗开闭自如，牵动辕衡，仍能载舆行使。

铜车马通体彩绘，以白色为底色，以红、紫、蓝、绿、黑等色彩为辅助，图案多为变形夔龙、夔凤、流云、菱形和几何等纹样。彩绘时所用颜料均为用胶调和的矿物颜料，利用胶的浓度塑造出立体线条。如今乳白的底色大都脱落，但盖内、车门内外、前窗及厢外等处的纹饰依然清晰。

铜车马的艺术造诣令人叹为观止，工匠们把它塑造得形象逼真，栩栩如生。四匹马劲健有力，马口微启，鼻孔大张，每一个部位都雕刻得准确有力，就连鬃毛和牙齿都塑造得活灵活现。驭手作跽坐姿势，头戴鹖冠，身穿长襦，脑后梳扁髻，腰际佩剑，从臂前举，目光下视，面部略带微笑，全神贯注地驾车。雕塑者把驭手志得意满又是仆人身份的双重心理刻画得非常成功。

铜车马的车、马和俑大小相当于真车、真马、真人的二分之一，为 20 世纪考古史上发现的结构最为复杂、形体最为庞大的古代青铜器，被誉为中国古代的"青铜之冠"。

青铜器的主要纹饰

　　铜器上的纹饰是青铜礼乐器和仪仗兵器上常见图案，通指装饰纹样的总体，也指主题浮雕和线刻的"地纹"。纹饰是青铜器的灵魂，不仅是对青铜器的装饰，还是古代统治阶级意识形态、宗教观念和礼法制度的反映。青铜器纹饰在不同时代有各自的风格特点，这也是青铜器分期断代的重要依据。夏至商代中期，纹饰以几何纹、连珠纹为主。商代晚期至西周中期的纹饰以饕餮纹（兽面纹）和夔龙纹、凤鸟纹为主，并在主纹饰间充满云雷纹做地纹。西周中期至春秋中期多见大波曲纹和重环纹、窃曲纹，当这些纹饰开始盛行时，云雷地纹就渐渐减少了。春秋中期至战国多见蟠螭纹和雕刻的写实人物陆战纹饰。从饕餮纹到写实人物纹饰的变化，可以看出由宗教的狂热向现实主义观念的转变。当然，这些纹饰的变化都是渐进的，与器物的造型变化相对应。

陕西出土的青铜器纹饰题材丰富，包括自然物象、动植物纹、几何纹、人类活动等，其中以动物纹和几何纹为主。动物纹主要是以动物为原形而进行的动物图案装饰，大致可以分为动物纹和想象动物纹，主要有兽面纹、夔龙纹和鸟纹三大类。这三类纹饰普遍存在于青铜器上，在各类纹饰中处于主导地位。

几何纹是由几何形的图案组成的有规律的纹饰，纯属形式上的变化和结构上的美感。这种纹饰在原始社会的彩陶上早已出现，在兽面纹、龙纹盛行的时代，几何纹只能作为主纹的陪衬或地纹使用，只有在这些纹饰衰退的时代，各种形式的几何纹才不断出现。春秋战国之际，几何纹作为主体纹饰已屡见不鲜，几何主要有云雷纹、弦纹、网纹等。

兽面纹（饕餮纹）

青铜器上的兽面纹出现在夏代。兽面纹在商代青铜器纹饰中地位最显赫，不仅如此，也是含义最神秘、结构最成熟的纹饰。其运用最为普遍，沿用时间最为长久。西周早期青铜器上的兽面纹基本上继承了商代晚期的风格，仍在青铜器装饰花纹中占主导地位，构图多富变化，但写实性不如商代晚期，线条显得更加柔和。同时，作为底纹的云雷纹减少，纹饰不那么繁缛，而显得疏朗。

在西周早期的青铜器上出现了一种简朴式的风格，将兽面纹作为一条纹带置于铜器口沿下，兽面纹的线条简洁洗练，地纹也往往被省略，这种风格的兽面纹多见于成康时期的青铜器上。如康王时期的大盂鼎。昭王时期的青铜器又出现了极为华丽的兽面纹，器身通体饰兽面纹，以雷纹为地，兽面曲躯舞爪，主体如双角及躯干等部位增饰了很多齿状或钩状的精致花边，使纹样在庄严神秘中增添了几分富丽的气派，体现出这个时期的风尚。角型中牛角兽面纹明显增多，其他角形少见。这一时期新出现了一种长垂角的兽面纹，兽角宽大粗壮，从兽额向上，到达上栏，平折，然后向下，一直垂到下栏，尖端又钩曲上卷，占据了兽面的主要部位，这种兽面纹是西周早期特有的，商代晚期还没有发现。西周中期青铜器装饰艺术由神秘诡异向质朴无华、简洁明快的方向发展，构图以连续式代替了传统的对称式，繁缛富丽的满身花纹向简洁明快的条带状花纹发展。兽面纹完全失去了往昔威严、神秘、雄踞器物中心的资格，逐步蜕化成为极为粗犷的变形兽面纹。整个兽面纹除了兽目可辨别外，兽面纹的躯体已经被分解变形，呈条带状，由一些毫无意义的横向或纵向的勾曲粗线条组成，不求形似，兽目蜕化成两个小圆圈，丧失了早期的神采，口、眉、爪子全部消失。只有极少数兽面纹虽然保留了早期兽面纹的式样，但变得简单，纹饰比较粗疏，有些变形，多不施雷纹地。西周中晚期以后，复杂的兽面纹变得浑朴简小，由器物的主体退居到鼎、鬲等

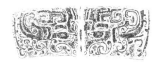

主要兽面纹饰样式

器物的足部，成为附饰，如大克鼎的鼎足。此后，作为器身的纹饰逐渐淡化，最终退出了历史舞台。

兽面纹也称饕餮纹。饕餮为传说中的一种贪吃的恶兽，古代钟鼎彝器上多刻其头部形状作为装饰。《吕氏春秋·先识览》载："周鼎著饕餮，有首无身，食人未咽害及其身，以言报更也。"在中国古代神话中，饕餮是四凶之一。传说黄帝战蚩尤，蚩尤被斩，其首落地化为饕餮。杨慎《升庵集》载："饕餮好饮食，故立于鼎盖。"

这类纹饰是各种各样动物或幻想中神兽头部的正视图案，商代至西周时常作为器物上的主题纹饰。最早注意到这类兽面纹的是北宋时期的金石图录，如《宣和博古图》指出，这种兽面纹就是《吕氏春秋》等书中所谓的饕餮，从此，这个名称在铜器研究中一直沿用到现在。但青铜器中的许多此类图像纹饰，不仅有首，而且有身，这显然与古史中记载的所谓"有首无身"的饕餮不符。李济先生不赞成用饕餮这个名称，统称为"动物面"。张光直先生称为"兽头纹"，有单头和连身之分。马承源先生称为"兽面纹"，以角的区别划分类型。

兽面纹形状说法不一，有说是牛、羊、虎、鹿、山魈……在诸说之中，饕餮

1. 目　2. 眉　3. 角　4. 鼻　5. 耳　6. 躯干　7. 尾　8. 腿　9. 足

饕餮纹构成示意图

为虎的说法最多。许多从事原始文化与艺术研究的学者认为，饕餮纹是虎纹的夸张变形。在古代，虎亦为很重要的通天神兽，巫师乘虎的造型在后世文物中多有

出现。而在中国文化历史长河中，在"龙凤"崇拜之前，曾有过一个相当长的龙虎崇拜的阶段，龙虎斗图案造型在东周至西汉时代大为盛行，其中尤以马王堆汉墓出土的龙虎相斗图最为精美，气势不凡。古人认为虎为阳兽，"云从龙，风从虎"，龙虎相斗表示阴阳交合。

北宋吕大临在《考古图》中首次将"饕餮纹"与兽面纹相对应并探讨其意义，但饕餮纹究竟是否与兽面形象对应，至今还存在诸多争议，也有人将鸟纹、夔龙纹等纹饰纳入饕餮纹体系之下。有学者认为，兽面纹并不是代表一种动物，而是各种猛兽综合形成的凶恶动物形象。张光直先生说"青铜便是政治和权力"，认为这些动物纹样不是为了威吓，而是为了与神沟通。陈公柔、张长寿先生认为，青铜器上的兽面纹装饰可能源于二里头文化，最原始的形式只是一对圆泡状乳钉，以表示兽面的双目，后来逐渐增添鼻角口耳眉，成为器官齐备的兽面。眼目是兽面纹的主体，由于兽面纹一般只见有双目，应当源自史前的眼睛崇拜。

兽面纹的特征：以鼻梁为中线，两侧作对称排列，成兽面形象，大眼、有鼻、双角，通常没有下唇。也有的是两个夔纹对称排列。

兽面纹主要装饰对象：几乎所有种类的青铜器都以兽面纹为饰，鼎最为突出。青铜鼎除了作为实用器之外，还有一个重要用途，就是作为礼器使用。兽面纹大都以夸张的兽面、简洁的线条来修饰器物，相信这同当时人们的宗教信仰和社会宗法制度有着密切的联系，这也是研究古代中国的社会、经济与宗教的主要依据。

饕餮是天地的媒介、人神相通的使者，象征着权力。甚至可以说就是他们崇拜的鬼神。青铜艺术的狞厉之美主要来自铸刻其上的动物纹饰，特别是那长睛大耳、大口獠牙的被称作饕餮纹的兽面纹。《左传》载："铸鼎象物，百物而为之备，使民知神奸。"这说明青铜纹样的狞厉之美的社会意义大于审美意义。

西周中期，动物纹饰退出了青铜器装饰主纹的领域。但与饕餮纹同时出现在青铜器上的几种动物纹样，如龙、虎、凤、龟等，在以后的文化演变中大量出现，成为中国文化中最具盛名的吉祥物和艺术表现主题。"饕餮"这一青铜时代的主题，逐渐退出了历史舞台，"龙"后来登上了中国文化与政治象征的最高宝座。

夔龙纹（龙纹）

夔龙纹也叫夔纹，是仅次于兽面纹的纹饰，在兽面纹逐渐衰落后，夔龙纹一度成为青铜器上的主体纹饰，盛行于商和西周前期。商的夔身短，作单独纹样构成的较多，多表现为屈曲的形态；西周的夔纹身长，通常做成二方连续纹样，或几条龙相互盘绕。

容庚先生首次系统明确地将"夔纹"划分出一类商周青铜器纹样研究。在《商周彝器通考》《殷周铜器通论》中，容庚先生将"像龙的形态，有一角和一足"的动物纹样称为"夔纹"，并进一步划分为若干类型。容庚先生对青铜器纹饰所进行的系统分类和定名的开创性工作，为纹饰研究定下了基调，此后学者便将夔纹视为与龙有关的纹饰。

由于"夔"在观念中是像龙的一种动物，其最突出的形状特点是"仅有一足"，所以人们就将青铜器上这类仅有一足的动物纹样称为"夔纹"，后来连带着二足、无足的不能辨识的动物形象也都被冠以"夔纹"的名称，并且自然而然地被作为龙纹的一类。可以看出，不论是初始时"像龙的动物"还是成为共识的"龙形的一种"，"夔纹"所指代的动物形象都离不开"龙"这一现实生活中不存在的神话动物。

对夔的描述最早见于战国初年成书的《山海经·大荒东经》："东海中有流坡山，入海七千里。其上有兽，状如牛，苍身而无角，一足，出入水则必有风雨，其光如日月，其声如雷，其名曰'夔'。"《说文解字》中对夔的解释为："夔，神魅也，如龙一足。"可知，夔并非龙。

夔龙纹主要在饕餮纹两旁，有时也作为主要纹饰。夔纹按图案结构分，可分为两头夔纹、三角夔纹等。两头夔纹构成为一身两头，头一般作颠倒相向，有的两头相同，有的两头相异，通行于商代。三角夔纹中两夔纹相对，空间饰

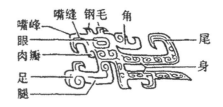

夔龙纹示意图

以雷纹，主要装饰在鼎的腹部、爵尊的尾部。这体现了似形的艺术风格。商朝前期龙纹、夔纹和饕餮纹一样为单层装饰。商朝后期以回纹作底，更突出其庄重、肃穆之感。

龙纹是中华民族最吉祥、最神圣的纹饰，图案取传说中龙的形象。龙是古代神州传说中的动物。一般反映其正面图像，都是以鼻为中线，两旁置目，体躯向

龙纹

两侧延伸。若以其侧面作图像，则成一长体躯与一爪。龙的形象起源很早，但作为青铜器纹饰，最早见于商代二里冈文化期，之后商代晚期、西周、春秋直至战国，都有不同形式的龙纹出现。龙在古人心目中的形象是多种多样的，因此纹饰也各有不同，按图案结构分，有爬行龙纹、卷体龙纹、交体龙纹（盛行于春秋战国）、双体龙纹、两尾龙纹等。

爬行龙纹：青铜器上的装饰纹样之一。通常为龙的侧面形象，作爬行状，龙头张口，上唇向上卷，下唇向下或向上卷向口里，额顶有角，中段为躯干，下有一足、二足或仅有鳍足之状，简单的也有无足的，尾部通常作弯曲上卷，大多作对称排列，盛行于商末和西周时期，体现了似形的艺术风格。

卷龙纹：青铜器上的装饰纹样之一。龙的躯干作卷曲状，首尾相接，或者呈

螺旋蟠卷状，常饰于盘的中心。《仪礼·玉藻》载："龙卷以祭。"郑玄注："画龙于衣。"孔颖达疏："龙卷以祭者，卷谓卷曲，画此龙形卷曲于衣，以祭宗庙。"古以为龙、蛇属于同类，故把龙画作蛇身蟠卷状。自殷商到战国各个时期的青铜器上都有这类装饰，只是图像结构有所不同。

　　双体龙纹：亦称"双尾龙纹"。青铜器上的装饰纹样之一。其状以龙头为中心，躯干向两侧展开，这类纹饰呈带状，因而体躯有充分展开的余地，实际上是龙的整体展开的对称图形。盛行于商末周初。大多施于方彝或方鼎口沿上。

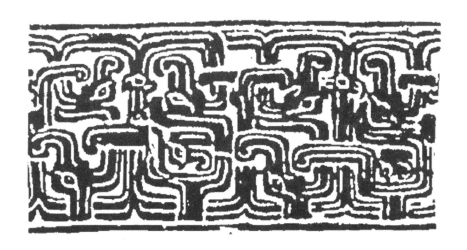

蟠螭纹

　　龙纹的形象不是在青铜器上才出现的，早在新石器时代就已有龙的萌芽。在青铜时代，龙的真正形象出现了。它是多种动物形象的综合体，是一种经古代人民创造性想象而产生的怪异而神秘的动物形象。它最初的原形主要是以蛇为主，因为在中国古代有龙蛇互化之说，即"龙或时似蛇，蛇或时似龙"。蛇是中华民族的主要的图腾动物之一，因为中华民族的始祖不少是龙首蛇身或人面蛇身的形象，如女娲、伏羲、黄帝（号有熊氏，以蛇和熊为图腾）等都为中华民族的始祖，他们都有人面蛇身或龙首蛇身的动物形象。龙之所以受到中华民族的尊奉，也就在于它以蛇为主要原形，融合了马、牛、鹿、虎、象、驼、兔、鱼、鹰等多种动物形象，形成一种强烈的图腾崇拜。龙的形象在商朝

蟠虺纹

青铜器中并不少见，它把表现的每一个部分都抽象化了，并且还选择性地进行了强化，像钩嘴尖喙就是对鹰的特征一种强化。这些都体现了一种神秘、威严而庄重的氛围。

此外，相关的纹饰还有蟠螭纹和蟠虺纹。

蟠螭纹：蟠螭纹中的"蟠"屈曲，螭为没有角的龙。其特征为张口，卷尾，或两龙相交，或群龙交缠。蟠螭纹多见于鼎、敦、豆、壶、盘等颈、腹、盖、足部，盛行于春秋战国时期。

蟠虺纹：又称"蛇纹"，以盘曲的小蛇的形象，构成几何图形，盛行于春秋战国。马承源认为："蟠虺纹系盘曲小蛇之纹饰。"虺是上古典籍记载的剧毒蛇。

蟠虺纹和蟠螭纹的定名是近代才有的。蟠螭纹是指大龙纹交缠在一起，出现于春秋早期，流行于春秋中期，在鼎、豆的腹部常见；蟠虺纹是指小龙或小蛇，出现于春秋中期，流行于春秋晚期至战国早期。从构图风格上来讲，蟠螭纹较为粗犷、简练，蟠虺纹较为细密繁缛。

凤鸟纹

凤和龙同为古代的祥瑞动物。凤凰始见于《诗经》，原为"凤皇"，汉代毛亨解释为"雄为凤，雌为凰"。在古代，凤鸟就是鸟图腾的代表。凤最初的形象是玄鸟（玄鸟是中国上古东夷族的图腾），与龙一样，是上古人民想象出来的一种动物，也是综合了多种动物的形象而创造出来的神鸟。凤的羽毛吸收了孔雀的形象特征，尖锐的爪子取自愈凶猛的鹰。另外，凤还吸收了另外的一些动物形象的成分，如兽、鱼、蛇等。《韩诗外传》中关于凤的描述："夫凤之象，鸿前而鳞后，蛇颈而鱼尾，龙纹而龟身，燕颔而鸡啄。"可见，凤的形象吸收和融合了别的氏族的文化。凤纹变化极多，可与夔龙纹相媲美，也给人一种神秘感。

凤鸟纹对于周人而言还具有特殊意义。西周早期的青铜器纹饰中，凤鸟纹作为器物的主题纹样，有着突出的展现，特别是西周中期。在古代文献中说凤为建邦兴国的祥瑞，如《春秋左传》昭公十七年郯子曰："我高祖少皞挚之立也，凤鸟适至，故纪于鸟，为鸟师而鸟名。"而商人竟认为祖神是玄鸟，所谓"天命玄鸟，降而生商"。玄鸟旧说为燕，据闻一多考证，亦为凤。又据《国语·周语》云："周之兴也，鸑鷟鸣于岐山。"韦昭注："鸑鷟，凤之别名也。"《广雅·释鸟》载："鹥鸟、鸾鸟、鹓鶵、鸑鷟……凤皇属也。"也记载以鸟为凤。所以，西周青铜器上凤鸟纹的存在，也许可以看作是对这一段历史传说的回顾。陕西青铜器的重要出土地岐山就有"凤鸣岐山"的传说。

凤鸟纹多饰于鼎、簋、尊、卣、爵、觯、觥、彝、壶等器物的颈、口、腹、足等部位。在西周时代的青铜器中，凤鸟纹常见于簋上，而且纹样常作对称排列。鸟长翎垂尾或长尾上卷，作前视或回首状。鸟大多比较小，且很少处于主要

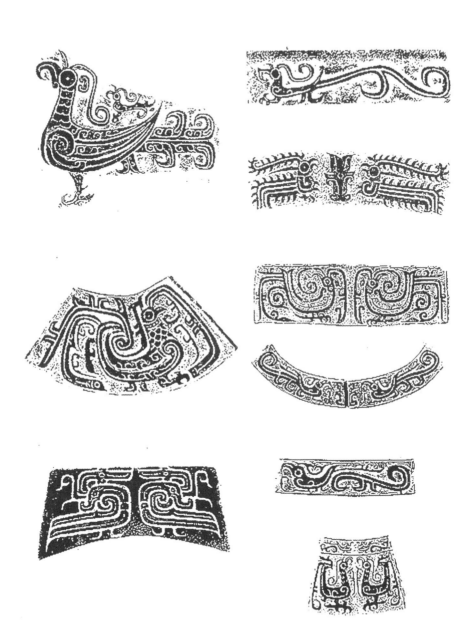

主要凤鸟纹饰样式

地位。

凤鸟纹按照构图形象分为：长喙鸟纹，体躯是鸟，头部有一较长的喙；鸱鸮纹，正面，大圆眼，毛角大翅。

兽体变形纹

兽体变形纹的主体是不具备某一些动物的整体形状，只有象征性的兽体残余的变形，是现实生活中不可能存在的动物。这类纹饰在青铜器上表现的形式有鸟兽合体纹、兽目连纹、兽体变形纹、波曲纹、鳞纹、蕉叶纹、羽翅纹等。

鸟兽合体纹：有一段曲折形的体躯，一端是龙头，一端是鸟头，实际生活中没有这种形式的兽，应是图案结构变形，这种纹饰个别出现在商末周初。

兽目连纹：又称穷曲纹或窃曲纹，为两兽的某一些部分相互连接，所接

兽目连纹

触之处有一目相连接，其表现形式有两兽的头部相接，连接处是目纹。还有两兽体躯相接，还有两尾相接的兽目交连纹，与交龙纹的区别是相连接而不是交缠，并在连续处有一目。这类纹饰适应性很强，可以随机变化，装饰于器物

各种不同的部位，盛行于西周中、晚期到春秋时代。

波曲纹

波曲纹：也称环带纹、波带纹，主体为宽阔的带状体躯上下大幅度的弯曲。在波曲的中腰常有一兽目或近似兽头形的突出物，波峰的中间填以两头龙纹、鸟纹、鳞片或其他简单的线条，为西周中晚期到春秋早期青铜饪食器和酒器的主要纹饰之一。如扶风出土的大克鼎就是以波曲纹为主。

鳞纹：盛行于西周中晚期，是以龙蛇体躯上的鳞片排列而组成的纹饰，排列的方式有连续式、重叠式、并列式三种。连续式是完全相同的鳞片，按纵向交错排列，可铺开一个很大的面。重叠式的鳞纹排列方式如鱼鳞相叠，也是纵向形式。这两种鳞纹，都可作为主纹，一般在器物的腹部。并列式，有大小相同或大小相间的鳞片横置作带状，也有作二层横列。这类鳞纹旧称重环纹，一般饰在鼎和簋的腹上部。

蕉叶纹：是两兽的体躯作

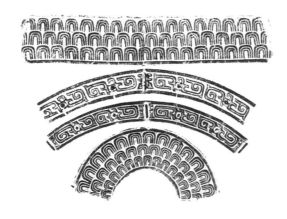

鳞纹

纵向对称式排列，一端较宽，一端尖锐，作蕉叶的形式。盛行于商末周初。

羽翅纹：作微型的羽翅状。它的粗端作雷纹盘旋，细端作尖锐状，常用多叠的形式整齐排列，在一件青铜器上可有数千个之多。盛行于春秋晚期到战国时期。

兽体卷曲纹：盛行于春秋战国之际。每个图案的个体是一根弯曲的线条，有呈 C 形和 S 形的图案，也有作横 S 形的，近乎卷曲回顾的龙，但不辨首尾。过去也有称之为蟠虺纹的，实际上蟠虺纹是小蛇，头尾还是可以分辨的。

蕉叶纹

回纹（云雷纹）

回纹是变形线条纹的一种，大都用作地纹，起陪衬主纹的作用。基本特征是以连续的"回"字形线条所构成。有的作圆形的连续构图，单称为"云纹"；有的作方形的连续构图，单称为"雷纹"。

云雷纹是两者的统称。云雷纹有拍印、压印、刻划、彩绘等表现技法，在构图上通常以四方连续或二方连续式展开。商代早期已有用连续带状云雷纹作为主纹的青铜器。商代中期兽面纹的主体，有用大量云雷纹构成的。商代晚期和西周早期的兽面纹、龙纹、鸟纹的空隙处，常填以云雷纹，而且云雷纹低于主纹，起了陪衬作用。春秋战国之际粗犷的兽面纹、龙纹的体躯上，也有各种云雷纹变形

雷纹

曲折雷纹

图案。战国开始，云雷纹发展成为线条活泼的流云纹。

曲折雷纹：旧称波形雷纹，为西周早期的纹饰。雷纹的主体作上下曲折状。粗线条的雷纹与细线条的雷纹一一相间。

勾连雷纹：作斜的"山"字形线条，用斜线相勾连，一般"山"字形作粗线条，所填雷纹为细线条，也有"山"字形作虚线、雷纹作阴纹的。最早见于商代中期，盛行于商末周初。春秋战国时期盛行很富丽的勾连雷纹，粗细线条有用金、银和绿松石镶嵌的。

三角雷纹：外围是三角形，内填以雷纹，三角形的一角作向上或向下连成横列，形成大的锯齿带状，角向上饰在簋腹上部，角向下则饰在腹的下端。这类纹饰盛行于商末周初。晚期的三角雷纹作倒顺三角形交错排列，金银片或金银丝的镶嵌一一相间。

菱形雷纹、方块雷纹、长方形雷纹是在菱形、方形、长方形内填以雷纹，作连续式排列，并用金银丝和金银片镶嵌，盛行于战国时代。

勾连雷纹

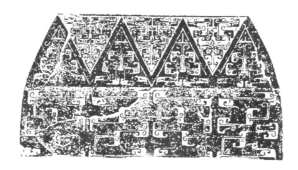

三角雷纹

涡纹（火纹）

　　最早出现在我国青铜器上的一种纹饰，因近似水涡，故称为涡纹。其特征是圆形，内圈沿边饰有旋转状弧线，中间为一小圆圈，似代表水隆起状，圆形旁边有五条半圆形的曲线，似水涡激起状。也有学者认为，涡纹的形状似太阳之像，是天火，又故称火纹。商代早期的涡纹是单个连续排列的，商代中晚期至春秋战国时期，一般与龙纹、目纹、鸟纹、虎纹、蝉纹等相间排列。涡纹多用于罍、鼎、斝、瓿的肩、腹部，盛行于商周时期。

　　火纹除单个作为图案外，还与其他纹饰配合使用，与之配合的纹饰有龙纹、

涡纹（火纹）

四瓣目纹、雷纹等。火纹与龙纹配合使用有三种形式：一是火纹与龙纹一一相间排列，多作带状，龙纹多作卷体或短体。二是火纹与双体龙纹配合，龙头居中，体躯向两侧波曲形展开，在体躯的上下饰以火纹。以上两种火龙纹属于商末周初。三是以火纹为中心，两旁配置龙纹，作为一组火龙纹。

乳钉纹

乳钉纹为青铜器上最简单的纹饰之一，盛行于商周时期。乳钉纹由一系列突起的乳突有规律地组成排并构成一定阵式的纹饰，主要出现在鼎和簋上。此外，在爵、角、觚、壶、盉、钟、罍等器物上也有出现。

人们之所以将这种由圆锥形突起构成的纹饰称为乳钉纹，据说是因为它们看上去很像女性的乳房或乳头，是对生命的延续和丰富食物、养育的一种暗喻。《宣和博古图》将带有乳钉纹饰的某些青铜器称为百乳方鼎、百乳彝、乳彝、百乳钟、七乳鉴等，并在"周百乳彝"器名说明中言："乳所以养人者也，犹瓜之保子，著之于器，以示其永葆之意。"这可能是将乳钉纹定名为一种纹饰名的开端。

百乳雷纹：也称乳钉雷纹、斜方格雷乳纹，鼎、簋的腹部常常以之作为主要纹饰。图案呈斜方格形，每一格边缘是云雷纹，中间有一乳突。斜方格乳钉纹簋在宝鸡地区出土数量最多，极富地域特色。斜方格乳钉纹簋在商代晚期到西周初

百乳雷纹

年的使用者基本为中下层贵族，大中型墓葬中未见出土。成康之后，斜方格乳钉纹簋被舍弃，新造型的簋占据了统治地位。乳钉纹简洁利落的风格，灵活规整的线条纹饰，流畅而空灵，赋予了青铜器以生命的气息，再现了青铜器时代高超的技艺水平。

主要参考书目

1. ［北宋］吕大临、赵九成：《考古图·续考古图·考古图释文》，中华书局，1987年。

2. ［南宋］薛尚功：《历代钟鼎彝器款识》，辽沈书社，1985年。

3. ［南宋］薛尚功：《历代钟鼎彝器款识法帖》，民国24年（1936年）海城于氏景印明崇祯朱氏刻本。

4. ［清］阮元：《积古斋钟鼎彝器款识》，商务印书馆，1937年。

5. ［清］陈介祺：《簠斋金石文考释》，云窗丛刻本，1914年。

6. ［清］吴大澂：《说文古籀补》，中华书局，1988年。

7. ［清］端方：《陶斋吉金录》，清宣统元年（1909年）石印本。

8. 王国维：《观堂集林》，中华书局，1988年。

9. 中国青铜器全集编委会：《中国青铜器全集》，文物出版社，1996年。

10. 上海博物馆：《商周青铜器铭文选》，文物出版社，1986年。

11. 中国社会科学院考古研究所：《殷周金文集成》，中华书局，1984年。

12. 严一萍：《金文总集》，台北艺文印书馆，1983年。

13. 容庚、张维持：《殷周青铜器通论》，文物出版社，1984年。

14. 容庚：《金文编》，中华书局，1985年。

15. 容希白：《商周彝器通考》，台北大通书局印行，1973年。

16. 郭沫若：《郭沫若全集·考古编》，科学出版社，1982年。

17. 唐兰：《西周青铜器铭文分代史征》，中华书局，1986年。

18. 故宫博物院：《唐兰先生金文论集》，紫禁城出版社，1995年。

19. 罗福颐：《三代吉金文存释文》，同学社，1983年。

20. 陈梦家：《西周铜器断代》，中华书局，2004年。

21. 李学勤：《青铜器与古代史》，台北联经出版事业股份有限公司，2005年。

22. 夏商周断代工程专家组：《夏商周断代工程1996～2000年阶段成果报告·简本》，世界图书出版公司北京分公司，2000年。

23. 王世民、陈公柔、张长寿：《西周青铜器分期断代研究》，文物出版社，1999年。

24. 马承源：《中国青铜器》，上海人民出版社，1982年。

25. 马承源：《商周青铜器铭文选》，文物出版社，1988年。

26. 朱凤瀚：《古代中国青铜器》，南开大学出版社，1995年。

27. 张光直：《中国青铜器时代》，生活·读书·新知三联书店，1983年。

28. 徐中舒：《殷周金文集录》，四川人民出版社，1984年。

29. 吴镇烽：《陕西金文汇编》，三秦出版社，1989年。

30. 吴镇烽：《陕西珍贵文物集成·青铜器卷》，陕西人民教育出版社，1999年。

31. 锺柏生、陈昭容、黄铭崇、袁国华：《新收殷周青铜器铭文暨器影汇编》，台北艺文印书馆，2006年。

32. 陈佩芬：《夏商周青铜器研究》，上海古籍出版社，2004年。

33. 陕西省文物志编纂委员会：《陕西省志·文物志》，陕西人民出版社，2017年。

34. 张天恩：《陕西金文集成》，陕西新华出版传媒集团三秦出版社，2016年。

35. 张懋镕：《古文字与青铜器论集》，科学出版社，2002年。

36. 彭裕商：《西周青铜器年代综合研究》，巴蜀书社，2003年版。

37. 曹玮：《周原遗址与西周铜器研究》，科学出版社，2004年。

38. 冀东山：《神韵与辉煌——陕西历史博物馆国宝鉴赏·青铜器卷》，三秦出版社，2006年。

39. 罗西章：《扶风县文物志》，陕西人民出版社，1993年。

40. 张润棠：《宝鸡青铜器》，三秦出版社，2005年。

41. 任周方：《国宝纪事》，陕西人民出版社，2002年。

42. 吕向阳：《三十六个挖宝人的故事》，陕西人民出版社，2006年。

43. 陈亮：《后土吉金》，陕西出版集团陕西人民出版社，2014年。

44. 霍彦儒、辛怡华：《商周金文编——宝鸡出土青铜器铭文集成》，陕西出版集团三秦出版社，2009年。

45. 曹淑琴、殷玮璋：《青铜器史话》，社会科学出版社，2012年。

46. 杨曙明：《雍秦文化》，中国文史出版社，2015年。

47. 尹盛平：《西周微氏家族青铜器群研究》，文物出版社，1992年。

48. 罗宏才：《国宝春秋·青铜篇》，江西美术出版社，2008年。

49. 刘宏斌：《听我讲宝鸡》，三秦出版社，2009年。

50. 李润乾：《杨家村五大考古发现》，陕西人民出版社，2006年。

51. 刘明科：《宝鸡考古撷萃》，三秦出版社，2006年。

52. 宝鸡青铜器博物院：《青铜铸文明》，世界图书出版公司，2010年。

53. 卢连成、胡智生：《强国墓地》，文物出版社，1988年。

54. 宝鸡市政协学习与文史资料委员会、宝鸡市文物事业管理局：《宝鸡重大考古文博纪实》，《宝鸡文史资料》第十六辑，2001年。

55. 张润棠、刘宏斌：《惊世发现大聚焦——眉县杨家村窖藏青铜器面世新闻报道集》，宝鸡市文物事业管理局，2004年。

56. 杨曙明、宋婉琴：《金台史话》，中国文史出版社，2017年。

后　记

　　作为一个陕西宝鸡人，最引以为傲的莫过于青铜器了，凡是来宝鸡的重要客人，我们都要领去参观宝鸡青铜器博物院，一一历数我们宝鸡出土的青铜国宝，讲述几千年的文明史。每次参观，我都为这些国之重器所惊叹，都感觉是在上一堂生动的历史教育课，总想把这些知识和故事都储存在自己的大脑中。

　　尽管每次参观都有收获，但每次也都有诸多遗憾，常因没有听到或忘记了其中的一个细节，感觉没有尽兴，这就激发了写一些介绍青铜器文章的兴趣和冲动。2008 年以来，在每次从青铜器博物院参观归来后，我都会在博客或微博上写一两篇介绍青铜器的文章，记录自己的收获，分享自己的学习成果。久而久之，形成的资料渐多，积累的文章也多达数十篇。2014 年，在完成《宝鸡青铜文化研究》社科研究规划课题（BJSKGH – 201506）时，我对现有资料进行了系统整理和研究，从深度和广度上进行了拓展，形成了部分书稿。2017 年，到西安工作后，自己又收集了全省范围内出土的一些重要青铜器资料，在此基础上撰写完成了《陕西古代青铜器》书稿。

　　青铜器是陕西的重要文化符号，也是中国传统文化的重要标识。学习家乡历史、讲好家乡故事、弘扬家乡文化，是每个陕西人的应尽之责。本书以器物资料和学术研究为主，以青铜器的史话故事为副，重在介绍器物的重要意义和重大背景，介绍青铜器出土、收藏、流传、保护、研究中发生的历史事件。由于篇幅限制，在同批出土文物中一般只介绍代表性器物 1 件或 1 组。本书 100 件（组）代表器物的选择上，注重历史背景和文化内涵，器物出土和流传经历丰富的，侧重介绍历史背景；铭文或器形重要的，则侧重于介绍文化内涵和重要意义。为帮助读者深入了解，每件（组）青铜器均配器形图和铭文拓片，部分精美的器物还配有线图。由于各家对青铜器铭文释读不一，本书只介绍铭文大义，对重要的字句介绍各家释读情况，以资参考研究。关于青铜器出土、流传的文章网络转载较多，但大多略有出入，本书侧重于史料考证，注重资料真实性与可靠性，力求还原历史本来面貌。

在书稿形成过程，陕西考古研究院研究员吴镇烽、陕西师范大学教授张懋镕、陕西考古研究院研究员张天恩审阅了书稿，并提出了宝贵的修改意见；吴镇烽研究员不仅提供了大量器形和铭文图片，还无偿赠予了古文字字库；宝鸡市文物局原局长张润棠提供了部分器物出土和流传资料，宝鸡市文物旅游局副局长刘宏斌、宝鸡文物保护中心主任龙剑辉等提供了部分器物图片，特此致谢。同时，本书还引用了一些前人和学者的学术研究成果，这里一并表示感谢。

己亥年春于青龙寺东